MIMESIS Y CULTURA
EN LA FICCION

GONZALO NAVAJAS

MIMESIS Y CULTURA EN LA FICCION

TEORIA DE LA NOVELA

TAMESIS BOOKS LIMITED
LONDON

Colección Támesis
SERIE A - MONOGRAFIAS, CXV

Depósito legal: M. 16723-1985

Printed in Spain by Talleres Gráficos de SELECCIONES GRÁFICAS
Carretera de Irún, km. 11,500 - Madrid-34

for
TAMESIS BOOKS LIMITED
LONDON

Para Susan Plann.

INDICE

Era el mejor de los tiempos, era el peor de los tiempos; era la época de la luz, era la época de las tinieblas.

CH. DICKENS

INTRODUCCION

No es posible dudar ya de que vivimos en la época de la teoría. No parece legítimo estudiar ya la literatura sin una orientación teórica determinada y hacer de esa orientación no un mero marco sobreentendido, sino un núcleo de discusión y aplicación abierta en la obra. La noción de la literatura como objeto de pensamiento ha superado con seguridad al concepto del estudio de la literatura como recolección y organización de datos propio de la crítica tradicional de inspiración positivista.

El discurso teórico predomina no sólo en la obra crítica, sino también en la de creación, donde ocupa a veces un espacio prominente, no accesorio. Tal es la extensión y audibilidad de ese discurso, que puede decirse que hemos llegado a una situación de cierto exceso teórico, a un estado de inflación que (como en el homólogo económico) tiende a desvirtuar el valor de los objetos o los signos que quedan afectados por él. Sin embargo, la teoría sigue siendo imperativa para el desarrollo del pensamiento y la crítica práctica. Sólo hay que confiar que la desmesura inflacionaria no sea sucedida por la indigencia de la depresión y que se alcance una situación de crecimiento más equilibrado.

Este interés teórico no se ha producido con la misma extensión y profundidad en todas direcciones. A veces la teoría ha tendido a predominar por sí misma y el texto ha sido desatendido o marginado. En otras ocasiones, algunas formas o aspectos de la literatura (la poesía; el aspecto técnico de un texto) han sido favorecidos en detrimento de otros.

El estudio de la ficción ha recibido una atención parcial. Ha habido intentos creadores que han introducido ideas y visiones seminales: algunos críticos del formalismo ruso (Shklovski, sobre todo) propusieron sugestivos modos de análisis que han sido desarrollados y transformados con penetración por las diversas versiones del estructuralismo: Barthes en S/Z en especial, Claude Bremond, S. Chatman, etc. Otros autores, como Wolfgang Iser o René Girard, han tratado aspectos significativos de la ficción desde la funcionalidad del lector a algunas de las zonas del sistema de relaciones humanas de la novela. Sin ninguna pretensión de exhaustividad en mi enumeración, hay que mencionar también los trabajos más o menos sistemáticos de la crítica de orientación marxista.

Reconozco el valor destacado de éstos y otros estudios, que han servido de inspiración para el pensamiento crítico y han hecho aportaciones de relieve a la discursividad moderna. No ha habido, sin embargo, un número significativo de trabajos que hayan intentado una aproximación comprensiva a la ficción con el fin de diseñar un modelo que abarque y explique los diversos aspectos de la ficción, su naturaleza en general.

Mi estudio tiene ese propósito comprensivo. Se concentra en varios aspectos básicos que han constituido una parte esencial del núcleo de los estudios sobre la ficción. No es tanto la identificación de un material absolutamente nuevo como la redefinición y el tratamiento renovado de unos temas permanentes lo que se propone como significativo en mi libro. No incluyo todos los temas posibles. Sin embargo, la mayor parte de los aspectos fundamentales de la ficción quedan referidos con alguna atención y son incorporados al modelo general que los agrupa y da sentido. Reconozco que esto puede parecer insuficiente en algunos casos. El tema del tiempo y el espacio, sumamente sugestivo, requeriría atención más extensa, tal vez un libro por separado; pero en ese caso no sería posible incluirlos en esta obra, y el modelo construido sufriría de una deficiencia que juzgo sería irreparable.

Examino diversos autores y corrientes de la teoría crítica moderna. En algunas ocasiones los utilizo a modo de aplicación; en otras, los analizo y critico, y propongo mis diferencias con respecto a ellos. Mi libro se concibe en parte como una discusión del pensamiento crítico que considero más pertinente. No es posible o conveniente elaborar un modelo teórico *in vacuo;* cualquier construcción teórica se hace a partir de las ya existentes para asimilarlas y contribuir a su perfeccionamiento o superación. No me he subordinado a ninguna tendencia exclusiva, aunque se hace patente que he dado mayor relieve a algunos autores o tendencias. Foucault, Lacan, Eco, etc., y el modo de pensamiento que ellos representan (identificado, en general, con el postestructuralismo), reciben un tratamiento preferente. Otros autores no tan recientes, como Nietzsche o Heidegger, son insertados en el contexto de la crítica de la ficción. Heidegger recibe una atención más detenida. Su ascendiente en la filosofía contemporánea es indiscutible; su importancia para el pensamiento crítico no es aún tan manifiesta. Procuro hacer una aportación en este sentido mostrando su pertinencia para aspectos centrales de la ficción. He procurado respetar una multiplicidad metodológica que es fiel a la pluralidad de la ficción y sirve para destacarla y no reprimirla bajo una forma de rigidez conceptual.

He situado a la ficción en relación con temas centrales del pensamiento porque juzgo que la ficción se dirige a ellos y los estudia con una visión particular. No creo que la ficción provea respuestas definitivas para ellos, pero sus aportaciones son significativas. La ficción explora sin inhibiciones conceptos universales (cuestiones ontológicas, axiológicas, de la semiología). Su investigación es de interés por su profundidad y especificidad. La obra de bastantes autores modernos es una prueba clara de la intencionalidad universalista y filosófica de la ficción: los textos de Unamuno, Joyce, T. Mann y Borges se producen y son comprensibles para el lector a partir de esta inspiración.

Mi deseo de lograr una síntesis estrictamente teórica no ha sido obstáculo para el estudio de bastantes textos individuales, con el objeto de verificar y desarrollar los diferentes puntos teóricos. La teoría de la ficción se hace sobre una materialidad concreta previa y no creo que deba prescindir de los textos que la inician.

Siendo ésta una teoría general de la ficción, he debido utilizar textos de períodos distintos y lenguas diversas. Como en otros campos del saber y de las relaciones humanas, debe prevalecer en el estudio de la ficción un impulso universal e internacional; se ha de desechar el provincianismo crítico. El criterio de selección de los textos se corresponde en la mayoría de los casos a su pertenencia a una corriente representativa de la literatura en español y de la literatura internacional, sobre todo de ascendencia europea y americana.

Hubiera deseado incluir una mención más amplia de la obra crítica en español. No lo he hecho no por considerar que no existen excelentes teóricos de la literatura en español, sino porque sus contribuciones en el campo específico de la ficción no se corresponde por lo general con la aproximación que yo he elegido.

Soy consciente de que existen todavía considerables vestigios de suspicacia hacia los estudios teóricos. Algunas razones tienen cierto grado de justificación: la oscuridad, la vaguedad, la falta de sentido práctico de algunas manifestaciones de la teoría. En general, creo que los sentimientos de sospecha o escepticismo se deben a escasez de familiaridad con el tema o a inercia conceptual de la actividad crítica. Ambos pueden y deben ser superados. No es hiperbólico decir que se ha producido una revolución teórica en la crítica literaria y no es una actitud efectiva vivir separado de ella. Espero haber franqueado en mi estudio algunos de los obstáculos mencionados para la aceptación de la teoría. Desearía que mi libro, sin sacrificar el rigor, fuera de una utilidad no minoritaria.

Hay un número considerable de personas e instituciones que han contribuido a la realización de este libro. Sin ellas, el libro no sería o sería de manera inferior. En primer lugar, debo citar a Susan Plann, dedicada compañera que me ha dado siempre apoyo y me ha incitado a ver el mundo desde un perspectiva creativa y propiciadora de una visión de él en última instancia favorable. Quisiera mencionar también a Rubén Benítez, Carlos Otero, José Rubia Barcia y otros profesores y compañeros de la Universidad de California que me estimularon con conversaciones, comentarios y juicios. Los seminarios de verano de la Escuela de Crítica y Teoría de la Universidad de California en Irvine me fueron particularmente útiles, en especial los de Michel Riffaterre, Hillis Miller y René Girard. Con mis colegas y estudiantes de Tulane University y de la Universidad del Estado de Nueva York, en Stony Brook, he tenido la oportunidad de intercambiar ideas desde ángulos diversos. En el prolongado proceso de verificación de las ideas propias, también han intervenido, entre otros, los miembros del Departamento de Lenguas Románicas de Cornell University, los del Departamento de Español de New York University y los estudiantes de las Universidades donde he enseñado. A la Research Foundation of the State University of New York le estoy agradecido por una beca que me proporcionó mayor tiempo libre para mi trabajo. A todos ellos quisiera hacer constar mi agradecimiento verdadero.

CAPÍTULO I

EL SER FICCIONAL

1. METAFÍSICA Y NOVELA

A pesar de todas las negaciones de que el ser ha sido objeto, el ser sigue siendo el tema central de la filosofía. A pesar del pensamiento positivista y de Marx, el tema del ser continúa ocupando, desde posiciones diversas, el pensamiento de la filosofía contemporánea desde Heidegger a Derrida. La cuestión de lo absoluto, de la aprehensión de la esencia del mundo no ha dejado de interesar al pensamiento, y el ser sigue siendo, aun para negarlo o reducirlo, el objeto fundamental del conocimiento especulativo. Es ineludible enfrentarse de manera más o menos directa con el tema del ser cuando se trata de caracterizar (ya que no definir) la esencia de una de las parcelas del saber o del arte. Ocurre así con el estudio de la ficción.

Se ha intentado especificar y definir la novela desde perspectivas diferentes. Se han analizado minuciosamente sus elementos o componentes constitutivos (el punto de vista, los personajes, el tiempo, etc.). Se ha precisado con relativo éxito la evolución y el progreso de la novela desde el movimiento inicial y precursor de Homero hasta la vanguardia post-joyciana. Han sido revelados los mecanismos de la ideología distorsionada o secreta del texto y del autor. Se han clasificado, agrupado, definido, autores y obras con criterios más o menos estrictos. Todo ello ha sido y sigue siendo necesario, y en este estudio se intenta también una aproximación nueva a algunos de esos mismos temas. Sin embargo, creo que no es posible hacer una caracterización rigurosa de la ficción sin emplazarla frente al extraño espejo del ser y observar la imagen que queda representada en él.

No es común hallar en la crítica de la novela un interés en las relaciones de la ficción con las cuestiones metafísicas. Se considera acaso que son demasiado abstractas para un género que tradicionalmente ha sido asociado con las manifestaciones concretas de la realidad. Para la crítica, la metafísica y la ficción quedan irremediablemente desasociadas, no parece haber puntos de contacto entre ellas y, de haberlos, parecen en exceso

17

remotos y no merecen una atención detenida. El ser, según esta visión, es una cuestión filosófica, y la ficción tiene su propia orientación al margen de él. En este estudio, y en este capítulo en particular, se trata de superar este falso divorcio y orientar la novela hacia su dimensión ontológica, no por pensar que la ficción haya de subordinarse a la metafísica, sino porque la ficción puede hacer contribuciones originales importantes al estudio del ser y porque, como se mostrará, el ser determina de manera inequívoca la vía de la ficción. En las relaciones entre el ser y la novela, la influencia es recíproca: el estudio del ser de la ficción descubre aspectos fundamentales desconocidos de la ficción y la ficción, a su vez, presenta una orientación nueva del ser. La investigación ontológica de la novela, en lugar de distanciar a la novela de su núcleo, la coloca en él y la restituye a su fuente original.

La filosofía, desde Aristóteles, hace del ser su cuestión central; en este estudio se propone que una orientación similar puede atribuirse a la novela. Esta comunidad de orientación no equivale a identidad. Son notables las diferencias entre ambas. Habría que decir más bien que ambas responden (en sus casos más paradigmáticos) a una pregunta común a la que dan respuestas diversas.

Como indica Derrida en *De la Grammatologie,* la historia de la metafísica ha estado básicamente orientada hacia la afirmación del ser, como entidad aprehensible y definible *ab aeterno,* de una vez por todas, con validez universal más allá de cualquier determinación circunstancial [1]. El ser se ha concebido como presencia —como lo que está fijo ante nosotros permanentemente— y ha sido instrumentalizado por un modo de pensamiento asociado básicamente con Europa. Se lo ha promovido como logos absoluto, lleno de sí mismo, sin referencialidad externa, como autoconocimiento y autosaber, eliminando cualquier huella que trajera reminiscencias al margen del ser.

Para una parte importante del pensamiento moderno, esta orientación ha dejado de tener sentido. El propio Derrida ve en Rousseau a uno de los primeros pensadores que se rebelan contra la concepción absoluta del ser y lo presenta como precursor de su investigación en contra de la metafísica de la presencia que, según él, ha inspirado a las figuras más significativas de la filosofía desde Descartes a Hegel. Derrida utiliza a Rousseau como fuente para su teoría de la escritura de la letra, de la palabra escrita que contrapone al dominio ejercido por la palabra hablada, la *foné,* el logos proferido, pronunciado, la voz que clama sin la ambigüedad de la duda propia de la palabra escrita. Derrida (y con él una tendencia importante de la crítica y el pensamiento actual) pretende hacer una deconstrucción de la metafísica de la presencia y con ella de un

---

[1] JACQUES DERRIDA, *De la Grammatologie* (París: Minuit, 1967), p. 145. La referencia a las traducciones de los textos no escritos en español queda incluida en la bibliografía al final del libro.

modelo lineal y unidimensional de la historia. Identifica este modelo lineal con la épica, de una forma que recuerda las ideas de Lucáks expuestas en *La teoría de la novela*. El modelo lineal, sin embargo, ha superado con mucho los límites cronológicos en los que se desarrolla la épica clásica o medieval y ha permeado no sólo la literatura, sino la filosofía y el pensamiento europeos hasta nuestro siglo. Ha habido siempre figuras aisladas que han disentido de esta orientación general (Nietzsche, y desde otro punto de vista, Marx y Freud), pero el pensamiento occidental se ha mantenido fiel a esta orientación central.

Se puede decir también que, con Derrida, el pensamiento se instala en el campo del significado en contra de Saussure, que defiende la primacía del significante por considerar a la escritura como pobre mímesis, representación no fiable de lo hablado; y en contra de Levi-Strauss, para quien la escritura no hace más que romper el orden puro e inviolado de la sociedad sin leyes escritas ni jerarquías vinculadas al poder de quienes son capaces de descifrar el código escrito. La literatura, que es el campo de la palabra escrita por excelencia, ocuparía así una posición favorable dentro del pensamiento de la antipresencia.

No se hace mención, sino someramente, en *De la Grammatologie* de la ficción, y la investigación de Derrida se mantiene dentro del campo de la especulación filosófica. La filosofía no ha superado nunca del todo los límites del Ser-Logos-Verdad absoluta y se ha dedicado, en una gran aventura, a su elucidación total, a diferencia de la ciencia que opera en parcelas mucho más reducidas al amparo de la verificación empírica. La novela se ha desentendido de este propósito y se ha interesado desde un principio en los aspectos de la pluridimensionalidad del ser y la experiencia humana. Como si el novelista intuyera que el ser es finalmente inaprensible, ha intentado no explicarlo o definirlo, sino reflejar algunas caras de su múltiple superficie.

Hay que hacer notar el hecho de que el novelista crea a menudo sólo a nivel de la realización práctica, sin un saber consciente; pero lo que produce es verificable a nivel de la competencia novelística, es decir, de la naturaleza y las normas que rigen la ficción. De la misma manera que los hablantes de una lengua hablan esa lengua con facilidad y producen signos y estructuras de gran complejidad, sin que, en la mayoría de los casos, adviertan las reglas o los mecanismos de producción seguidos, el novelista elabora un complejo semiótico sin que sea imperativo que conozca su esencia y configuración paradigmática.

Si la novela presenta una actitud específica frente al ser es debido a que tiene unos rasgos constitutivos que determinan su naturaleza e intencionalidad. Julia Kristeva centra estos rasgos en torno a una dicotomía de conceptos contrarios que parece expresar con bastante adecuación el funcionamiento esencial de la novela. Estos conceptos son el signo y el símbolo, los cuales adoptan, dentro de la obra de Kristeva, una significación especial. La novela es la realización semiótica correspondiente al signo[2]. El signo está en una relación binaria de oposición con el símbolo. El símbolo es la realización semiótica de una visión del mundo basada en la certeza de una realidad universal invariable y absoluta. El símbolo escapa a la paradoja, la ambigüedad, el conflicto no resuelto. Esta visión del mundo conlleva como corolario una ética en la que el mal y el bien son entidades absolutas irreconciliables y la contradicción entre ellas es total y, por tanto, exige una resolución inmediata y obvia. El modelo simbólico origina el tomismo y la literatura mítica de los cuentos populares, la épica y las obras religiosas que predominan hasta los siglos XIII-XV.

El nominalismo de Guillermo de Occam es el punto de ruptura y de transición al campo del signo. El nominalismo ataca la existencia separada de los universales, su entidad *per se* al margen del intelecto, el supuesto *esse objectivum* defendido por sus precedesores. Guillermo de Occam identifica la representación mental con el acto del conocimiento. El pensamiento nominalista opera a partir de signos que tienen una justificación en sí mismos al margen de una realidad extrínseca; significan por sí mismos de manera independiente y sus relaciones tienen lugar sólo con otros signos en una combinatoria que produce un tipo determinado de discurso. En literatura, la novela de aventuras inaugura en el Renacimiento el modelo del signo. Como el signo no está vinculado a entidades externas, fijas y universales que determinan su modo de significación, su estructura es abierta y arbitraria, susceptible de generar un discurso infinito de posibilidades significativas. La relación entre lo simbolizado y lo simbolizante es unívoca, ya que el símbolo queda siempre sometido a la naturaleza trascendental de lo simbolizado. El signo, por el contrario, al ser independiente, posee una naturaleza más libre, no sujeta a restricciones. Su naturaleza es más bien metafórica, en la que los elementos de la metáfora revierten sobre sí mismos y a partir de ellos mismos vuelven a generar nuevas metáforas en un proceso de transformaciones incesante. A partir del Renacimiento, la novela aparece vinculada al signo, y eso afectará su esencia y su evolución posterior. El pensamiento desconstructivista actual niega la clausura del ser, la posibilidad y la necesidad de fijarlo conceptualmente; la novela, al realizarse semióticamente, no hace sino expresar la naturaleza cambiante y arbitraria del signo: frente a la impasibilidad inmutable de la Esfinge ha promovido el gesto sugeridor del prestidigitador.

No es de extrañar que Bajtin haya encontrado en el doble la figura fundamental de la novela y que vincule la novela con la tradición del carnaval, con la imprecisión ambigua de la máscara. La máscara es una forma aparencial que oculta a un ser; su función parece ser sólo suplementaria, pero al mismo tiempo, en el transcurso del juego del carnaval, deviene ella misma y se transforma en persona auténtica que se afirma

---

[2] JULIA KRISTEVA, *Le Texte du roman* (La Haya: Mouton, 1970), pp. 25 y ss.

a sí misma por encima de su ambigüedad esencial, aunque esta ambigüedad sigue siempre presente en los indicios no extinguidos del ser previo. La novela sigue esta figura de la duplicidad de la máscara. Incita a la bifurcación semiológica; muestra la paradoja de una forma que niega la unicidad del ser y al mismo tiempo no cesa en su búsqueda, convirtiendo esa búsqueda en uno de los impulsos que la originan y la justifican. La búsqueda no llegará a un final definitivo; suele volver a comenzar con un nuevo texto. No se produce una resolución en la novela, ya que no se halla con exactitud lo que se buscaba (un modo de clausura o de aprehensión del ser), pero tampoco se niega la posibilidad de iniciar otra búsqueda que procure nuevas dimensiones. Más que el hallazgo en sí, el propósito de la ficción es el proceso de la búsqueda; más que encontrar y poseer, dilatar infinitamente la espera de un final que se sabe casi con completa certeza como imposible.

La novela de nuestro siglo, que es la que más preocupada ha estado con la cuestión del ser hasta convertirla en la inspiración primordial de sus textos más propiamente paradigmáticos, ilustra esta tendencia a iniciar una aventura que no terminará y que no cumplirá su objetivo, pero que al mismo tiempo no va a ser considerada como inútil, sino que, en cierta medida, encontrará su única justificación en la aventura misma. Esto supone una confesión de impotencia frustrante, pero también de capacidad de riesgo y determinación a proseguir una vía que parece perderse en la irresolución. Antoine Roquentin, en *La Nausée,* termina su jornada en Bouville «sintiéndose de más» en el mundo, pero al propio tiempo prometiéndose escribir un libro; no un libro de historia, como el que le había ocupado hasta ese momento; tampoco artículos o ensayos, sino una novela que deberá proporcionarle un cierto sentido de perfección, de cumplimiento y en cierta medida de una ansiada totalidad. La novela, una vez escrita, se convertirá en texto, cobrará independencia y dinamismo propios y será considerada como un todo acabado; en ese sentido será un modo de redención del dolor de la existencia de Roquentin. *La Nausée* presenta y afirma la imposibilidad fundamental de reconciliación del hombre con su deseo, la esterilidad de la búsqueda del ser, pero dentro de esa negación absoluta se abre un espacio que deja entrada franca a la posibilidad de la esperanza. Es probable que, como dice el propio Roquentin, presto ya a tomar el tren que le ha de alejar de Bouville: «je pense qu'un peu de sa clarté tomberait sur mon passé» [3]. Se cumple así la figura de la para-doxa ficcional, de una verdad que subyace paralela a otra verdad contradiciéndola y al mismo tiempo apoyándola y magnificándola. *La Nausée* niega toda esperanza, incluso la de la literatura misma, y éste es su nivel primario doctrinal, de verdad aparente. Sin embargo, de alguna manera se desdice a sí misma. El libro, que desecha toda esperanza, se concibe a sí

---

[2] JEAN PAUL SARTRE, *La Nausée* (París: Gallimard, 1938), p. 248.

mismo como único modo de esperanza; el texto que Roquentin ha de escribir será la única justificación de una vida rigurosamente desesperanzada. La futura novela de Roquentin negará el motivo central de *La Nausée*, que es mostrar la inutilidad radical del esfuerzo del hombre para dar razón de la existencia.

Don Julián, de Juan Goytisolo, concluye con la promesa de recomenzar la invasión del país mítico, a pesar de que se reconoce que esa misión es inútil y no es, en última instancia, sino un ejercicio autodestructivo. El moderno Julián sabe que sus actos son estériles. Y no obstante se obstina en su realización hecha de repeticiones sin sentido. En esa obstinación firme halla validez su actitud. Abandonar su ataque a los valores negativos de la sociedad española que han condicionado su vida sería renunciar a lo que se ha convertido en su única identidad posible: la oposición a un modo de cultura que niega el humanismo defendido por el protagonista de la novela. Julián recorre las calles de la ciudad del norte de Africa donde habita, merodea por sus rincones más inverosímiles, maquina, se degrada, prepara devastadoras venganzas. Esto podría ser síntoma de una vida tensa por la energía de una gran función vital. Pero él reconoce, en los momentos de honesta evaluación de sí mismo, que todo es «como ayer, como mañana, como todos los días»[4]. La singular grandeza de su empresa queda reducida a la misma monotonía de la vida mecánica de la mayoría de los hombres. En ese sentido, Julián sería como los demás españoles que, a diferencia de él, decidieron resignarse y aceptar su destino. A veces parece incluso querer ser meramente como los demás y, como ellos, realizar actividades sin mayor significación: «abrirás, pues, la entrada de la portería, pulsarás el botón, te atrancarás en el interior de tu apartamento». La inconsciencia del sueño parece cerrar simbólicamente una jornada improductiva: «el sueño agobia tus párpados y cierras los ojos». Pero no será esto lo que acabe predominando. La búsqueda imperecedera de la esencialidad de España —y, por consiguiente, de Julián mismo en cuanto español— proseguirá con la misma fuerza del pasado: «lo sabes, lo sabes: mañana será otro día, la invasión recomenzará». La invasión del moderno Don Julián es de índole literaria, autorreferencial, de modo parecido a la de A. Roquentin. La ficción se concibe como la única esperanza para una existencia que, por razones seculares que escapan a su voluntad, se ve frustrada más allá de toda posible reparación.

Es cierto que otras novelas no son tan explícitas como *La Nausée* o *Don Julián* en su presentación de una avenida para la búsqueda del ser. En estas dos novelas, el deseo de hallar una determinación radical de la existencia domina todos los demás aspectos del texto. En otros casos, la radicalidad no es tan manifiesta. La búsqueda de la esencialidad aparece

---

[4] JUAN GOYTISOLO, *Reivindicación del conde Don Julián* (México: Joaquín Mortiz, 1970), p. 239.

combinada con otros propósitos. Sin embargo, creo que, por su claridad, los dos textos de Sartre y Goytisolo pueden servir de casos paradigmáticos que ejemplifican un rasgo fundamental de la novela. En la ficción, la investigación del ser no es, como en filosofía, el intento de definición abstracta del significado de la esencialidad. En la novela, la búsqueda de la esencialidad aparece concretizada en aspectos diversos de la vida humana. En el caso de *Don Julián*, por ejemplo, se trata de hallar la esencia de España. En otras novelas, la esencia de una ciudad, un grupo humano, un individuo. Lo que tienen de común la filosofía y la novela es el deseo de radicalidad de su búsqueda. En ambas se intenta llegar a la razón última de aspectos decisivos de la realidad.

La ambigüedad, la irresolución metafísica de la novela (en la que el ser es negado y afirmado al mismo tiempo) y su incertidumbre epistemológica (por la que se defiende la imposibilidad del conocimiento del ser al mismo tiempo que se insiste en la validez de la investigación ontológica por medio de su realización práctica en el texto ficcional) no han sido aceptadas por algunos pensadores y críticos y eso les ha conducido a rechazar o subestimar autores y corrientes que recogen más adecuadamente esta característica de la novela.

La necesidad de la seguridad existencial, que parece ser un impulso común en el hombre, presiona a estos críticos a desechar la idea de la inseguridad esencial de la ficción y a evaluar desfavorablemente los textos más representativos de esta tendencia. Proponer que la ficción proporcione la certeza de fundamentos que no puede hallarse de manera satisfactoria en otros campos de la actividad y el saber humanos es un intento desencaminado y que puede conducir a juicios ingenuos o excesivos. Los proponentes de esta visión de la ficción intentan despojarla de su máscara inquietante y darle la rigidez hierática de una figura de cera. En algunos casos esta actitud responde a la nostalgia de un pasado ancestral de la condición humana que ha debido ser supuestamente más puro. Este pasado puede remontarse a Grecia (en el caso de Lucáks, en *Teoría de la novela*), al campo de la claridad moral de *Emma*, de Jane Austen (en el caso de Wayne Booth), o a los mejores momentos en la línea perfecta de la historia de la representación de la realidad en el arte occidental (Auerbach). Esta nostalgia es comprensible y responde a la insatisfacción ante el estado del arte, según lo ve el crítico. Produce en ocasiones afirmaciones bellas y conmovedoras, como esta breve frase de Lucáks que pretende definir en forma condensada la esencia de la literatura clásica griega: «Wo das Wissen die Tugend ist und die Tugend das Glück, wo die Schönheit den Weltsinn sichtbar macht» [5] (Donde hay saber hay virtud, y donde hay virtud hay felicidad, donde existe la belleza clarifica el sentido del mundo). La literatura griega (previa a la novela como la conocemos

[5] GEORG LUCÁKS, *Die Theorie des Romans* (Berlín: Luchterhand, 1963), p. 28.

hoy) es una parte que encaja perfectamente en el edificio ontológico del mundo griego. Pero la totalidad griega —como el propio Lucáks deja entrever— se basa en la limitación, en la estrechez geográfica, científica y filosófica que, aun en su grandeza, sufre el mundo griego. Es dentro de esas angostas fronteras donde se sitúa la inmaculada perfección de la virtud y la belleza. Pretender volver a ese mundo o presentarlo como arquetipo para la literatura es una aspiración utópica por más hermosa que esa utopía pueda parecer a veces. Como utopía es, además, creación del intérprete de la cultura griega que vierte en ella su anhelo de una humanidad en paz consigo misma. La realidad del mundo griego, por encima de sus logros indelebles, es distinta: la injusta estructura social, los errores del conocimiento son tan sólo unos ejemplos. El mundo griego carecía del instrumento de la ficción donde recoger esas contradicciones y conflictos internos.

El mundo moderno en el que nace la novela (a partir del *Quijote* y la novela picaresca y luego con las novelas del siglo XVIII inglés) es más abiertamente inestable, pero también más amplio y complejo y requiere de un modo de expresión (la novela, y más recientemente el cine) capaz de recoger esa mutabilidad e incesante riqueza generadora de fenómenos culturales. La novela no es el refugio que añoraba Lucáks. En ese caso transferiría su esencia a otras parcelas de la actividad humana y se convertiría en religión o sistema y probablemente acabaría desapareciendo, absorbida por formas más aptas para ese propósito. Mantener la ambivalencia, vivir abiertamente en la paradoja es, como saben bien algunas de las figuras más representativas de esta forma artística, la única manera de preservar su especificidad y de contribuir así a la lucidez de la conciencia del hombre en el mundo. La metafísica de la ficción es una antimetafísica: la metafísica de lo no existente, de lo que niega, de lo no presente. El material de la ficción es tanto lo que está como lo que falta, lo que es visible como lo que se sugiere o simplemente subyace oculto por debajo de la aparente estabilidad de la palabra escrita de la que en principio cabría esperar la misma solidez y fiabilidad de la palabra hablada. En contra de lo que la crítica positivista pretende, la ficción no se mueve entre realidades sólidas perfectamente definibles, mensurables: autor, obra, época. La realidad, la materialidad de estas nociones, basadas en la seguridad del ego cartesiano, es cuestionable, y una de las funciones de la crítica es mostrar los orificios, las excrecencias del ser que se encuentran en ellas.

2. EL LENGUAJE DE LA FICCIÓN

Para entender mejor la naturaleza de la ficción, conviene considerar su aspecto más primario, el lenguaje, y ver las relaciones del lenguaje ficcional con el lenguaje literario en general.

El lenguaje de la literatura sigue un modelo peculiar, diferente del lenguaje hablado. El lenguaje hablado está orientado por las leyes de la comunicación de un mensaje de un hablante a otro. Estas leyes aseguran que lo comunicado sea transmitido de la manera más eficaz posible, es decir, que sea entendido y descifrado con rapidez por el receptor. El interés está en la eficacia y la claridad y se busca un medio comunicativo neutro de significados precisos, al margen de la polisemia y la ambivalencia. En este caso, el lenguaje es transparente, se borra a sí mismo y tiende a la invisibilidad; desaparece, abrumado por la fuerza semántica del mensaje. A pesar de todo, incluso en este tipo de lenguaje, es imposible evitar ciertas vacilaciones, las dudas que derivan del medio mismo (no de la mente del hablante). Se puede decir que en gran medida todos los hablantes de una lengua deben combatir en mayor o menor grado la insuficiencia del medio, su inadecuación para la claridad expeditiva.

La palabra escrita literaria está conectada con el lenguaje hablado, pero sólo de manera secundaria. Utiliza un material muy parecido, con frecuencia idéntico. Por eso la crítica realista le ha asignado una función mimética y unidimensional como la del lenguaje hablado. Pero los elementos de ese material aparecen transformados y, al ser colocados en un contexto distinto, cobran autonomía, viven por sí mismos, creando un sistema significativo nuevo que acaba distanciándolos de la palabra hablada con la que se relacionaban. Está desencaminada, por tanto, la crítica que pretende revertir el camino del discurso, proceder de lo escrito a lo hablado, de la paradoja a la lógica, corregir el texto y fijarlo en su «verdadero» significado, precisar para siempre lo impreciso y darle categoría de discurso universal. Esa crítica ha procedido a la búsqueda de los orígenes. Puesto que el lenguaje hablado ha precedido al escrito, había que asimilar éste a aquél, sojuzgar a las normas de lo hablado la naturaleza de lo escrito cuando éste en realidad se ha separado tanto de sus orígenes que no los recuerda, sino como contrapunto para afirmar la primacía de su nueva naturaleza. Esta concepción mimética del lenguaje literario va unida a una concepción de la referencialidad del objeto literario que precisaré en el capítulo siguiente.

La indecisión semiótica de la palabra escrita y al mismo tiempo el hecho de que sea un complejo de asertos lingüísticos y que, como tal, siga las normas básicas de la gramática, crea dificultades para quienes se dedican a su estudio. La palabra ficcional, aun aquella más personal y única, más alejada de la convención, continúa estando compuesta de los elementos básicos del lenguaje: sustantivos, verbos, adjetivos, etc., que, a su vez, están integrados en oraciones en las que se desarrollan funciones sintácticas idénticas a las del lenguaje hablado. Incluso uno de los textos más genuinamente anticonvencionales de la ficción, *Finnegans Wake*, está compuesto de los elementos básicos del lenguaje, comunes a todas las lenguas, los cuales nos permiten de inmediato una primera conexión con el texto a pesar de su extraordinaria singularidad y dificultad de comprensión.

En el capítulo sexto del primer libro de *Finnegans Wake,* en donde se presentan una serie de adivinanzas en torno a los personajes, un profesor cuenta en una conferencia una fábula con el propósito de ilustrar uno de sus puntos. El argumento de la fábula está basado en un texto clásico caracterizado por su simplicidad didáctica: la fábula de Esopo, «La zorra y las uvas». En *Finnegans Wake,* el texto legible, unidimensional y semióticamente directo de la fábula es transformado por procedimientos lingüísticos y simbólicos en una entidad literaria nueva hasta tal punto, que para un lector no avisado sería difícil reconocer la referencialidad intertextual: La zorra y las uvas son convertidos en personajes representativos de figuras importantes de la historia de Irlanda; el original griego se transforma en una imaginaria obra en javanés y el repertorio lingüístico empleado por el profesor incluye lenguas diversas, desde el alemán al latín, y un inglés deformado y convertido en una lengua propia únicamente de *Finnegans Wake.*

El extrañamiento que abogaban los formalistas rusos, como Sklovski, encuentra aquí una adecuada realización. Sin embargo, con este alejamiento de la convención, es posible reconocer también en la fábula el lenguaje y los modos formales propios del género. Lo muestra ya el inicio del texto que reproduce la fórmula general de: «Erase una vez...»: «Eins within a space and a wearywide space it wast ere wohned a Mookse» [6] (Una vez en un espacio, y era un estrecho espacio, allí vivía una zorra). El módulo de la fórmula es roto por la vía del lenguaje, pero no de manera tan absoluta que no sea posible llegar a su procedencia. Dos términos proceden del alemán, *eins* y *wohned,* usados en lugar de las palabras inglesas correspondientes: *once* (una vez) y *live* (vivir). Se usan palabras en su forma no habitual en el inglés actual: *wast* (por was) y *ere* (por there).

El extrañamiento prosigue por medio de la prolongación y expansión de la frase del intertexto presente a modo de palimpsesto que el lector debe descubrir y configurar por debajo de la dificultad deformante del texto joyciano. La frase-matriz: «La zorra, sintiéndose sola, salió a dar un paseo» se expande y retuerce por modificaciones léxicas y de ordenación sintáctica: «The onesomeness wast alltolonely, archunsitslike, broady oval, and a Mookse he would a walking go» [7]. El mismo procedimiento se sigue con la siguiente frase, que podría reducirse a: «Después de acicalarse salió de su agradable finca para ver mundo», pero que el texto expande y desfigura desmesuradamente:

---

[6] JAMES JOYCE, *Finnegans Wake* (Nueva York: The Viking Press, 1972), p. 152. En este fragmento, como en otros subsiguientes de *Finnegans Wake,* traduzco sólo la parte del texto que es posible traducir al español con cierta eficacia semántica. En éste, como en otros casos en que utilizo un texto extranjero en su versión original, las traducciones son mías.

[7] V. JOSEPH CAMPBELL y HENRI M. ROBINSON, *A Skeleton Key to Finnegans Wake* (Nueva York: The Viking Press, 1973), p. 114.

so one grandsumer evening, after a great morning and his good supper of gammon and spittish, having flabelled his eyes, pilleoled his nostrils, vaticanated his ears and palliumed his throats, he put on his impermeable, seized his impugnable, harped on his crown and stepped out of his immobile *De Rure Albo...* and set oof from Ludstown *a spasso* to see how badness was badness in the weirdest of all pensible ways.

La zorra se limpia los ojos abanicándose con un *flabellum* usado por los acólitos del Papa en las ceremonias solemnes; se cubre el cuello y la espalda con un *pallium,* una túnica que vestían los hombres en la antigua Grecia; empuña su «impugnable» (del latín 'pugnare', pelear, atacar), en lugar de decir la espada de su padre, la «lancia spezzata», como se aclara más adelante; su bella finca se convierte en un *De Rure Albo;* el paseo, en «a spasso», y el peor de los mundos en torno a la belleza protegida de su propiedad (the worst of all possible worlds), en «the weirdes of all pensible ways»: weirdest está usado anfibológicamente, a caballo entre *weird* (extraño) y *worst* (peor); pensible vacila entre el adjetivo de *penser* y *possible;* y ways, entre *way* (modo, manera) y *world* (mundo).

A pesar de este efecto de *ostrannenie* conseguido aquí por la desviación lingüística, es posible reconocer una referencialidad intertextual a la fábula clásica que facilitará al término de la narración del profesor la tarea de desciframiento e interpretación. El extrañamiento lleva dentro de sí su contrario, aquello que se pretende hacer extraño.

Esto que he hecho con un breve pasaje podría hacerse con el resto de la fábula. Al lector se le piden, pues, dos actitudes contrapuestas; por una parte, que experimente el fragmento tal como es en su nueva textura; por otra, que reconstruya su intencionalidad al margen del texto, es decir, que haga una operación de recuperación interpretativa siguiendo las reglas de la convención mimética.

Mi interpretación del texto ha sido un modo de naturalizarlo, de hacerlo normal, de reducir su unicidad según los criterios del realismo en arte. La crítica tal vez no pueda escapar nunca por completo de este proceso a la inversa de hacer familiar lo que el texto ha hecho extraño. Sin embargo, la crítica no debe acabar ahí, viendo limitada su función a la explicación, sino que debe descubrir todas las ramificaciones del discurso del texto, de modo que no sólo se preserve su identidad polisémica, sino que se la realce y magnifique poniéndola en relación con otros discursos.

Nietzsche veía en la metáfora la forma del poder del lenguaje para liberarse de las trampas de la verdad lógica que pretende operar más allá de la arbitrariedad de los signos lingüísticos de los que necesariamente depende, ya que la investigación filosófica se hace con palabras imprecisas y polivalentes que sugieren en múltiples direcciones [8]. La metáfora es hacer

[8] V. JACQUES DERRIDA, «Le supplément de copule», en *Marges de la philosophie* (París: Minuit, 1972), pp. 212-13.

idéntico lo no idéntico y el lenguaje literario usa de la metáfora como uno de sus recursos más eficaces. En la ficción, sobre todo, no sólo se usa la metáfora lingüística, sino también la metáfora intertextual e intratextual que permite la equiparación de discursos disímiles.

Consideremos un ejemplo. La novela *Tres tristes tigres,* de G. Cabrera Infante, se centra en la elaboración indefinida de una metáfora del lenguaje del discurso narrativo contemporáneo (incluyendo el cine) en la que la relación entre el texto del escritor cubano y el discurso con el que se compara es de «A es B» (cfr. *su boca es de fresa*), a pesar de que sabemos la imposibilidad lógica de la equiparación. El texto de *Tres tristes tigres* es una reproducción exacta del material lingüístico y formal de la ficción actual. No es que quiera ser *como* ella, sino que *es* ella, esa misma ficción. Toda la novela está edificada sobre esta metáfora, sin la cual es imposible conectar con el texto de Cabrera Infante. Y, sin embargo, *Tres tristes tigres* no es la ficción actual. Difiere de ella en bastantes aspectos que perturban el alcance y el sentido de la metáfora. *Tres tristes tigres* adopta con entusiasmo el modo narrativo contemporáneo y al mismo tiempo lo niega por medio de la parodia, el humor y la hipérbole al llevar hasta el límite algunas de las tendencias de la narración moderna.

En el siguiente fragmento, titulado «Si te llamaras Babel y no Beba Martínez», hay una cita de dos aspectos significativos de la ficción moderna: la transmutación de la identidad de los personajes y la utilización explícita de modelos de la tradición literaria clásica:

> Ah
> Ah
> Ah, si solamente tú dijeras,
> Si, con tu boca tú dijeras,
> Contraria, contrariis curantur
> Que parece tan fácil de decir a los que somos alopáticos.
> Si tú dijeras, Lesbia, con tu acento,
> O fortunatos nimium, sua si bona norint, Agricolas.
> Como Horacio.
> (¿O fue Virgilio
> Publio?)
> O tan siquiera
> Mehr Licht,
> Que es tan fácil,
> Que cualquiera en un momento oscuro
> Va y lo dice.
> (Hasta Goethe.)
> Si tú dijeras Beba,
> Digo, que dijeras,
> Beba,
> No que bebieras.

Si dijeras
Thalassa! Thalassa! [9].

Ya desde el título hay una referencia a la indecisión psicológica propia del yo de muchos personajes de la novela moderna que se desdoblan en una multiplicidad no definida de personalidades. Pero esta referencia es parodiada por medio del contraste entre la ascendencia notable de las otras personalidades posibles del personaje femenino (Babel, Lesbia) y la simplicidad previsible de la mujer de la que se suponen: Beba Martínez. Lo mismo ocurre con la cita de otros textos. La alusión a los escritores clásicos (Horacio, Virgilio) y modernos (Goethe, Joyce) está vista desde una perspectiva humorística, que da distancia crítica. La cita de conocidos versos de la literatura latina, de frases ilustres (el *Mehr Licht,* de Goethe, en el lecho de muerte) o la referencia al mar griego joyciano está presentada de modo doble: se insinúa el valor de los textos del pasado y la necesidad de su incorporación a la literatura actual; pero se ridiculiza también esta incorporación por considerarla como a veces excesiva. La tensión entre los elementos de la metáfora intertextual en *Tres tristes tigres* no está nunca resuelta. El lenguaje apoya la indecidibilidad del ser ficcional, se conjuga con él y se hace ser y no-ser a un tiempo sin que sea posible determinar cuál de los elementos de la figuración predomina. Alejándose del propósito de explicitación de la palabra hablada, el discurso ficcional se presenta como oposición no resuelta de significados conflictivos que no aclaran la indeterminación del ser, sino que la prolongan y magnifican.

3. EL AUTOR Y EL PARADIGMA

La opinión, sostenida por la crítica de origen positivista, de que las cuestiones más fundamentales de la literatura son demasiado inmateriales para ser objeto de atención detenida conduce a que queden intactos conceptos heredados por tradición y cuyo cuestionamiento puede cambiar significativamente la orientación del estudio de la literatura. Como, por ejemplo, el concepto de autor. Como ha mostrado Michel Foucault, la crítica moderna utiliza todavía métodos similares a los utilizados por la exégesis cristiana, que se basa en los principios establecidos por San Jerónimo para la atribución de obras a un autor [10]. San Jerónimo se pregunta cómo determinar si una obra u obras de atribución insegura pueden ser incluidas bajo el nombre de un mismo autor. Propone cuatro criterios, que juzgo oportuno reproducir someramente para facilitar el análisis del tema del

---

[9] GUILLERMO CABRERA INFANTE, *Tres tristes tigres* (Barcelona: Seix Barral, 1973), p. 376.
[10] V. MICHEL FOUCAULT, «What is an Author?», en *Textual Strategies,* ed. Josué Harari (Ithaca: Cornell University Press, 1979), p. 150.

autor: 1) Si entre todos los libros atribuidos a un autor uno es inferior en calidad a los demás, ese libro debe ser excluido del conjunto de obras del autor. De este modo, San Jerónimo da al concepto de autor una función más amplia que la del creador de una obra; el autor se convierte en una unidad constante de valor literario. 2) Si el libro contradice las ideas de otras obras del autor, no debe ser atribuido a él. El autor cumple así una función de coherencia doctrinal. 3) Se deben excluir libros que no sigan las características formales de otras obras. El autor es entonces una unidad estilística. 4) Los fragmentos, las citas de un autor o en torno a un autor deben ser considerados como textos interpolados dentro de la obra general. El autor es así una figura histórica situada en el centro de un determinado período y que sirve para explicarlo.

Vivimos aún de la herencia secular de San Jerónimo. Para este Padre de la Iglesia y para la crítica literaria posterior, que no ha cuestionado esta herencia teórica, el autor es mucho más que una mera *persona* que origina una obra. Sirve como fórmula explicativa de las dificultades, variaciones y cambios que aparecen en la obra. El autor es susceptible de resolver las antinomias y paradojas —fruto de la indecidibilidad del ser— que incomodan al lector y aparentemente le impiden llegar a una tranquilizadora comprensión. El autor es más que un ente biográfico productor de textos; es una elaboración de la crítica, una construcción artificial hecha con el objeto de proyectar y objetivar externamente los procesos racionales que experimenta el crítico con el fin de edificar un complejo explicativo fundado *in re* y disfrazar la artificialidad de ese edificio. Cuanto más antigua es la obra, más elementos se acumulan en la figura del autor, de modo que, al final del proceso, nos referimos ya más a la construcción en torno al texto que al texto mismo. Es en ese momento cuando la situación puede verse como históricamente madura para la reconsideración y el inicio de una nueva operación de reconstrucción de otro tipo de autor.

Es interesante observar que esta fijación psicológica en el autor ha ocurrido predominantemente con el texto literario. Textos procedentes de otros campos no la han sufrido: por ejemplo, los textos de la ciencia. Estudiamos las obras de Euclides, Newton o Niels Bohr sin que tengamos que recurrir a la noción de autor para entenderlas o explicarlas. Esto no quiere decir que las consideremos sólo *per se,* al margen de su intencionalidad y referencialidad, sino tan sólo que no regresamos al originador y que las colocamos en la retícula del paradigma científico al que pertenecen. Sólo dentro de ese paradigma es posible entenderlas y evaluarlas viendo sus contribuciones al campo al que pertenecen, estudiando el modo en que modifican el paradigma, lo amplían o revolucionan. Sería improcedente enfrentarse con la teoría astronómica de Copérnico o la teoría de la materia de De Broglie a partir del autor que los originó. Una vez creados, estos textos existen por sí mismos al margen de la admiración o el agradecimiento que podamos sentir por sus autores. La futura evolución y avance del paradigma se harán a partir del estudio de esos textos, sin que sea necesario el menor conocimiento de la biografía de su autor. Se hace ciencia contra los textos que integran el paradigma dominante hasta que surge uno nuevo que resuelve los problemas que ha provocado la crisis del antiguo [11]. ¿Por qué, podemos preguntar, el estudio de la literatura se ha concentrado con tanta persistencia en el originador más que en el objeto resultante? Porque, como veíamos en las reglas de San Jerónimo, el autor parecía resolver los problemas más fundamentales de la obra, asumiendo que, si entendíamos los mecanismos psicológicos, o el medio social del autor, podríamos entender su obra estableciendo gratuitamente una relación de causa-efecto entre ambos: Si el autor produjo la obra, entender al autor significa automáticamente entender la obra como una prolongación suya. A los estados de la vida del autor (juventud, madurez, vejez) corresponde también un crecimiento progresivo de la obra hasta llegar a la inevitable decadencia. La crítica vive así en un mundo manejable en el que todo tiene explicación lógica y adecuada en un medio que, como ya se ha visto, se caracteriza precisamente por su inaprehensibilidad.

Es preciso cuestionar esta noción fácil de autor. Un concepto distinto del autor tendrá considerables implicaciones para una teoría de la ficción. Deben interesarnos en el autor no tanto los aspectos de causante de un texto, sino de función variable del discurso dentro del cual el autor reacciona y a partir del cual se produce la obra [12]. La cuestión de origen se sustituye entonces por la del peculiar modo de inserción del autor-función dentro del paradigma, el modo en que ha seguido o violado las reglas del género, lo que se podría llamar literatura *normal*, de la misma manera que Kuhn llama ciencia normal a aquella que ha pasado a constituirse en el sistema teórico establecido dentro del cual actúan la mayoría de los científicos. El autor deja de ser un nombre propio (Cervantes, Clarín, Mann), con una biografía (que para los sujetos de esos nombres es sin duda absolutamente primordial), para convertirse en una pieza del discurso del género en el que queda incluido. Esto no quiere decir que se deba abandonar el género de la biografía. Seguirá siendo necesario leer las vidas de otros hombres por su valor ejemplar o instructivo. Pero establecer el nexo entre autor (no sólo como unidad biográfica, sino estilística, ideológica, etc.) y obra es una decisión que, a pesar de acogerse a la protección de muchos años de incuestionada defensa, debe ser reconsiderada.

Hay autores iniciadores de discursividad: Cervantes, Fielding, Flaubert, Joyce inician un nuevo discurso ficcional que tiene grandes repercusiones dentro del paradigma. No es la misma la importancia generadora de Joyce que la de Pérez de Ayala, a pesar de ser ambos figuras importantes dentro

---

[11] THOMAS KUHN, *The Structure of Scientific Revolutions*, 2.ª ed. (Chicago: University of Chicago Press, 1970), p. 153 *et passim*.

[12] Ver mi ensayo «Ciencia y teoría de la literatura», *Insula* (julio-agosto 1979), pp. 11, 13.

del género. ¿Cómo se produce esta iniciación? ¿Qué proceso sigue? Ciencia y literatura avanzan según un proceso que es bastante paralelo. Como indica Kuhn, a la aparición del nuevo paradigma antecede un período más o menos largo de crisis que afecta a alguno de los principios básicos del antiguo paradigma. Un ejemplo bastante reciente es la aparición de la teoría electromagnética de Maxwell en la física de las dos últimas décadas del pasado siglo. Esta teoría había de propiciar el camino para la emergencia posterior, en 1905, de la teoría de la relatividad que, como es sabido, revoluciona el paradigma de la física moderna. Una de las raíces de esta crisis se halla en el siglo XVII cuando algunos filósofos, entre ellos Leibniz, criticaron las ideas de Newton que preservaban el concepto clásico de espacio absoluto. Estos filósofos llegaron a estar muy próximos a demostrar que el lugar y el movimiento absolutos carecían de función alguna en el sistema de Newton y sugirieron con éxito que una concepción relativista de espacio y movimiento tenía una validez considerable. Sus ideas no se impusieron porque su crítica se mantuvo en términos estrictamente lógicos y nunca llegaron a relacionar las ideas con los problemas que surgían al aplicar la teoría de Newton a la naturaleza. Hubo que esperar bastante tiempo para que estas ideas fructificaran y se abrieran paso en la física con la teoría de las ondas de luz y la teoría electromagnética de Maxwell, cuya verificación experimental produjo una serie de teorías conflictivas que habían de conducir a la aparición de la teoría de la relatividad de Einstein [13].

La aparición de la novela irrealista o modernista a principios de este siglo y la transformación del paradigma novelístico que trae consigo siguen una evolución similar. Las ideas y las novelas de Joyce, Proust o Kafka significan la concretización del paradigma; a ellas les preceden intentos brillantes (Sterne, Diderot) que no llegan a abrir nuevos surcos que pudieran ser seguidos y ampliados por discípulos y sucesores. El paradigma prevaleciente de la novela clásica realista, centrado en torno a la representación verosímil, no sufrirá cambios fundamentales y continuará siendo el modo normal de hacer novelas. Como con las ideas relativistas, había que esperar un momento más oportuno para que los conceptos posclásicos o irrealistas atrajeran la imaginación y la mente de escritores y críticos. La crisis de la novela clásica se hace determinante cuando sus supuestos teóricos son insuficientes para explicar los nuevos datos y la nueva *Gestalt* del mundo moderno. La introvertización de la vida, consecuencia de las ideas de Freud, la fragmentación y relativización del mundo traídas por Einstein, el movimiento dialéctico de la historia de Marx, la incertidumbre radical del *Dasein,* de Heidegger, no pueden ser abarcadas por el limitado esquema explicativo realista. A la nueva discursividad de la psicología, la ciencia, la filosofía corresponderá una nueva discursividad ficcional. El nuevo paradigma modificará no sólo unos cuantos elementos del antiguo, sino

---

[13] Para una exposición más detallada, ver KUHN, pp. 72 y ss.

que lo sustituirá en sus principios fundamentales. Con la nueva *Gestalt* se creará un nuevo lenguaje novelístico que exprese mejor el problematismo del mundo. Urge señalar un fenómeno importante. No es que el nuevo paradigma vea los mismos datos previos de otra manera, sino que la nueva *Gestalt* crea una información nueva desconocida anteriormente. Los datos de la información han estado tal vez siempre ahí, han existido desde el principio del tiempo (el hombre no ha inventado la naturaleza, el subconsciente o la muerte), pero no habían sido observados antes o se habían visto sólo en la superficie sin penetrar su naturaleza, sin advertir que por debajo de la aparente sólida estabilidad yacía una riquísima actividad que estaba por descubrir. Se advierte entonces —o, más exactamente, los descubridores advierten— que la antigua visión estaba seriamente mermada por la ignorancia o la inocencia del observador. La dificultad estaba en la insuficiencia del observador para captar la complejidad de lo observado.

Veamos un ejemplo de un autor que no llega a crear una discursividad nueva, pero revela aspectos del paradigma no vistos antes o los potencia convirtiéndolos en aspecto primordial; los privilegia para presentarlos con toda intensidad. Unamuno descubre en *Niebla* el problematismo de la relación creador-ente de ficción y presenta sus dudas ante una relación que la convención anterior había evitado o descuidado. En los últimos capítulos de *Niebla* el diálogo entre el novelista y Augusto, que no quiere morir, cobra, puesto en el sistema del paradigma del género, una dimensión especial. La interrogación desafiante de Augusto («Y porqué no he de existir yo —se decía—. ¿Por qué? ... ¿no vivo ya en las [imaginaciones] de otros, en las de aquellos que vivan en el relato de mi vida? ... ¿por qué surgiendo de las páginas del libro en que se deposita el relato de mi fictícia vida o más bien de las mentes de aquellos que lo lean —de vosotros los que ahora la leéis—, por qué no he de existir como un alma eterna y dolorosa?») cuestiona siglos de hábitos miméticos asumidos sin más discusión [14]. Unamuno introduce en *Niebla* un tema que luego será recogido y profundizado por otros de manera más o menos directa y consciente. Otros novelistas serán capaces de prolongar las ramificaciones de las preguntas de Augusto en torno al tejido comunicativo creador-ente de ficción-lector y de darles sistematismo, pero Unamuno inicia el planteamiento del problema.

La discursividad nueva se enfrenta invariablemente con la resistencia de los defensores del viejo paradigma, que son la mayoría de los componentes del sistema organizador de la literatura: escritores y críticos, que son quienes contribuyen principalmente al establecimiento, desarrollo y popularización de los principios predominantes de la literatura, de la *Gestalt* prevaleciente. Es difícil la conversión al nuevo paradigma. Como indica Max Planck, «una nueva verdad científica no triunfa por el proce-

---

[14] MIGUEL DE UNAMUNO, *Niebla* (Madrid: Taurus, 1974), p. 175.

dimiento de convencer a sus oponentes haciéndoles ver la luz, sino porque sus oponentes mueren eventualmente y emerge una nueva generación para la que el nuevo paradigma es familiar»[15]. Algo semejante ocurre en la literatura, y sobre todo en la literatura del siglo xx, en la que los cambios han ocurrido con mayor frecuencia. La novela joyciana fue incomprendida o ignorada por mucho tiempo y todavía hoy una obra fundamental como *Finnegans Wake* es considerada como confusa, cuando no incomprensible. Kafka, a pesar de su gran influencia posterior en toda la novela occidental, no alcanzó reconocimiento en su tiempo y, como es sabido, conservamos su obra gracias a la previsión de Max Brod. La nueva novela española —desde el último Juan Goytisolo a Juan Benet y Torrente Ballester— tuvo que enfrentarse con los juicios de incomprensión de escritores y críticos del paradigma de la novela social.

La conversión al nuevo discurso es gradual y por un largo período conviven de modo conflictivo los principios de paradigmas opuestos. La razón principal que arguyen quienes proponen el nuevo paradigma es que sus ideas pueden resolver los problemas de la crisis de su campo específico: la teoría de la relatividad vendría a resolver las insuficiencias de la física de Newton; la novela modernista europea superaría las limitaciones de la novela realista del siglo xix. Sin embargo, como los argumentos utilizados no son casi nunca totalmente concluyentes, parece justificada la resistencia de los propugnadores del *statu quo* que se aferran a una *Gestalt* y unos principios que, por hábito y tradición, a ellos les parecen más estables y menos arriesgados. En el caso de la ciencia, el nuevo paradigma puede verse favorecido por su mayor precisión cuantitativa y por su capacidad de hacer predicciones de nuevos fenómenos que habían sido descuidados cuando el antiguo paradigma prevalecía. En el caso de la literatura esto no es posible, porque la literatura trata con un material inconmensurable y en gran parte no predecible. Pero el propio Kuhn reconoce que al principio la nueva teoría científica se abre paso tanto por su atractivo «estético» (resultado de la articulación orgánica de datos) como por medio de la persuasión[16]. En última instancia, la decisión del científico para elegir la nueva teoría sobre la antigua es un acto de fe y lo mismo puede decirse de los defensores del nuevo discurso literario. La literatura tiene, además, una característica peculiar que la separa de la ciencia: carece de instrumentos de verificación para desechar teorías erróneas. La teoría de la relatividad implica el rechazo del espacio newtoniano y esto puede ser demostrado empíricamente, pero el *nouveau roman* no conlleva consigo una necesaria superioridad sobre otro tipo de novela precedente que haga que esta última deba desaparecer para siempre.

El proceso normal es que, tanto en ciencia como en literatura, los para-

---

[15] Citado en *The Structure of Scientific Revolutions*, p. 151.
[16] *Ibíd.*, p. 156.

digmas conflictivos coexistan en una relación pugnaz, más o menos agresiva según sea la fuerza de los argumentos y la capacidad de persuasión de los participantes en el debate. Normalmente, el nuevo paradigma irá ganando adeptos lentamente y los principios del antiguo van viéndose afectados por los del nuevo, ajustándose a él y tratando de responder, sin salirse de los principios propios, al desafío teórico presentado cada vez con mayor agudeza por los propugnadores de los nuevos principios. Con el tiempo —con la muerte de los defensores del viejo paradigma, como decía Planck—, el nuevo discurso se hará general y Freud, Marx y Joyce serán aceptados, vulgarizados, imitados y convertidos en paradigma dispuesto para ser a su vez cuestionado, aunque situado ahora en una posición defensiva —desde arriba— y no ofensiva. Y probablemente ese discurso, antes innovador, acabará siendo sustituido para pasar a formar parte —ya pasiva más que actuante en el presente— de la historia de las ideas.

¿Regresan los paradigmas convertidos en historia? ¿Vuelven a actuar en el futuro después de haber muerto? En ciencia parece improbable. La astronomía griega muere para siempre con Copérnico. Su vigencia tiene lugar sólo en la historia de la ciencia como un hecho digno de rememoración, no de imitación. En literatura no es así. El mito odiseico del retorno se reitera numerosas veces en la ficción posterior, incluso en la actual y el problema cervantino de la ficción dentro de la ficción sigue preocupando a la novela actual hasta Borges y Juan Benet (Un viaje de invierno). En la ficción, los problemas son básicamente los mismos ahora que en el pasado. E incluso las respuestas no son sino variantes de un módulo fijo. Borges lo ha entendido bien y por eso en sus historias se da el modelo de la repetición indefinida, del ciclo concluido y vuelto a empezar incesantemente. En su relato El Evangelio según San Marcos, Baltasar Espinosa, negligente estudiante de medicina, repite escrupulosamente los pasos narrativos de Jesucristo en una estancia argentina del siglo xx. Cambia el lenguaje (del hebreo al español) y algunos detalles accesorios (la localidad, los nombres de los protagonistas), pero la forma y la esencia del mito es la misma.

La figura del autor ha sido ligada con la del genio, es decir, con el que genera, procrea, da a luz. El genio es lo ilimitado, lo que está más allá de las fronteras de la razón, y es, además, un ser especial provisto con la capacidad extraordinaria de la creación. El genio sorprende y admira con parecida intensidad a la de Dios, pero, al mismo tiempo, sobrecoge y su inconmensurabilidad desconcierta y atemoriza a una razón habituada a mesurar y delimitar lo misterioso. El texto —el texto importante, genial— nos arroja a la infinitud del significado y el crítico parece no tener otra alternativa que de alguna manera acotar esa infinitud, identificar lo irreconocible y someter la turbulencia de lo grande a la simplicidad asequible de lo parvo. El autor ha sido uno de los modos más utilizados para la clausura del significado del discurso. El autor aparece como el ordenador de lo ficticio, el regulador de la generación desmesurada de significados.

Por eso ha preocupado siempre tanto la cuestión del Quién en el texto. ¿Quién habla? ¿Por qué lo dice? ¿Qué suceso o circunstancia le provocan a hablar así? Explicar significados ha sido una tarea de asignación de lo misterioso a una única fuente generadora, la reducción de la producción incesante de significados a la entidad psicológica e ideológica del autor. Por ello, conocer los datos definidores de esa figura era no sólo aproximarse a la obra, sino establecer el camino más seguro para descifrar sus incógnitas. La desnudez del texto era sustituida por la plenitud de una realidad fiable y concreta, con fechas, nombres propios y lugares, jalones siempre seguros con que determinar la aparente referencialidad múltiple del texto.

Este recurso al autor como figura ideológica tan fundamental para la crítica se ha producido sobre todo en aquellos textos que más se resistían a la fijación, a la explicación, que ofrecían un mayor grado de ilegibilidad y que, por su superabundancia de significados, más contradecían la necesidad de la unicidad del ser. Pero esto no ha ocurrido sólo con textos ilegibles, sobre todo de la literatura moderna. Siguiendo la tradición de Américo Castro, se ha hecho, por ejemplo, una revisión de la crítica de la novela clásica española a partir de la idea del casticismo y de la limpieza de la sangre redefiniendo alusiones y enigmas oscuros a partir de la pureza de sangre de su autor. No carece de importancia explicativa la etnia del autor del *Quijote* o del *Guzmán,* pero proponerla como clave del texto, verla como su causa es tratar de resolver por la vía de la unidimensionalidad, lo que merece una lectura plural.

El novelista moderno, consciente de la desvalorización del quién de la obra, juega con el tema y en algunos casos lo incorpora de manera explícita como parte activa del texto con el objeto de contribuir a la desfamiliarización de una realidad rígidamente fijada y de quebrar la sólida seguridad tradicional de la creencia en el autor. Puede pensarse que es precisamente el autor de un texto quien más consciente debe ser de su origen y quien más interesado debe estar en su defensa. Ello es cierto de alguna manera. Pero ese hecho no es fundamental. Una vez producido, el libro se le escapa de las manos al autor, se objetiviza y adquiere independencia; no vive desde el autor, sino desde la literatura. Una vez alejado del punto de origen del autor no hay un retorno a él. En una futura revisión del mismo libro, el retorno sería ficticio. La nueva versión —el nuevo libro— operaría no a partir de la nueva concepción del autor, sino de la nueva situación cobrada por el antiguo libro en el paradigma que él mismo ha contribuido a modelar. Nótese que son raras las versiones nuevas en la novela. El libro de ficción se espacializa en el paradigma, se hace una entidad que funciona en relación a otros libros de ficción contemporáneos suyos, que actúan sobre él; y eso hace que haya que tenerlos en cuenta en una nueva versión. Revisar el texto de manera consecuente equivaldría a escribir uno nuevo que incluyera los textos que se encuentran a un nivel próximo en el paradigma. Pero en ese caso ya no se altera el libro, sino que se está escribiendo uno nuevo. En toda nueva novela de un mismo autor suele haber un elemento permanente que hace que podamos reconocer en ella a quien la ha escrito —que podamos identificar al autor del objeto; al mismo tiempo hay elementos nuevos que responden a los nuevos aspectos del paradigma descubiertos por el autor y ante los cuales él reacciona—. El autor se repite a sí mismo, pero agrega también partes de la expansión o profundizamiento de su conciencia ficcional. Al escribir este libro, *Mímesis y cultura en la ficción*, soy yo obviamente quien lo produce en su materialidad, quien genera, organiza las ideas, la estructura, los capítulos, los párrafos, las frases, pero eso no explica su naturaleza ni su modo de existencia o de producción ni su lugar dentro del paradigma de la crítica moderna. En relación al texto yo no soy más que un vehículo de un modo de pensamiento y expresión y mi texto no deberá ser leído o enjuiciado a partir de mí, sino de su propia textura.

En la novela de Juan Benet, *Un viaje de invierno*, se utiliza acertadamente la indeterminación del origen del discurso de la novela. Con frecuencia no sabemos quién está hablando o sobre quién se habla: ¿Se habla de la señora, de su sirviente, del desaparecido Amat? ¿Quién profiere las acotaciones del texto?: ¿Juan Benet? ¿Un pensador ideal que presenta sus ideas en torno a algunos temas filosóficos? ¿Alguno de los personajes? No lo sabemos con certeza y esta imprecisión es la que constituye el texto orientándolo hacia una dimensión esencial de la ficción. *Un viaje de invierno* muestra que es posible escribir una novela sin una focalización determinada ni en cuanto a la conciencia de los personajes ni en cuanto al originador del texto que, en *Un viaje de invierno*, se desarrolla paralelo al otro texto de la novela en torno al conflicto entre la razón reflexiva y la conciencia nostálgica.

4. LAS DOS LECTURAS DEL LECTOR

Si negamos al autor y rechazamos este apoyo tradicional en lo obvio, en una lectura basada en los principios del sentido común, ¿cómo leer el texto? ¿Será posible penetrarlo después de haber renunciado a la seguridad reductiva del autor? ¿No podemos caer en la irrealidad del texto concebido como un magma maleable que lo significa todo y que, por tanto, no es susceptible más que de lecturas subjetivas? ¿Es posible algún acuerdo sobre un modo de lectura que responda adecuadamente a la conciencia del hombre moderno?

Para atender estas preguntas —ya que no responderlas de inmediato— opto por estudiar el modo de relación entre el texto y el lector. Hasta ahora hemos visto el modo en que el texto funciona dentro de sí mismo, las relaciones de algunos de sus elementos entre sí y con los otros integrantes del paradigma. El texto produce un código significativo que a su vez forma parte de otro código que lo incluye a él. Pero el código producido por el texto debe pasar por un proceso de descodificación para el cual es necesario la cooperación del lector. Desechábamos antes al autor como figura ideológico-psicológica y preferíamos el concepto de autor como función vehicular de la significación; el autor (no el hombre de carne y hueso, biográfico) es un factor gracias al cual se inicia el proceso semiótico, pero es tan sólo parte de ese proceso. Para completarlo es preciso un factor terminal que completa la semiosis y la lleva a una realización más completa: el lector. Es importante observar que tradicionalmente se ha dado importancia casi exclusiva al vehículo iniciador de la semiosis, el autor, marginando u olvidando los otros elementos. Es preciso integrarlos de nuevo, componer el sistema de relaciones existentes entre ellos y comprender así más correctamente el proceso de la semiosis. Esta es la representación diagramática de ese proceso:

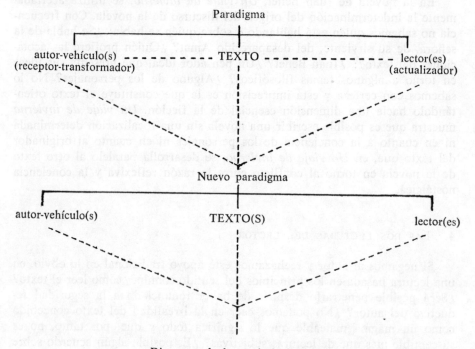

Diagrama de la semiosis ficcional

El paradigma ocupa una posición externa a los factores activos del proceso semiótico; al mismo tiempo, los abarca y es el elemento primordial, previo e imprescindible, fuera del cual la semiosis no tendría lugar; en relación a su existencia se accionan los factores de la semiosis. Sin embargo, la relación Paradigma-Factores semiotizantes no es pasiva o unidireccional.

Procede en un principio verticalmente, de arriba a abajo, pero al mismo tiempo (y debido a un complejo de relaciones horizontales de influencia mutua entre los factores de la semiosis) se mueve también en la dirección contraria de abajo arriba, de modo que los factores semiotizantes reinciden sobre el paradigma y lo modifican. Al final de este proceso de relaciones mutuas, que no se realiza de manera inmediata, sino que acostumbra a prolongarse en el tiempo, se produce el nuevo paradigma que normalmente deberá ser más amplio que el precedente.

Hay que notar que el diagrama, como el proceso que representa, son válidos para la semiosis de la ficción, pero tal vez pueden ser también aplicables al proceso semiótico de otras formas literarias. Es posible que, en sus rasgos generales, el modo de producción semiótica sea común a los diversos géneros de la literatura. Esta afirmación se propone sólo de modo hipotético y su verificación, que excede el propósito de este libro, debe quedar para investigaciones posteriores.

Volvamos a las relaciones texto-lector. Característica general de ellas es la transferencia progresiva del nivel de la mímesis al de la semiosis. No todo lector experimenta con la misma intensidad y obviedad esta operación. En algunos lectores, el grado de transferencia es muy parcial o incluso mínimo y esto es lo que hace que la crítica mimética tenga una acogida favorable. Para que la transferencia sea verdaderamente efectiva son precisas dos lecturas, sin que sea necesario que ambas se sucedan cronológicamente; pueden ocurrir simultáneamente. Esta simultaneidad tiene lugar con mayor frecuencia cuanto más consciente sea el lector del paso mímesis-semiosis y cuanto más completa sea su competencia literaria [17].

La primera lectura es una operación investigativa o heurística en la que el lector trata (en parte a ciegas) de localizar los núcleos significativos que habrán de conducirlo a la elucidación del enigma semiótico que todo texto es. En esta lectura tiene lugar la primera interpretación; se entrevé el significado primerizo. Su modo de avance es progresivo, siempre de atrás a adelante, mantenido por la incitación de la promesa de sorpresa (el «suspense»), hasta llegar a la resolución del enigma. Numerosos lectores se detienen aquí; otros son incapaces de apreciar un texto que no proporcione un modo de lectura previsible, que facilite la lectura heurística y minimice la función del lector. Su lectura es insatisfactoria y no atiende más que a un propósito inmediato que defrauda la profundidad del acto literario. Si el lector declina su responsabilidad, el texto no se realiza del todo y permanece incompleto. Este fenómeno de pasividad ha ocurrido a veces de manera masiva y transcultural, abarcando literaturas en varias lenguas y contribuyendo a promover errores evaluativos que se han reparado (si llegan a

---

[17] MICHEL RIFFATERRE, en *Semiotics of Poetry* (Bloomington: Indiana Univ. Press, 1978, pp. 4-5), parece dar a entender que estas lecturas se suceden. Tal vez sea esto más propio del poema, pero no tanto de la ficción, donde, por lo general, la complejidad lingüística es menor, más descifrable.

repararse) de manera tardía: la infravaloración por largo tiempo de Clarín, de la novela «intelectual» de Pérez de Ayala en la posguerra; la postergación de la Biblia como texto narrativo de destacada importancia.

En esta primera lectura, el lector puede caer fácilmente en la trampa o falacia referencial: las frases, las *personae*, la anécdota parecen referirse a los diversos componentes de un mundo que les da soporte. El lector lee aún de manera inconexa entre la masa abundante de datos que la narración va acumulando y para tratar de darle algún tipo de sentido debe hacer uso de su competencia mimética con objeto de fabricar una visión coherente de lo narrado. Pero nótese que ese acto es artificial, una construcción hecha según un sistema de convenciones miméticas por medio del cual el lector entiende y descifra el texto.

Las mil y una noches puede entenderse en una primera lectura como un retablo de la sociedad oriental regida por los principios del Islam y sometida al poder omnímodo y arbitrario del poderoso. La vida de numerosos personajes está en manos del califa o el sultán, que pueden disponer de ella a su antojo. La misma Scherazade está sujeta a la voluntad veleidosa del rey que durante tres años ha aterrorizado a la población de su reino con la muerte violenta de las mujeres jóvenes sin que nadie se rebelase contra la injusticia. Los numerosos relatos del libro podrían leerse como una ilustración de la subordinación a la tiranía y ésa podría ser en apariencia la esencia de su interpretación. La historia de la decimooctava noche, «La historia de la mujer despedazada, de las tres manzanas y del negro Rihán», presenta sin reservas la crueldad del califa que, por un motivo injustificable (la represalia por el asesinato de una mujer cometido por terceros), condena a su visir Giafar y a cuarenta de sus primos a morir crucificados a la vista de todos. La crueldad no está sólo presentada en la historia, sino que aparece sobredeterminada sin paliativo alguno por el exceso de la anécdota: los pregoneros recorren la ciudad y alrededores anunciando el espectáculo de la horrible muerte del visir y sus familiares: «Quien desee asistir a la crucifixión de Giafar al-Barmaki, visir del califato, y a la de cuarenta Baramka, parientes suyos, vengan a la puerta del palacio para presenciarlo» [18]. La crueldad se destaca más aún ante la generosidad y la bondad del visir y de los Baramka reconocidas por todo el mundo. La convención mimética parece encaminarnos a una explicación de referencia externa, en torno a un modelo ético. En una primera lectura, el lector ordenaría su entendimiento hacia una explicación que daría razón de los motivos y las consecuencias de la conducta del despótico califa. Sin embargo, pronto se nos da indicios de que no es ésta la lectura apropiada y de que el núcleo estructural del texto se halla más allá de la apariencia representacional.

El curso de la crueldad del califa no se quiebra por la rebelión o la violencia; tampoco por el razonamiento. Se rompe por la irrupción total del

---

[18] *Las mil y una noches*, Theresa E. Rhode, ed. (México: Porrúa, 1977), p. 89.

código de la literatura articulado sobre los principios de la «Aventura» y la «Historia», por medio de los cuales se conseguirá aplacar la intolerancia del califa. El visir y sus primos salvan la vida gracias a un joven que se acusa del crimen y este joven se libra a su vez de la muerte narrando la historia, llena de complicadas peripecias, del asesinato de su mujer e implicando al esclavo Rihán, que también se salva gracias a la historia contada por el visir, que es el amo de Rihán. De este modo, el único personaje que no se había librado de la acción de la muerte por medio de un relato propio, el visir, puede librar de ella a otro personaje por medio de su relato. Los signos «Aventura» e «Historia» son los auténticos factores explicativos del relato, situándolo en su literariedad, manifestando su estructura profunda o latente por debajo de la ordenación patente. ¿Quiere esto decir que en la historia de la decimooctava noche no se habla de la crueldad y la tiranía y que éstas no afectan la conciencia moral del lector? No. Nuestra lectura supone tan sólo que la literariedad de la narración no se encuentra en esos dos aspectos de las relaciones humanas, sino en signos ficcionales peculiares implicados en el relato. La crítica puede obviamente quedarse en el primer nivel de lectura, en la heurística del texto, o puede, superando el obstáculo mimético, alcanzar una explicación semiótica dentro del paradigma de la ficción.

Sería erróneo pensar que en la lectura heurística el lector sólo se ve auxiliado por su competencia mimética. Esta le ayuda a recomponer la representación de un mundo, a dar consistencia física al complejo de frases que forman la gramática del texto. El lector advierte ya en esta lectura primeriza vacíos, alusiones no descifradas, agramaticalidades que, aunque no pueda resolver de momento por completo, su competencia literaria le permite suplir parcialmente. Sólo un acto de lectura hermenéutica, hecho retroactivamente, le permitirá la descodificación estructural del texto. El texto es un campo de significación limitado por un inicio y una cláusula y es al mismo tiempo la unidad máxima de significación, siendo palabras, frases, períodos y capítulos las unidades significantes. La significación es coextensiva al texto y por ello no es posible captarla antes de haber concluido la lectura total de la obra y de haber comenzado el proceso de retroceso y nuevo avance.

En la novela de Luis Goytisolo, *Los verdes de mayo hasta el mar,* el propio título no puede ser interpretado sino tras una lectura retroactiva. Esto es así porque el título es agramatical (la conexión «ilegible» de *verdes* y *mayo,* por ejemplo), dificultado su entendimiento por dos fenómenos de elipsis que no pueden suplirse sino al finalizar el texto. *Verdes* es el epíteto de prados («prados abajo» se dice en la página 309), y «hasta el mar» debe completarse con el verbo *llegar* y convertirse en *hasta llegar al mar,* que es la visión que tiene el personaje al final de la novela: «la vista del mar desde aquel motel situado entre San Juan de Luz y Biarritz» [19]. Y ¿mayo?

[19] LUIS GOYTISOLO, *Los verdes de mayo hasta el mar* (Barcelona: Seix Barral, 1976), p. 309.

El término mayo debe explicarse también en relación al texto, descubriendo el contraste entre la dulzura (se habla de «la suave pendiente de un prado») de la visión de los prados verdes y del mar —comparable al tiempo agradable y benigno del mes de mayo— y la neurotizante turbulencia de la vida de verano en el pueblo turístico de Rosas. Esta comparación contrastiva no se produce de manera fortuita y aislada. Es una variante de la matriz significativa del texto, que es el símil. A partir de esta matriz, el texto se constituye, desarrolla y cobra sentido. La novela de Luis Goytisolo (más aún que la precedente, *Recuento*) abunda en símiles para caracterizar personajes, situaciones, estados emotivos. Este hecho no es accidental, sino que responde al concepto que de la obra literaria se expresa en el libro. Según ella, el texto no puede definir nunca la realidad, sino que puede tan sólo acercarse a ella oblicua, gradualmente de la misma manera que el símil describe un objeto o persona no directamente, sino por aproximación. Por eso, toda obra está siempre incompleta y es, como se dice en *Los verdes de mayo hasta el mar*, «como esa ciudad tan minuciosamente diseñada y descrita una y otra vez en el curso de la historia, de acuerdo con las necesidades del momento, en la creencia, por lo general, de que ninguna de ellas puede ya ser alterada..., y al fin resulta que las modificaciones impuestas por la realidad y sus vicisitudes son tantas que ni su arquitecto original sería ahora capaz de reconocerla (309)».

En torno al símil, como expresión de una filosofía del arte, se estructuran muchos aspectos de la novela. Así se caracteriza a Carlos, de personalidad bastante inasequible, por medio de su comparación con un niño huérfano. Su comportamiento huraño se comprende mejor (sin llegar nunca a ser precisado del todo) cuando se lo relaciona con la reacción del niño huérfano que rechaza todo afecto que pueda ser confundido con la compasión por su estado de horfandad. El discurso sobre la escritura ficccional también va engarzado en símiles del autor con un dios, de los personajes como fetiches propiciatorios (237), de la creación artística como modo de superación frente a la dureza de la vida y al mismo tiempo como debilidad, como la más adictiva de las drogas a la que el escritor vive subordinado (239). Como se dice también con un símil en *Los verdes de mayo hasta el mar*, escribir es «trabajar sintiéndose como un pintor del siglo XVI que prepara sus tierras, sus aceites, sus pigmentos, mientras el paso del primer metro sacude la casa desde sus cimientos (239)».

Podrían citarse otros casos que ilustraran el desarrollo de la matriz generadora de la novela. Creo que los ya mencionados son suficientes. Ya se ha visto que en *Las mil y una noches* la lectura heurística era insuficiente. En el caso de la novela de Luis Goytisolo, sin una lectura hermenéutica que supere el obstáculo mimético nos fijaríamos fácilmente en la desorientación y la decadencia moral ignorando el *locus* en que se produce la semiosis, la peculiaridad intrínseca del texto.

La lectura implica un sujeto que lea e interprete el texto. El texto es una entidad de significados virtuales que no alcanzan su especificación hasta que son materializados por el lector. Es ésta otra paradoja del texto: todo se encuentra en él de antemano, todo el material interpretativo se da previamente, pero, al mismo tiempo, no se basta a sí mismo y requiere la intervención del lector que provee la interpretación, de manera parecida a lo que ocurre con un rompecabezas en el que se precisa de un sujeto que componga las diferentes piezas que se le ofrecen en desorden. El conjunto de piezas constituye ya al rompecabezas antes de su composición final, pero para ser *interpretado*, realizado, necesita de un sujeto que lo concretice. A pesar de esta similitud entre la naturaleza del texto y del rompecabezas hay una diferencia fundamental que los separa. El rompecabezas es un objeto inerte, unidimensional, en el que el significado o significados están fijados previamente de manera definitiva. El sujeto que compone sus piezas tiene ante sí una posibilidad o un número limitado, y no optativo, de posibilidades de composición. Si el rompecabezas está concebido para acabar representando la figura de un castillo, sólo es posible esta solución interpretativa y cualquier otra no sería más que un alejamiento de la forma para la que el rompecabezas estaba programado. El texto, por el contrario, no sólo admite, sino que promueve múltiples interpretaciones o lecturas, potencialmente tantas como lectores tiene, y su ser no es pasivo, sino que está inspirado por un dinamismo interior, una virtualidad inagotable que pone en movimiento la imaginación y la inteligencia del lector. Un grupo de sujetos enfrentados con un mismo rompecabezas llegaría necesariamente a un mismo resultado sin que sus características individuales significarán en absoluto ninguna diferencia. Por eso, el rompecabezas *existe* plenamente ya antes de que un sujeto se ocupe de él, contiene en sí todas sus posibilidades y la actualización no es más que un accidente, tal vez necesario, pero dispensable. El texto puede decirse que no existe hasta que se encuentra con el lector y ese encuentro completa su naturaleza hasta entonces meramente potencial y parcial. Es la convergencia de texto y lector la que produce la existencia del texto. Esta convergencia apoya más la naturaleza antiesencial del texto literario a lo que se aludía al principio. Porque la existencia del texto no coincide enteramente ni con la entidad del texto como objeto ni con la aportación de la personalidad individual del lector; consiste en la interrelación de ambos polos de significación. En realidad no hay un solo texto ni un solo lector, sino una multiplicidad de ambos, en un juego en el que la existencia no sólo precede a la esencia, sino que es la única «esencia» posible.

¿Es el número de textos ilimitado? ¿Es el número de lecturas infinito? Probablemente sí. Los textos que llegan a su límite, que obtienen su esencia final son aquellos que carecen de lectores, aquellos a los que el silencio total les confiere un ser eterno. Eternidad equivale en este caso a muerte definitiva. Si textos y lecturas son infinitos, ¿sería posible llegar a una lectura consensual, en la que los lectores llegaran a un acuerdo sobre una interpretación común de un texto? Ello es posible, sin duda. Pero esa comunión interpretativa será inevitablemente provisional, destinada a una eventual revisión y superación. Puede postularse un lector ideal, que resumiría los rasgos de un determinado modo de competencia literaria y que conllevaría una actitud específica para interpretar el texto. Pero ese lector es una fabricación teórica, un punto de referencia funcional, una especie de norma general con la que contrastar las lecturas individuales. No puede decirse que sea un agregado o suma de las lecturas más perceptivas o adecuadas, sino más bien una suposición inicial hipotética de un lector que reuniera las condiciones más favorables de lectura. Creo que la lectura crítica tiene lugar teniendo presente a este lector ideal en relación al cual el crítico elabora su interpretación. Pero no hay que olvidar que ese lector ideal es un concepto artificial que no puede suplantar el acto de lectura del sujeto lector.

5. LA PERCEPCIÓN DEL LECTOR

El texto se define tanto por lo escrito en él como por lo no-escrito, tanto por lo explicitado como por lo aludido, sugerido o silenciado. El texto necesita de la contribución del lector; una contribución creadora que complete los vacíos y conecte los elementos del texto que parecen carecer de conexión. La necesidad de la colaboración del lector ha sido reconocida desde los primeros momentos de la novela moderna. El «desocupado lector» del *Quijote* ha mantenido un diálogo más o menos directo con el narrador, ya sea a modo de conversación abierta (novela inglesa del siglo XVIII), ya a través de medios indirectos, al hacerse partícipe de la ironía o del comentario del narrador propio de la novela del siglo XIX. Si el novelista del siglo XIX comenta de modo abierto no lo hace arbitrariamente, sino con un propósito claro de entablar una colusión intelectual con el lector. *El egoísta*, de George Meredith, es un ejemplo notorio de esta ironía participatoria que se revela en los comentarios sobre los personajes, en especial sobre el arrogante Willoughby. Pero otros ejemplos abundan. Cuando el narrador de *Fortunata y Jacinta* dice en este pasaje: «Allí brillaba espléndidamente esa fraternidad española, en cuyo seno se dan mano de amigo el carlista y el republicano, el progresista de cabeza dura y el moderado implacable», está haciendo un comentario, entre elogioso y crítico, de un modo de convivencia cívica de cuya dudosa excelencia pretende hacer cómplice al lector, que juegue en común *(co-ludere)* con él [20]. Las antinomias, progresista de cabeza dura/moderado implacable (normalmente el estereotipo atribuye a los progresistas una mente abierta, flexible y «blanda» y los moderados deben de serlo todo menos implacables) no

[20] BENITO PÉREZ GALDÓS, *Fortunata y Jacinta* (México: Porrúa, 1975), p. 344.

hacen más que subrayar la necesaria pero, al mismo tiempo, insatisfactoria maleabilidad de las ideologías políticas y el narrador da por supuesto que el lector concuerda con su parecer.

La novela del siglo XX prosigue, profundizándola, la invitación que hace el siglo XIX a la participación del lector y la convierte de recurso en característica fundamental. Analicemos con algún detalle estas diferencias. La novela anterior buscaba la perfección argumental y estructural de la que tal vez *Madame Bovary* sea la ilustración más exacta. Una imagen apropiada de esta novela sería la de un monumento clásico en el que todas las partes y elementos que lo componen (estatuas, columnas, fuentes) están armonizados y simétricamente distribuidos dando al espectador una impresión indisputable de acabamiento, como si todo tendiera a la unidad. En *Madame Bovary* ese acabamiento se manifiesta, por ejemplo, en la progresión lógica, meticulosamente proyectada, de la ruina de la familia Bovary, que concluye con el más perfecto de los finales (ya que es absolutamente terminal, después de él ya no hay historia), con la muerte de Emma y de Charles Bovary. También se lleva a su conclusión la trayectoria biográfica de los demás personajes, de M. Homais, de la madre de Bovary, de Mlle. Bovary, del père Rouault, etc., sin que quede ninguna parte del gran edificio iniciado por Flaubert sin construir y terminar. Asombra en *Madame Bovary* esa perfección y no es posible no valorar favorablemente el esfuerzo que representa lograr un texto tan perfecto.

Numerosas otras obras del siglo XIX procuran y logran parecida perfección. Pero llega un momento en que precisamente esa perfección acaba siendo insuficiente por su exceso, por su circularidad, que contribuyen a crear la impresión de que, siendo esas novelas representaciones de la vida humana, son mucho más perfectas que el modelo que imitan, ya que en ellas la conducta de los personajes, el desarrollo de las situaciones y los episodios se dan perfectamente explicados, enlazados en una cadena lógica que no es nunca reconocible en la realidad representada. Además, se presenta una realidad externa que sigue la evolución de acontecimientos generalmente en un largo período de tiempo que, con frecuencia, abarca la biografía de varios individuos, familias o grupos. No hay duda de que, como recuerda Erich Auerbach, la novela del siglo XIX contribuyó a incorporar sin reservas y con rigor la vida cotidiana al mundo de la literatura y a «la elevación de los grupos más amplios y socialmente inferiores, colocándolos en una posición de materia principal digna de representación problemático-existencial», y en este sentido su aportación al acervo de la ficción es muy importante [21]. Sin embargo, tal vez sólo con la excepción principal de Dostoievski, a esa novela se le escaparon parcelas de la existencia humana que son tan determinantes como el *locus* social e histórico. Se podría decir que, en cierta manera, esa novela se mueve en la

---

[21] ERICH AUERBACH, *Mimesis* (Princeton: Princeton University Press, 1971), p. 491.

superficie de los hechos y que es incapaz de adentrarse en la conciencia porque no se siente motivada a descubrirla y explorarla. Ensimismada con las fuerzas ambientales que mueven a los hombres, descuida investigar cómo la conciencia individual reacciona ante el medio, cómo se ve afectada por él, al mismo tiempo que lo transforma y mitifica, aunque no sea más que en el propio subconsciente.

En esa novela está todo explicitado, pero dentro de unos límites que ella misma se ha establecido. La función del lector es básicamente la de aceptación de lo que se le presenta de manera tan perfecta. Para un lector moderno, con conocimiento de las formas de comprensión y análisis de la psicología y la ciencia modernas, esas novelas carecen de algunas dimensiones de la naturaleza humana que ahora son fundamentales. Además, el lector asume ante ellas un papel de observador más que de participante en el juego de relaciones texto-lector que hemos mencionado. Si el lector interviene es a través de la invitación abierta del narrador, que le propone esa intervención bajo términos establecidos. En otras palabras, la realidad se da ya percibida para el lector a través de los sentidos y la sensibilidad del narrador, que asume la función de guía para que al lector no se le escapen aspectos significativos. Cuando Fortunata entra en el convento de Las Micaelas, el narrador precisa el campo de percepción del lector de manera inequívoca. Primero, se ha descrito con minuciosidad el exterior del convento, orientando precisamente la percepción según los puntos cardinales: un terreno de cebada, árboles (unas soforas, un castaño de Indias), una noria, una fábrica de tintas de escribir, un taller de cantería. Luego se describe la reacción de Fortunata al llegar al convento y ser recibida por las internas y la reacción de éstas y de las madres que regentan el lugar. Inmediatamente se nos dice el uniforme que viste Fortunata; luego, a poco, las clases en que las internas están divididas (Filomenas y Josefinas), sus características particulares, etc. [22]. Todo se da ya visto para nosotros, que no tenemos más que confiar en la pericia del narrador y aceptar lo que nos presenta sin ninguna duda. El modo de percepción de la escena de Las Micaelas es irrevocablemente claro. El narrador lo ve y lo siente todo y la imaginación del lector cumple el papel de visualizar lo presentado, pero siempre a través de la óptica del narrador, que traza la dirección y las dimensiones del campo de percepción. Si hay otras posibilidades de percepción u otras perspectivas no parecen interesarle al narrador, que no hace nada por incluirlas. La percepción se manifiesta así en la novela como una totalidad aparentemente satisfactoria, pero también cerrada, más allá de la cual tal vez exista algo, pero que parece carecer de interés.

En la ficción posterior no se da una percepción única, sino la posibilidad de varios modos de percepción, es decir, una multiplicidad perceptiva abierta cuya síntesis absoluta es por siempre inalcanzable. Por eso, en este

[22] *Fortunata y Jacinta,* pp. 268 y ss.

concepto de la percepción novelística, que nunca se presenta conclusa, la
función del lector aumenta en importancia, ya que debe ser él quien de
algún modo decida (también de manera parcial) el ángulo de percepción
más adecuado. La percepción de esta novela es caleidoscópica, siempre hecha y siempre por hacer en una promesa perpetua de nuevas figuras. Esta
es una de las causas del antipragmatismo de la novela, su incapacidad para
afectar la vida más inmediata; la ficción no sigue la razón de la vida cotidiana en la que por necesidad se tiende a buscar las interpretaciones más
efectivas a las situaciones, sacrificando a menudo su difícil complejidad.
La novela —sobre todo la que responde con mayor precisión a la naturaleza esencial de la ficción— no elude esa dificultad; procura devolver a
la vida una totalidad sacrificada bajo el imperativo del reductivismo de la
eficacia y la rápida inteligibilidad. La ficción presenta un *spectrum* de interpretaciones y con frecuencia no privilegia claramente ninguna de ellas,
siendo el lector quien decide la interpretación preferida. Caracterizada por
la indecisión perceptiva y axiológica, la novela no es un modelo para la
acción; rara vez conduce a la concretización irrevocable del acto; es más
bien un modo cognitivo en el que no se oculta o modera la indecidibilidad
básica del conocimiento humano. Por eso, la novela tiende a la expansión
de la percepción y de lo percibido, presentando sus numerosas caras y
confirmando la imposibilidad de explicar la realidad de una sola manera.
Una sola visión o interpretación equivaldría a negar las otras visiones posibles.

En *À la recherche du temps perdu,* de Proust, hallaríamos un ejemplo
adecuado de que la ficción funciona con esta interminabilidad perceptiva.
Cualquier hecho, por trivial que pueda parecer, puede ser proyectado hacia un infinito semántico al ser parcelado y multiplicado por la percepción
del novelista. El mundo de Marcel es muy reducido; y, no obstante, en él
todo es susceptible de cobrar dimensiones gigantescas y una significación
excepcionalmente intensa, porque lo importante no son los hechos acon-
tecidos; no son ellos los que impresionan su sensibilidad, sino sobre todo
su transformación a través de la memoria para lo que no existen los límites
espacio-temporales de la observación. El sufrimiento de Marcel ante la infidelidad, real o supuesta, de su amiga Albertine, en *La Prisonnière,* es
inconmensurable, generándose a sí mismo e incrementándose, impulsado
por los celos: «C'est ainsi qu'est interminable la jalousie, car même si
l'être aimé, étant mort par exemple, ne peut plus la provoquer par ses
actes, il arrive que des souvenirs, postérieurement à tout événement, se
comportent tout à coup dans notre mémoire comme des événements eux
aussi, souvenirs que nous n'avions pas éclairés jusque-là, qui nous avaient
paru insignifiants et auxquels il suffit de notre propre réflexion sur eux,
sans aucun fait extérieur, pour donner un sens nouveau et terrible» [23]. (Es

[23] MARCEL PROUST, *À la recherche du temps perdu,* VI (París: Gallimard, 1954),
p. 91.

de este modo como son interminables los celos, porque incluso si el ser amado, habiendo muerto, por ejemplo, no puede ya provocarlos con sus actos, sucede que los recuerdos, posteriormente a todo acontecimiento, se comportan de repente en nuestra memoria como acontecimientos reales, recuerdos que no nos habíamos explicado hasta ese momento, que nos habían parecido insignificantes y a los cuales basta nuestra reflexión sobre ellos, sin ningún hecho exterior, para darles un sentido nuevo y terrible.)

Poco importa que el sentimiento de los celos sea un aspecto perfectamente previsible en las relaciones amorosas. Marcel no hace el descubrimiento de los celos ni de las sensaciones o sentimientos que provocan. Todo ello había sido explorado con anterioridad en la profusa historia de la literatura amorosa. Si su papel se limitara a eso, Marcel no haría sino insistir en datos ya conocidos. Su importancia no está en el campo comprendido en su visión, sino en la visión misma, en el modo en que su percepción desciende sobre un aspecto del amor y destaca en él su interminabilidad. Los celos son infinitos, viene a afirmar su espíritu torturado. Actúan incluso más allá de la muerte y son más poderosos que la esperanza de la transformación del futuro, porque corroen esa esperanza con la pasión mórbida del recuerdo: «On n'a pas besoin d'être deux, il suffit d'être seul dans sa chambre, à penser, pour que de nouvelles trahisons de votre maîtresse se produisent, fût-elle morte» (no hay necesidad de ser dos, basta estar solo en la habitación, pensar, para que se produzcan nuevas traiciones de nuestra amante, incluso si estuviera muerta), prosigue Marcel. En la soledad inmóvil de su habitación, Marcel mantiene un índice muy alto de actividad, tanto o más que el de alguien que se extenuara en duras jornadas de trabajo físico. En esa perceptibilidad inconmensurable, que penetra zonas acotadas para los demás, podemos ver una expresión del alcance de la percepción de la ficción.

Para la razón ficcional no hay una respuesta exclusiva a ninguna pregunta y toda respuesta se produce como un hecho imperfecto por naturaleza. La única respuesta válida sería aquella que incluyera en sí misma todas las posibilidades, incluso aquellas que se contradijeran directamente. La ciencia y la filosofía modernas son cada vez más conscientes de la provisionalidad de sus respuestas, pero operan, por motivos de eficacia, con principios y teorías que asumen una validez universal. La ficción niega esta alternativa de compromiso. Esa es una de las causas por las que tantas novelas modernas carecen de final, en realidad no terminan nunca y dejan francas todas las vías para su continuación. El final del libro señalado claramente por la última página y por las cubiertas, que encierran todo el contenido de la novela desde el principio al fin, ha perdido su función y simbolismo originales. El final es ahora una puerta a una próxima prolongación de un texto no terminado en el presente y que no terminará tampoco en sus ramificaciones futuras que lo continúan.

El *Yes* final de Molly, recordando los días felices con Bloom, en *Ulysses*, de Joyce, es una contestación ambigua que no resuelve en modo alguno los conflictos de la relación de ambos; es una efímera afirmación de esperanza accidental que está contrarrestada por el devastador monólogo acusatorio contra Bloom, que la ha precedido, y por la insinuación de los proyectos de futura amistad con Stephen Dedalus, el nuevo amigo de su marido. Tampoco resuelve la insatisfacción fundamental de Molly, frustrada en su matrimonio y en su profesión. Está fuera de duda que ese sí momentáneo será pronto abrumado por consiguientes lamentos y acusaciones contra los responsables de su infelicidad. La función de la afirmación final es presentar un elemento de equilibrio a la amargura y vulgaridad de esta nueva Penélope, que carece de la grandeza impecable de la figura mítica a la que, sin embargo, recuerda como copia degradada. Es un transitorio equilibrio por contraste, no un término ni una conclusión que hiciera el sumario de la novela y elucidara su significado desde una perspectiva favorecida por la narración. Si, en un forzado intento de recuperación, quisiéramos ver el *Yes* como una afirmación esperanzada más allá del mundo moral escéptico de la novela, esa afirmación sería en cualquier caso demasiado breve y vaga como para poder atribuirle un carácter definidor. El largo viaje recorrido, el 16 de junio de 1904, por los personajes de *Ulysses* no tiene una trascendencia distintiva. Puede parecer especial porque está demarcado por la novela. Ese día parece sobresalir de los demás porque el texto concentra su atención en él y hace que nos olvidemos de la visión significativa total. El viaje no se inicia ese día y tampoco termina en él; volverá a repetirse de manera parecida al día siguiente y luego indefinidamente, sin solución de continuidad.

Ulysses y otras novelas no se presentan como modos de resolvimiento, pero, al mismo tiempo, no es posible decir que su lectura haya sido vana, ya que nos proporciona una experiencia de conocimiento que sin ella no hubiera ocurrido o, de haber ocurrido, habría carecido de su intensidad. La novela, inspirada en el mundo de la realidad y considerada como la más mimética de las formas literarias, es antirreal por su antipragmatismo, que la conduce a la inacción y la indeterminación que la realidad no tolera impunemente. Tan pronto como se produce la palabra ficcional, se produce la indecisión significativa y esto ocurre aun en aquellos libros que se proponen desde el campo de la certeza eterna, como emanando de una fuente que está más allá de toda indecibilidad y, por consiguiente, de todo juicio.

Para el lector que se acerca a la Biblia sin la actitud de asentimiento de la fe, la Biblia es un libro como los demás, que requiere de la interpretación y necesita de la contribución creadora del lector para su entendimiento. Es un libro no acabado, sino por hacer; no la palabra inmutable de Dios, sino la mucho más insegura de la narración ficcional. Cuando, por ejemplo, David se dirige a Yavé pidiéndole ayuda en contra de los filisteos,

Yavé le proporciona los consejos que le llevan a la victoria en varias ocasiones. Yavé, concebido en cuanto entidad divina, es una realidad absoluta al margen de todo juicio literario; pero en el momento en que queda introducido en la narración, opera dentro de ella, habla a David en su lengua y le dice con lenguaje e intencionalidad militares, humanos: «no subas; rodéalos por detrás y atácalos frente a las balsameras», Yavé se convierte en un ser ficcional y como tal sometido a la elaboración y el juicio de la competencia literaria del lector [24]. El lector empleará esa competencia para su comprensión siguiendo procedimientos parecidos a los practicados con los personajes de otras obras. Yavé será comparado, por ejemplo, con otros dioses de la literatura clásica u oriental, será incluido en el código del mito de la divinidad y pasará a funcionar dentro del paradigma de la ficción, no de la verdad religiosa. Algún lector podría interpretar este hecho como una corrupción que la palabra ficcional hace de un texto divino. En cierta manera es así. Pero esa corrupción germina al mismo tiempo una pluralidad semiológica inconcebible si el texto se lee desde la unicidad de la verdad religiosa.

Las oraciones individuales del texto significan *per se* y son comprendidas por el lector como unidades significativas independientes, pero, al mismo tiempo, extrovertiéndose, producen una expectativa de lo que ha de venir, crean lo que Husserl llama, al referirse a la captación del tiempo por la conciencia, pre-intenciones. Estas pre-intenciones modelan el significado de las futuras unidades de significación y revierten sobre las mismas oraciones individuales que las generan, transformándolas a su vez. De este modo, la expectativa nunca llega a cumplirse plenamente, sino que se ve constantemente modificada hasta llegar al final del libro, cuando debe empezar la lectura hermenéutica que ha de colocar al conjunto de expectativas en una perspectiva nueva [25]. El lector no puede eludir la orientación promovida por las unidades de significación. No se puede leer una novela sin entrar a formar parte de esta interacción de intenciones entre las unidades de significación. La lectura de un texto de ficción implica una cierta privación de libertad en cuanto que el lector se ve obligado a ceder parte de su autonomía de conciencia y aceptar, de un modo más o menos amplio, los términos del proceso de lectura fijado por el propio texto.

Las pre-intenciones no brotan sólo del texto con el impulso de las oraciones individuales; se ven afectadas también por la visión personal del lector que las modela según su experiencia. El texto es así, en parte, un espejo de la experiencia del lector que proyecta en él una imagen propia. Por eso un mismo texto afecta de distinta manera a lectores diferentes. Pero, al propio tiempo, el significado del texto no se corresponde exac-

---

[24] «Samuel» 5, 23, *Sagrada Biblia,* Eloíno Nácar y A. Colunga, eds. (Madrid: Biblioteca de Autores Cristianos, 1972), p. 364.
[25] V. WOLFGANG ISER, *Der implizete Leser* (Munich: Fink, 1972), pp. 255-56 *et passim.*

tamente con esa imagen y puede diferir notablemente de ella. Esta es una nueva paradoja del discurso ficcional. Para realizarse necesita de la imaginación y la aportación experiencial del lector, que le sirven para organizar los componentes del significado del texto construyéndolo a medida que progresa la lectura. Al mismo tiempo, a medida que ese significado se va construyendo, el lector se ve defraudado por los nuevos datos encontrados en el avance de la lectura y las asociaciones que éstos provocan.

La historia policíaca o de misterio proporciona un modelo especialmente adecuado de esta característica general de la ficción; en ella se ve llevada al extremo y es convertida no sólo en la esencia y el motivo de la estructura de la historia, sino en la estructura misma. El cuento *La espera*, de Borges, ilustra bien este punto. En *La espera*, como es frecuente en Borges, una forma ficcional, considerada como menor, es promovida a una categoría superior por medio de la inclusión de material aparentemente irreconciliable con las convenciones genéricas de la forma elegida. En otras ocasiones, para conseguir el mismo efecto, será suficiente la mera alusión a ese material y no su inclusión de manera concreta.

Conviene seguir con cierta detención el modo en que se alimenta en *La espera* la expectativa del lector, se la orienta resueltamente en una dirección determinada para defraudarla inequívocamente al final. El lector descubre al final del cuento que *La espera* es la historia del asesinato de un hombre aparentemente inocente. Pero ese hecho no se averigua hasta precisamente la última línea, como es habitual en el género. Antes, se han ido dando datos imprecisos, vagamente alusivos o abiertamente desorientadores que van formando el tejido de preintenciones del lector, siempre en torno al núcleo semántico de la narración de misterio: el protagonista adopta el nombre de un supuesto enemigo suyo; llega de un lejano país oriental sin que se den las razones de su marcha o de su regreso; toma grandes precauciones de seguridad en su aislada vida en el hotel donde se aloja[26]. El cuento nos da así datos seguros que parecen encaminar la trama hacia la historia de un hombre perseguido por enemigos tan implacables como elusivos que quieren darle muerte. Sólo se necesitaría el personaje del astuto detective o policía para reunir todas las figuras de la ficción policíaca.

El texto da pie para que esperemos una progresión del relato en esta dirección. Pero se nos presenta al mismo tiempo información que no está relacionada con la expectativa anterior. El breve relato se detiene, con la delectación estética del pormenor, en la descripción de la habitación del hotel; se hacen reflexiones de índole filosófica sobre la soledad y el tiempo; sobre las abstractas correspondencias entre arte y realidad. *La espera* incurre así en la flagrante contradicción de la abstracción, en una forma en

---

[26] V. JORGE LUIS BORGES, «La espera», en *Ficciones* (Madrid: Alianza, 1974), pp. 141-46.

la que lo concreto y visiblemente real tiene un predominio evidente. Pero Borges no se retrae ante este aparente obstáculo, preocupado no tanto en la fidelidad a un género como en la configuración de un rasgo determinante del discurso ficcional. La ascensión hacia lo irreal y no concreto se incrementa y se hace no marginal, sino temática, proporcionando a *La espera* un correlato simbólico total. En dos ocasiones se menciona, con extensión relativamente considerable, la *Divina Comedia* y se alude de paso (sin dar justificación a la referencia) a un episodio de la obra de Dante en el que el conde Ugolino roe en el infierno la nuca del arzobispo Ruggieri. Estos datos parecen encaminar el relato resueltamente en una dirección de elucubración literaria o filosófica. En otro autor que no fuera Borges sería difícil retornar de la elevación especulativa a la realidad sensorial de lo policíaco. En Borges no es así y ése es uno de los rasgos que determinan su especificidad como autor de textos de ficción.

La expectativa del lector queda dividida entre las tensiones antagónicas de estos campos principales que contribuyen a crear una impresión de interrogación sorpresiva que estimulará el avance del lector hasta el final. El final, con la muerte violenta del protagonista, no resuelve del todo el enigma, entre otras razones, porque su muerte queda implicada con la duda de si, en realidad, no ha sido más que la repetición de un sueño reocurrente de Villari. Para encontrar la solución hay que regresar a la cita de la *Divina Comedia,* hay que pasar del código de la ficción detectivesca al de la literatura teológico-filosófica medieval. La explicación hermenéutica se alcanza por la mediación de un paralelo entre ambos códigos. Este paralelo no es visible en una lectura superficial —estrictamente heurística—, lo que no hace sino intensificar el efecto de sorpresa y misterio del relato: Para poder establecer el paralelo, el lector debe estar familiarizado con la *Divina Comedia* y saber que si Ugolino roe eternamente la nuca de Ruggieri es como venganza por la crueldad del arzobispo que había condenado al conde y a su familia a morir de hambre en una prisión. La venganza se convierte así en la determinación de una conducta de otra manera no comprendida. La expectativa del lector, defraudada en varias ocasiones, no se clarifica más que retroactivamente, fuera del texto, en el código de la literatura y no de la acción como exigiría la convención de la ficción policíaca. No obstante, nos encontramos ante una clarificación más que ante un desciframiento completo. Nunca se hacen del todo patentes en *La espera* la motivación o las consecuencias de lo ocurrido: nueva transgresión del código de lo policíaco, donde la confusión, que ocupa la mayor parte del texto, es sustituida por la maravillosa explicación absoluta del detective —Sherlock Holmes, Hercule Poirot, etc.— que no deja ningún cabo por atar. *La espera* presenta (sin desentrañarla) la disyuntiva paradójica entre la trayectoria preintencional del lector y la trazada por las futuras unidades significativas que aparecen en la lectura.

El lector de la ficción está destinado a no conseguir un equilibrio satisfactorio entre su facultad de crear pre-intenciones que organizan su lectura y la naturaleza polisémica e inaprehensible del texto. Hay que notar que esta facultad no es deliberada. El lector la ejerce al margen de su voluntad. Forma parte del contrato narrativo a que se somete al aceptar leer (esta decisión sí es voluntaria) una obra ficcional. Al leer una novela, el lector debe ejercitar necesariamente su conocimiento de la literatura y de la experiencia humana y proyectarlos en el libro. Esta interrelación entre texto y lector promueve el dinamismo de la lectura y hace que el lector progrese a la búsqueda de una verificación de su expectativa, una coincidencia imposible entre su configuración personal del texto y el significado ideal —ya que no objetivo— que el texto encierra. El no-ser del discurso ficcional se confirma así no sólo en el campo textual, sino también en el de la lectura.

Hay siempre, por consiguiente, un desajuste entre texto y lector, un conflicto que hace posible que el acto de la lectura sea una experiencia, un proceso educativo paralelo al de la vida humana en la que la decepción o el fracaso pueden convertirse en una oportunidad de crecimiento personal, que nos permita entender las insuficiencias de nuestra visión anterior, excesivamente mermada por nuestras limitaciones individuales. La insatisfacción del lector con su lectura, provocada por el hecho de que el espejo del texto no le devuelve a lo más sino una imagen deformada de sí mismo a través de la no confirmación de su expectativa, es probablemente frustradora, pero debe servir también para arrojarle más allá de sí mismo, en búsqueda de realidades que de otra manera le serían inalcanzables: por ejemplo, la vigencia eterna del mito *(Odisea),* el interjuego de la ficción y la vida *(Quijote),* la vastedad ilimitada de la conciencia *(En búsqueda del tiempo perdido).* El lector no tendría pleno acceso a la grandeza de estos aspectos esenciales del hecho de existir humanamente si no fuera porque los experimenta al externalizarse en lo que no es el yo.

El texto encamina al lector en la formación de una coherencia de lectura, le incita en esa dirección al mismo tiempo que le insinúa los medios para la futura ruptura de esa coherencia. Pone al lector, en parte, en el territorio seguro del ser, pero amagando a la vez la presencia de zonas invasoras del no-ser. El lector se ve obligado a vivir en una hipótesis ininterrumpida que no llega a resolverse nunca de manera completa. Para acercarse al texto, el lector necesita del impulso de un cierto grado de identificación con lo que va a leer. Esa identificación hipotética es la que le lleva a sentirse atraído hacia la lectura. El lector espera encontrar en el texto por lo menos algunos aspectos que confirmen esa aspiración de identificación. Y en la mayoría de los casos esa identificación se ve ratificada hasta cierto punto. Un texto que no proporcionara ningún contacto con la expectativa del lector probablemente no sería un texto humano. Todo texto, al estar escrito en una lengua determinada, ofrece al menos al lector una comunidad lingüística y, con ella, un cúmulo de asociaciones también comunes. Incluso *Finnegans Wake,* que está escrito en una suerte de antiinglés, conserva puntos de contacto básicos con la norma del inglés internacional.

El lector busca una complicidad, un modo de reconocimiento, y en cierta medida lo consigue. El texto reduplica así la disposición mental o emotiva del lector; al estado presente del lector se corresponde un presente igual o similar del texto. Sin embargo, esta situación es tan sólo perentoria. Porque la lectura conlleva aprendizaje y, para que éste sea posible, es imperativo que quien se somete al proceso de aprendizaje esté dispuesto a abandonar una parte de su ego y sustituirla por otra diferente, originada no en sí mismo, sino en el ego creador del texto. La lectura posterga lo que es familiar en el lector, lo que constituye su identidad, y lo suplanta por una realidad ajena. Fuerza un despojo de lo propio y una invasión de lo extraño. Es, pues, una amenaza a la estabilidad personal, a la identidad entendida como yo imperecederamente idéntico.

La lectura supone transición a un estado nuevo y ese cambio puede ser perturbador, de modo similar al que lo es el tránsito de la adolescencia al estado adulto. La lectura (nueva paradoja de la ficción) desencadena un proceso de evolución dinámica en el lector, que compensa con creces la pérdida de esa parte familiar de su ego que de yo-actual pasa a ser yorememorado. No somos, ni seremos ya nunca, los mismos después de leer *El Lazarillo, Candide* o *Crimen y castigo.* Nuestra actitud frente a la bondad o la culpabilidad del hombre y sus instituciones ha sido afectada para siempre. La lectura de estas obras obliga a introducir en nuestro ego una nueva modalidad axiológica que, sin duda, transfigura nuestra personalidad. Toda lectura implica una violación, una imposición de un ego sobre o dentro de otro. El texto es un vehículo de poder que, como veremos en el capítulo III, se manifiesta en las relaciones intratextuales de los personajes y en las extratextuales del libro con el lector. La lectura crea, además, un hábito mental en el lector para descubrir una articulación a las parcelas fragmentarias de la realidad y para reformular lo familiar. La necesidad de interpretar un texto nos lleva a encontrar nuestra capacidad de interpretar. Capacidad que ya no cesará, sino que se incrementará con el mayor número de lecturas.

George Poulet ha afirmado: «Cuando leo, pronuncio mentalmente un Yo, y, sin embargo, ese Yo que yo pronuncio no soy yo mismo» [27]. Esta suplantación del yo, forzosa y violenta, origina una ganancia del yo, que nace precisamente de la pérdida de lo que ya poseíamos. La lectura no es, pues, un acto susceptible a la pusilanimidad; requiere una asunción del riesgo, una comprensión clara de que el asesinato de Raskolnikov de algún modo puede hacernos a nosotros asesinos, pero sabiendo al propio tiempo que,

---

[27] GEORGE POULET, «Phenomenology of Reading», *New Literary History* (otoño 1979), p. 54.

al ceder una porción de nuestro yo al yo de Raskolnikov, aprendemos algo más de la naturaleza humana y, por consiguiente, incrementamos nuestra humanidad. No es posible no ser contaminados por el texto. Al leer, las ideas y los actos del texto están en nosotros mismos, *son* nosotros mismos. La lectura conlleva involucración y por eso algunos tratan de rehuirla o delegan a la jerarquía la potestad de la supresión del peligro por medio de la censura o de la persecución de autores y textos. Tarea siempre vana: el poder del texto es ilimitado y sus raíces proliferan más allá de los obstáculos que se le opongan. La letra —invención del hombre— perdura más allá de la mezquindad pasajera de su creador.

Se rompe así la rígida división creador-texto-lector de la comunicación. Los tres participantes de la comunicación siguen existiendo, pero sus relaciones han cambiado. Normalmente, la orientación de la comunicación era unidimensional, de izquierda a derecha, del campo generador e inviolable del sujeto (autor-texto) al dispensable y pasivo del receptor objetivizado del mensaje comunicativo. Descubrimos ahora que estas relaciones son falsas, ya que la comunicación procede también en la otra dirección, de derecha a izquierda, y este contacto es esencial para la realización del acto ficcional. Si queremos precisar con mayor exactitud las relaciones de los agentes de la comunicación debemos abandonar la orientación lineal que la comunicación ha tenido hasta ahora, porque supone una jerarquía incorrecta del proceso comunicativo, un origen y un fin. Debemos sustituirla por un modelo circular de dirección doble, donde no es posible discernir el origen o el final de la comunicación. Esto queda representado en el diagrama contrastivo siguiente:

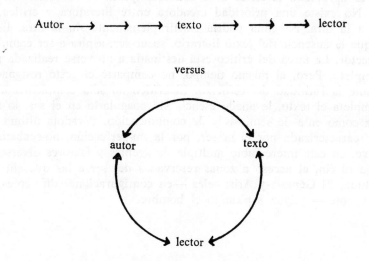

Antiguo y nuevo diagrama de la comunicación ficcional

Las relaciones de los factores de la semiosis ficcional son inestables, haciéndose en un movimiento infinito, recreándose mutuamente. De nuevo el paralelo con la ciencia puede ser aclarativo. El científico observa unos objetos aparentemente inertes, como las rocas, o activos, como los átomos; pero estos objetos son siempre lo observado, lo que está ahí a la espera de verse aproximado por el ojo humano. En la comunicación ficcional, el observador se convierte en lo observado, y lo observado se dinamiza y observa a su vez.

El paralelo con la observación científica no es del todo exacto. En ella, el objeto no influye al observador. Por el contrario, el observador mantiene una distancia que le proporciona precisamente la *objetividad* y que garantiza que su actividad sea un acto de observación, que lo observado sea un objeto sin capacidad de respuesta que afecte a su ego. Cuando los objetos del científico afectan la vida del observador es sólo porque éste deliberadamente los acciona para que produzcan ese efecto. La relación sujeto-objeto en la ciencia no es comunicación, sino intervención del hombre que prueba y modifica, maneja el objeto a su albedrío, sin que se establezca un intercambio dialógico propiamente dicho. En la literatura se va más allá de la observación. En realidad, los conceptos sujeto-objeto son artificiales, ya que ambos son intercambiables, sin funciones inmutables y preestablecidas. Más que como observación habría que calificar a la relación ficcional como fusión creadora en la que autor-texto-lector forman parte de un juego común sin reglas permanentes; ellos mismos van creando el juego mientras éste progresa haciendo las reglas que, a su vez, les hacen a ellos mismos.

No es apropiado referirse a la actividad primaria o secundaria de la ficción. No existe una prioridad creadora entre literatura y crítica. Una supone a la otra. Ninguna podría existir plenamente sin la otra. Esto es así porque la ausencia del texto literario, su no-ser, aspira a ser completada por el lector. La tarea del crítico está destinada a no verse realizada nunca por completo. Pero, al mismo tiempo, no comparte el gesto resignado de Sísifo ante la futilidad del esfuerzo. El crítico no sólo complementa, sino que completa el texto, le añade esencia sin coagularlo en el ser, lo revela y activa como ente de semiosis y de comunicación. Paradoja última de la ficción: caracterizada por el no-ser, por la im-perfección, no-acabamiento, promueve, en este intercambio múltiple de agentes y factores diversos, sin principio ni fin, el acceso a zonas reservadas del ser a las que sin cesar, desde Buda, El Génesis y Aristóteles —en configuraciones diferentes, pero no excluyentes—, sigue aspirando el hombre.

6. LA UNIDAD POLAR DEL SER FICCIONAL

La obra ficcional nos pone en contacto con el ser y al mismo tiempo con la verdad. En esto participa de la naturaleza general del arte. No obstante, hay diferencias entre las distintas formas literarias. Por ejemplo, frente a la verdad como unidad, propia de la poesía, la ficción nos introduce en un concepto de verdad fragmentaria e incompleta, que, con todo, no interrumpe nunca el proceso de completarse a sí misma, de una manera plural. Su distintividad está no en lo que reproduce o representa, sino en lo que añade, en lo que suplementa a los objetos, hechos o personas que parecen carecer de ello. Incorporando una penetrante idea de Heidegger, la obra agrega el *resplandor* al objeto y lo distancia (y con él se distancia a sí misma) o cercena de su mundo habitual que le daba el apoyo para su significación [28]. La escena de los festejos nupciales de Charles y Emma Bovary no representa tan sólo unas bodas de campo cualesquiera en la Francia del siglo XIX, sino que presenta la *esencia* de las bodas, captándolas con una belleza y profundidad no comunes, que trascienden lo accidental pasando a integrar la categoría universal de *bodas*. La obra lleva al mundo y al hombre más allá de sí mismos.

El descubrimiento de la verdad en arte no es un mero hecho insustancial, es un acontecimiento que revela que lo ordinario, lo común, es en realidad extraordinario. La nueva verdad de la obra presenta al ser como nunca fue y como nunca volverá a ser. Heidegger llega a afirmar que el ser no artístico es un no-ser [29]. El arte cumpliría una función de redención del no-ser. Dentro del arte, la poesía (en sentido lato, lo literario) es la forma suprema del ser porque, al estar constituida por la lengua, participa de su naturaleza esencial y se hace, como ella, compañera del ser. La lengua ocupa esta posición singular, ya que nombra a los seres por primera vez, transporta a los seres inertes, indefinidos, a la determinación de la palabra. La poesía ubica a los seres en la palabra y, con ella, en la belleza y la verdad esencial. El arte origina el ser; en realidad, según Heidegger, es el origen mismo del ser. Su origen está en sí mismo. El arte es el origen (*Ursprung*, salto primero, primordial) en el sentido de lo que orienta, levanta («oriri», oriente), lo que lanza al hombre hacia el contacto siquiera pasajero con el ser. Inesperadamente, la indecibilidad del texto nos lleva al encuentro con la totalidad, a la revelación, y en ese sentido lo literario compartiría el impulso central de lo religioso.

El paralelo entre la orientación del ser ficcional hacia la unidad y el núcleo constitutivo de lo religioso debe hacerse a partir de un concepto de la religión que no es el occidental, en donde la unidad se entiende como

[28] MARTÍN HEIDEGGER, «Der Ursprung des Kuntswerkes», en *Holzwege* (Frankfurt: Vittorio Klostermann, 1957), p. 25.
[29] *Ibíd.*, 184.

una eliminación de la contradicción, como la superación definitiva de la indefinición y el conflicto. La visión religiosa occidental propone la paz en la certeza y la permanencia. No es ésta la vía de la ficción. Su contacto con la unidad es una posibilidad entrevista más que una superación absoluta de contrarios. En este sentido se relaciona con mayor precisión con la motivación de la espiritualidad oriental. Para el pensamiento oriental es más importante la sabiduría que el conocimiento. Sabiduría supone algo más incierto que el conocer, pero también más fundamental. Una realidad que, por alejarse de la certeza, se aproxima más a la verdad. El pensamiento oriental no niega una realidad última; al contrario, la persigue y la nombra: el Brahman hindú, el Tao chino, por ejemplo. Pero la unidad no se propone como una disolución de la oposición, sino que la preserva y cultiva cuidadosamente. El Tao requiere necesariamente la dinámica de los principios polares del *yang* y el *yin,* cuya interrelación produce la manifestación de la realidad esencial del Tao. El *yang* es el poder masculino, racional, y está representado por el Cielo; el *yin* es la fuerza femenina, intuitiva y compleja. Ninguno de estos dos elementos predomina por completo. Cuando una de las dos fuerzas llega a su extremo, se acerca a su opuesto cuya semilla está contenida en él mismo. La alternancia y mutua relación del *yin* y el *yang* produce un equilibrio que no queda al margen de la perentoriedad; no es eterno, sino que está sometido a las nuevas alternancias de los opuestos que lo originan [30]. El pensamiento del taoísmo no niega la posibilidad del equilibrio y de la satisfacción profunda que el espíritu del hombre halla en su posesión. Afirma el Tao y el acceso a él para el que conozca sus principios esenciales.

La ficción diverge en este aspecto, ya que la posibilidad de alcanzar una reconciliación de los contrarios es más elusiva. El equilibrio se contempla con sospecha como una evasión de la realidad genuina. La ficción parece alejarse así de una orientación central no sólo del pensamiento oriental, sino también de algunas ramas de la ciencia moderna (en especial la física), preocupadas también con las causas últimas de la realidad. En física, conceptos como el espacio y el tiempo o la energía y la materia, considerados como irreconciliables, son estudiados ahora como aspectos diferentes de un mismo fenómeno [31]. Sin embargo, la aspiración más o menos encubierta de la ficción hacia la unidad sigue manteniendo asociada a la ficción con las corrientes más vivas del pensamiento. La ficción no propone la unidad por vía directa, como hace el taoísmo; pero tampoco se cierra a su posibilidad; es más, es el deseo no comprometido de conseguirla el que mueve a la ficción a producirse, combatiendo con —y no sólo contra— la indecidibilidad radical de su esencia a la que no puede renun-

---

[30] FRITJOF CAPRA, *The Tao of Physics* (Nueva York: Bantam Books, 1975), pp. 96 y ss.

[31] *Ibíd.,* p. 134.

ciar. Ese deseo se actualiza en numerosas vidas de ficción. En Chéspir, por ejemplo, un personaje español contemporáneo que se debate en la inquietud y la infelicidad de su búsqueda del significado total del universo:

> Y tu cerebro, Chéspir, recibe la llamada, se debate furioso, trata de reconstruir el mundo en el pequeño espacio de su masa, se autopenetra y a menudo solloza de impotencia: él guarda también la conciencia de la naturaleza, un diminuto archivo microfilmado. Desespérate y sigue, Chéspir, todo está en ti para que no lo alcances; aúlla, protesta, tiembla, sí, y medita también: reza a tu estirpe y recibe la claridad del día. No temas, guárdate en ti y prosigue. Ama. Y cuando vuelvas a la tierra, vencido al fin, recuerda que no has sido sino un proyecto y un esfuerzo de la verdad [32].

Chéspir manifiesta sinceramente que su intento de definición de la realidad última será imposible («todo está en ti para que no lo alcances»), pero al mismo tiempo —y de un modo que se justifica más por vía de la revelación interna que de la razón— no se niega por completo a la vía de la esencialidad. Con trayectorias distintas a las de otros campos del saber, la ficción intenta, con determinación y medios cada vez más refinados, el camino que ha de acercarnos a la penetración de la irreducibilidad última del ser. La ficción no concluye, por tanto, en la irracionalidad. La razón —especulativa o empírica— clásica quiere resolver los enigmas y problemas de la realidad. En su capacidad de solución halla su justificación. Su lenguaje habla desde la seguridad, y habla con profusión confiando en la inmediatez aparente de unos resultados existentes para todo el mundo. La ficción, que en mayor o menor grado rechaza este modo de razón, no se condena por ello al absurdo o al silencio [33]. Y lo mismo cabe afirmar de la crítica que ha abandonado la razón clásica. Ambas reconocen *a priori* que su investigación no conducirá a unos resultados precisos. Al mismo tiempo, no conciben su intento como vano. Proponen que una nueva razón y un nuevo lenguaje, que se ajusten mejor a la naturaleza evasiva de la realidad, permitirán una elucidación más profunda de ella.

---

[32] José María Guelbenzu, *La noche en casa* (Madrid: Alianza, 1977), p. 142.
[33] Hayden White, «The Absurdist Moment in Contemporary Literary Theory», en *Directions for Criticism*, eds. Murray Krieger y L. S. Dembo (Madison: The University of Wisconsin Press, 1977), p. 86.

CAPÍTULO II

EL REFERENTE FICCIONAL

1. LA FALACIA REFERENCIAL

Desde Aristóteles, la cuestión de la naturaleza mimética del arte ha sido uno de los temas básicos estudiados por la estética. En literatura, esto es especialmente cierto de la novela porque este género ha sido considerado como el que está más permanentemente vinculado al medio. Incluso en la novela llamada antirreferencial (el *nouveau roman,* por ejemplo) no es posible evitar la discusión sobre la referencialidad precisamente porque esa novela la supone y la integra como parte de los principios teóricos que la informan. En las artes plásticas, la pintura no figurativa, por ejemplo, el apartamiento del modelo real es más claro que en la novela, donde el significante remite, aunque sea de manera indirecta y vaga, a un significado que permite el entendimiento entre texto y lector. Ante un cuadro de Paul Klee, Rotko o Tàpies no es necesario trascender la materialidad de la tela para asegurar un contacto emotivo o una comprensión intelectiva. Con la ficción es diferente. Incluso en un relato como el de Claude Ollier, *Description panoramique d'un Quartier moderne* —que se ha propuesto como un ejemplo de narración en la que no es necesario un «sentido» previo para ser entendida, es decir, que supuestamente la narración transcurre al margen de una coherencia referencial externa a la capacidad creativa del autor—, no es posible eludir las imágenes evocadas por el ojo narrador [1]. El propio título nos orienta hacia un segmento de realidad, un barrio, que inicia una red de asociaciones referenciales.

No es fácil entender la referencialidad de la ficción. La novela comparte un modo referencial con otras formas, pero al mismo tiempo tiene sus rasgos peculiares. En este capítulo voy a caracterizar esta referencialidad estudiándola con relación a algunas ideas fundamentales en torno al referente.

Inicio la explicación del concepto del referente ficcional a partir de un modelo lingüístico, ya que considero que, si una novela está hecha de una cadena de frases, una comprensión de la naturaleza referencial de ellas pue-

---

[1] V. JEAN RICARDOU, *Problèmes du nouveau roman* (París: Seuil, 1967), p. 95.

60

de conducirnos a una mejor comprensión del complejo ficcional que las integra.

Los signos lingüísticos se relacionan con un significado externo. El signo «gato» designa un animal de la especie de los felinos, con unas características biológicas determinadas. Muchos de los términos del léxico del idioma designan objetos o seres que tienen una entidad material y existencial indudable. El *signans* parece quedar trabado de tal manera con un *signatum* evidente que tendemos a confundirlos sin gran dificultad. Pero si bien lo designado es, por lo general, una condición para el signo, no lo es para su funcionamiento semiológico. Términos como «alma» o «esperanza» designan contenidos mucho más imprecisos en el *continuum* semántico del idioma español.

Otros signos se refieren a entidades obviamente no existentes, como centauro o sirena, y no por ello dejan de tener un funcionamiento importante dentro de nuestra cultura. Decir que el universo gira alrededor de la tierra o que no existe un movimiento de circulación de la sangre en el interior del cuerpo humano son asertos que durante mucho tiempo fueron tenidos como verdades incontrovertibles con una correspondencia *in re*. Sin embargo, hoy sabemos que son falsos, a pesar de que para nosotros aún tengan un valor y una significación semiótica y podamos considerarlos como representativos del estado del saber de una época.

Los signos funcionan y significan al margen de su relación con un referente real[2]. Esto no equivale a decir que no exista el referente y que los signos no se orienten de alguna manera hacia él. El referente existe, sin duda, pero la comunicación se produce más allá de su existencia. Superman no existe, pero decir que Superman es una figura característica del siglo xx es una proposición no sólo comprensible, sino también provista de una carga sémica y semántica. Los signos se organizan según códigos que pertenecen a un mundo cultural dentro del cual tienen sentido. Pero cultura quiere decir convención, juego de reglas inventadas por el hombre y, por tanto, mutables, modificables. El mundo de los signos no es ontológico, sino arbitrario y cambiante. Aunque el concepto «Dios» correspondiera a un ente identificable, su funcionamiento semiótico, su fuerza comunicativa no estaría producida por ese referente, sino por el acervo cultural creado en torno a «Dios» a lo largo de la historia. Que este acervo es arbitrario lo muestra el que no hay una sola idea de Dios, sino muchas, que el Dios del Antiguo Testamento es distinto del Dios humanizado de los evangelios, del ente universal del budismo o del dios de la filosofía cartesiana. La convencionalidad de la idea de Dios no la hace menos efectiva a nivel personal y comunicacional y pensamos o reaccionamos emotivamente ante Dios no pensando en su referencialidad, sino en su

---

[2] V. UMBERTO ECO, *Theory of Semiotics* (Bloomington: Indiana University Press, 1979), p. 58.

significación cultural, en las implicaciones de ese concepto en la historia general de la humanidad y personal del individuo. La esencia del objeto semiótico no es su adecuación a un referente, sino su propio contenido como unidad cultural dentro de un grupo o sistema mayor de unidades culturales conectadas entre sí.

Incluso en aquellos signos que parecen estar ligados a una referencialidad concreta hallamos un proceso de semiotización cultural. El término «libro» se corresponde a un referente identificable, aprehensible por los sentidos. Pero para entenderlo y comunicar con él necesitamos abstraer y *crear* un concepto libro que es una entidad lógica. Esta entidad es, a su vez, una entidad cultural —el libro como instrumento de saber, de diálogo universal entre los hombres; como modo de penetración ideológica del mundo— que funciona dentro de un sistema de otras unidades culturales —la universidad, el poder político, etc.

Consideremos otro ejemplo. La patria es una unidad cultural a la que no corresponde un referente. Entiendo patria como un sistema de valores múltiples —políticos, religiosos, lingüísticos, etc.— por el que se rige un determinado grupo humano. Nada de ello remite a un referente localizable. A pesar de ello, la influencia de la patria en las sociedades europeas ha sido y es aún fundamental. La novela europea moderna ha sido en gran medida la realización literaria más completa de una patria determinada al mismo tiempo que, por su índole antiesencial y fragmentaria, ha sido también con frecuencia su negación: ha presentado las incongruencias que la invalidaban. Las últimas novelas de Juan Goytisolo expresan con gran profundidad la esencia estrictamente cultural de este concepto que ocupa obsesivamente las obras del autor. En ellas existe una patria, España, pero esta España no es la geográfica ni siquiera la histórica; es el resultado de la elaboración de la relación conflictiva entre un espíritu disidente y la entidad cultural a la que se opone. La España de Goytisolo es una abstracción dentro de otra abstracción y, sin embargo, no deja de ser real y funciona semántica y semióticamente de manera persuasiva para mover al lector a que modifique su concepción previa de la entidad cultural que se oculta bajo el signo de España.

El significado de un término se define no como relación a un referente, sino como unidad cultural. Una unidad es algo que se define no por sí misma, sino por sus relaciones con otras unidades, en un proceso que se repite *ad infinitum* en una semiosis ilimitada. No es posible llegar en este concepto de la significación a un punto de origen que inicie la cadena significativa, ya que ese punto estaría, a su vez, determinado por otro. La referencialidad de la novela es también de naturaleza semiótica y los signos ficcionales no se refieren sino a entidades culturales que, a su vez, están determinadas por otras entidades culturales que pueden incluir desde el género a los modos complejos de las relaciones humanas. Ese proceso es potencialmente infinito. Cuando estudiamos una novela y llegamos a un modelo de definición o caracterización de ella lo hacemos siempre *sub specie conventionis,* sabiendo que nuestra visión incorpora tan sólo algunos de los signos de la novela y que, deliberadamente o de modo inconsciente (según la capacidad y el saber del crítico), cerramos el camino a la semiosis total del texto.

Las palabras no son espejos de los objetos, sino signos con una vida y entidad propias. Y dentro de la palabra, ninguna más personal e independiente que la literaria, en la que el referente no es más que una vaporosa sombra. El vocablo «mar» alude a la masa de agua que cubre la superficie del planeta Tierra; pero ubicada dentro del sistema de la literatura, esta referencia es minúscula e irrelevante. Mar puede evocar o definir tranquilidad/turbulencia; libertad/esclavitud; complejidad del amor/odio, etc. Olvidada la referencia material, la palabra de la literatura cobra un impulso semántico y semiótico ilimitado, generando a partir de sí misma nuevos significados y ramificándose en una red significativa compleja.

La correspondencia signo-objeto, defendida por el pensamiento positivista y la crítica de inspiración decimonónica, procede de un concepto ingenuo de la percepción que no es compartido por la ciencia actual. La percepción no es la aprehensión de los objetos por medio de los sentidos; cuando percibimos no captamos el objeto tal como se encuentra en el mundo fuera de nosotros. Percibir es *interpretar* los datos sensoriales desconectados, organizándolos por medio de una hipótesis cognitiva basada en experiencias previas. Podría decirse que los objetos son en gran parte nosotros mismos y que sin nuestra conciencia no existirían. Nosotros les damos la existencia y el sentido. Y eso es cierto no sólo de la naturaleza inerte, sino también de los actos sociales, psicológicos o emotivos que integran con preferencia la naturaleza de la ficción. Una novela, más que un reflejo del mundo, es una organización particular de él, una organización arbitraria y personal, aunque no completamente incondicionada. No es posible hablar de pureza en la percepción de una novela, ya que el texto incorpora residuos de organización ideológica de los que no siempre es consciente; debemos hablar de organización de un todo confuso.

Es cuestionable no sólo la equivalencia, sino también la similaridad de los signos con su *denotatum.* A las convenciones de nuestra interpretación perceptiva debemos añadir las convenciones propias de la representación. Todo signo se produce como resultado de la interpretación de una interpretación. El dibujo de una casa con una serie de líneas verticales y horizontales no es más que una esquematización convencional de un todo cuya complejidad no es incluida en la representación. ¿Cómo reproducir la idea de intimidad y protección que va ligada con casa, hogar? El dibujo no sería más que un principio de evocación que requeriría la posterior recomposición del espectador. La orientación de la interpretación no es innata, sino aprendida. Hay que enseñar a interpretar dibujos de casas; para un niño de pocos años ese dibujo que a nosotros nos parece tan fiel carece de sentido, porque desconoce las reglas de la convención gráfica, de la misma manera que para un lector que careciera de conocimientos de las reglas de la ficción una novela no representaría una vida o un conjunto de vidas, sino que sería un amasijo informal y absurdo de frases que pretenderían inútilmente recoger el curso de un tiempo biográfico.

La selectividad perceptiva de la novela es una de las convenciones genéricas que hay que aprender para poder entender y gozar de la lectura de la ficción. En relación con la literatura popular, se dice con frecuencia que la obra es tan real como la vida misma con el propósito de hacer que olvidemos el componente ficcional de la novela. El lector de la novela sabe que está frente a algo que supuestamente pretende asemejarse a otra realidad; es un sucedáneo de ella. Y debe hacer un esfuerzo para superar la artificiosidad. Aun en las novelas más «realistas» no es posible negar las innumerables convenciones. Otro medio narrativo, el cine, tiene al menos la capacidad de representar (aunque sea de manera estilizada) imágenes, gestos, el sonido de las palabras de una conversación. Nada de ello existe en la novela. El propio objeto material de la novela, el libro, las páginas, los signos gráficos de las palabras no son más que una pretensión de acercarse a una realidad que se escaparía irremediablemente, sino fuera por la interpretación que le da la narración. Esto es patente incluso en numerosas descripciones ficcionales, que, en principio, están sujetas a una mayor adecuación al referente. En *La colmena,* de C. J. Cela, se presentan así los gestos de un sereno en una calle de la ciudad en una noche de invierno:

> El sereno de la calle de Ibiza se guarece en un portal que deja entornado por si alguien llama.
> El sereno de la calle de Ibiza enciende la luz de la escalera; después se da aliento en los dedos, que le dejan al aire los mitones de lana, para desentumecerlos. La luz de la escalera se acaba pronto. El hombre se frota las manos y vuelve a dar la luz. Después saca la petaca y lía un pitillo[3].

En esta descripción se destaca en primer lugar la selección de unos pocos gestos del sereno para transmitir una sensación de identificación hacia los pequeños actos cotidianos de uno de los numerosos pobres habitantes de la ciudad que se incorporan al libro. La selección es arbitraria y podía haberse hecho otra con la misma o parecida efectividad. La repetición, «El sereno de la calle de Ibiza», inicia el sentimiento de afectividad hacia el sereno. Los gestos (darse aliento en los dedos fríos; frotarse las manos, liar un pitillo) están elegidos para subrayar la humildad del personaje. Incluso una idea tan trivial como la de dar la luz para poder ver está caracterizada por el signo de la escasez: la luz se interrumpe con rapidez y el sereno tiene que hacer un esfuerzo voluntario para poder seguir beneficiándose de ella. Los actos del sereno se producen en un

---

[3] CAMILO JOSÉ CELA, *La colmena* (Barcelona: Noguer, 1962), p. 249.

contexto de vaga furtividad; furtividad no culpable, pero que incrementa de todos modos el sentimiento de simpatía hacia él. La melancolía del narrador, presente en otros momentos de *La colmena* y en otros textos de Cela, queda adherida a los gestos del sereno y connota también afectividad. La selectividad interpretativa y no la objetividad referencial son las que determinan la organización y orientación semántica del fragmento descriptivo.

El objeto del estudio de la literatura no es el referente, la cosa en sí y sus relaciones con el texto, sino los signos de mediación entre el referente y el texto. Estos signos de mediación se corresponden en general de manera bastante exacta con la noción de interpretante propuesta por Charles Peirce y Umberto Eco. Estos autores introducen la noción de interpretante para explicar la relación signo-objeto. El interpretante es la entidad mediadora entre signo y objeto, pero no por referencia a un objeto real, sino como constante desplazamiento de significación en una serie continua de signos que nos refieren a otros interpretantes y éstos a otros signos[4]. El interpretante es un producto elaborado por nosotros, no la cosa-en-sí, sino la cosa-para-nosotros; es el referente convertido en una unidad cultural, procesada y modificada por las convenciones y reglas de la sociedad. El texto actúa sobre un objeto que no se presenta en estado neutro, sino que es altamente recreado, hecho humano. El texto agrega a la carga cultural, que lleva el interpretante, la suya propia y produce una diferencia, un incremento de semiosis. Es obvio que el texto no se refiere sólo a un interpretante, sino a un complejo múltiple de ellos que se influyen y modifican mutuamente.

La falacia principal de la visión de la referencialidad de la novela y la crítica realistas es que ignoran el interpretante y pretenden dar una réplica de la sociedad cuando en realidad están tratando con productos mediatizados, elaborados, sirviéndose de un medio expresivo sumamente codificado. La novela realista es una copia de una copia que ha sido sometida a la criba de varios tamices, entre ellos, el del autor. El novelista aspira a dar un efecto de realidad a través de un medio que funciona según un código distinto del de la realidad. La novela (incluso la novela realista o sobre todo ella) es esencialmente artificio y no reproducción mimética de la realidad; básicamente no se imita más que a sí misma, sus propios recursos y normas.

Hay una normativa social y una normativa ficcional. La segunda recuerda a la primera sólo de manera aproximada; ambas siguen procesos divergentes y proceden de forma peculiar. Una vez se ha comprendido esta idea fundamental, cambia la visión que tenemos de la novela; de un objeto dependiente de una realidad externa, subordinado a una mayor o menor adecuación a ella, se convierte en entidad con su propia identidad y con

[4] V. Eco, p. 67.

capacidad de invención y de creación de nuevos códigos. La relación entre
la sociedad y la novela se produce de ésta a aquélla y no a la inversa.
La novela codifica unos productos culturales, los modifica y los introduce
en la cultura predominante con el objeto de modelarla a su modo. En la
produccción del texto ocurre una doble operación: una de apropiación de
signos o interpretantes y otra de producción de otros signos nuevos. Pero
ambas operaciones se dan sobre objetos transformados ya en unidades
culturales.

2. LA REFERENCIA IDEOLÓGICA

Puesto que el autor segmenta, conscientemente o no, los signos que
desea incluir en el texto será necesario examinar la motivación que le lleva
a esa selección. Esto nos introduce en la discusión del tema de la ideología y de su relación con el texto. Me referiré principalmente al concepto
de la ideología en el marxismo por ser en él donde se hallan aportaciones
interesantes para la crítica moderna.

El concepto de ideología supone un proceso interno inconsciente por
el que el individuo se da a sí mismo justificación por su modo de pensamiento y conducta. El marxismo subraya sobre todo el carácter político de
la ideología, ya que para él la condición primordial del hombre es la de
ser político y las relaciones políticas son el determinante principal de su
comportamiento. Para un pensamiento no marxista, la ideología es un fenómeno más amplio y abarca todo el campo cultural del hombre y el
proceso de ideologización tiene lugar no sólo a un nivel político, sino
existencial. Creo que, a pesar de la profundidad de algunos pensadores
marxistas al referirse al tema, el marxismo en general yerra al simplificar
la complejidad de la ideología a la dimensión política olvidando que el
hombre, además de pensar y actuar políticamente, vive implicado en actividades que quedan al margen de lo político, desde la literatura a las relaciones efectivas. Para el conocimiento moderno no es justificable someter o reducir las dimensiones del hombre a un solo impulso que originaría
todo lo demás.

Es importante destacar que el proceso en que ocurre la ideología debe
producirse de modo inconsciente; de lo contrario, deja de ser ideología
y se convierte en razón o sistema racional. La ideología en este sentido
sería similar al concepto psicológico de la racionalización, ya que ambos
conllevan un elaborado y complejo aparato argumental que, en lugar de
explicar, oculta la verdadera naturaleza y motivo de unos hechos o de una
situación determinada. La ideología se origina en la ignorancia del hábito
(la desidia para cuestionar lo aparentemente permanente) o en el temor de
enfrentarse a las consecuencias de cuestionar lo permanente. El resultado
del proceso ideológico es una ausencia de contacto con la realidad. Esto

es especialmente paradójico porque las ideologías pueden proponerse precisamente como la explicación última de la realidad, aquello que da la clave del mundo y nos incita a aceptarlo tal como es. Por otra parte la ideología implica como reverso un movimiento o gesto consciente, ya que es utilizada para justificar la conducta en favor de la defensa de un estado del mundo que se juzga inviolable.

Para Althusser, la ideología expresa no las relaciones reales entre los hombres, sino una visión imaginaria de ellas. Una ideología no describe la realidad, sino una nostalgia de ella, e impone arbitrariamente sobre ella un deseo o interés subjetivo[5]. Se establece a través de las estructuras sociales que el individuo hace suyas, en la mayor parte de los casos, no por razonamiento, sino por asimilación mecánica, por el deseo de reconocerse a sí mismo en lo existente, de ser como lo existente en lugar de ser él mismo. Esto produce la falsa conciencia, la incapacidad sistemática de develar la realidad porque se adopta una visión preestablecida que lo impide.

Hay muchos modos de producir una ideología, desde los dictados de la religión institucionalizada a la propaganda verbal del aparato político. La novela no produce ideologías, pero, de manera no siempre obvia, deja que éstas la permeen y la novela las segrega en el texto. La novela realista, que se propone como reflejo de un estado de la sociedad, es más propicia a la expresión de una visión ideológica que la novela postjoyciana en la que el movimiento de desideologización es una motivación principal. La novela reproduce y destruye ideologías. Las reproduce por derivación captando sus rasgos esenciales y dando a través de los actos y las palabras de los personajes una expresión aproximada de ellas. En otras ocasiones las destruye, pero sin proponer una sustitución, dejándola a lo más implicada o entrevista; dar una sustitución podría ser meramente intercambiar una ideología por otra y esto podría ocurrir incluso cuando el autor fuera consciente de las implicaciones filosóficas de lo que propone como sustitución. Encontramos ahora otro motivo que provoca el hecho, ya mencionado en el capítulo precedente, de que muchas novelas no concluyan, después de descubrir los mecanismos de la falsa conciencia de unos seres comprometidos con un mundo, dejan al lector el campo abierto de las alternativas.

En *Jacques le fataliste,* de Diderot, se ataca la ideología del determinismo de los actos humanos. Esto se consigue por modo indirecto a través de los comentarios y relatos del supuesto defensor del determinismo, Jacques, y de su amo. Pero el texto no propone una alternativa ideológica. El narrador llega a hacer el juego a la ideología de Jacques y se dirige al lector para decirle que no terminará la historia de los amores de Jac-

---

5 THOMAS E. LEWIS, «Notes toward a Theory of the Referent», *PMLA,* 94 (1979), p. 470.

ques, uno de los hilos principales de la progresión narrativa, porque «así fue escrito arriba»: «Et les amours de Jacques? Jacques a dit cent fois qu'il était écrit là-haut qu'il n'en finirait pas l'historie, et je vois que Jacques avait raison» [6]. (¿Y los amores de Jacques? Jacques ha dicho cien veces que estaba escrito allí arriba que no terminaría la historia, y veo que tenía razón.)

El desenlace de la trama que el narrador propone al final es un escape más que una solución; revela por medio de la ironía (Jacques será capaz de resignarse a la infidelidad de su mujer porque, según él, ése es su destino) el absurdo de la ideología del fatalismo.

En la novela no existen las alternativas sino por negación. Muchos de los cuentos de Cortázar son un ataque a un aspecto de la ideología de las sociedades modernas dominadas por la tecnología: su organización compartamentalizada que coarta el afecto y la ensoñación; pero no nos dan una alternativa. En parte, esos relatos son ellos mismos ideología en cuanto que no presentan críticamente las deficiencias o excesos de la conducta de sus personajes, aunque sea en su condición de víctimas. Son, sin embargo, efectivos en cuanto que logran revelar la inconsecuencia de la vida de las grandes urbes en donde se realiza la ideología de las sociedades sometidas a la influencia de la tecnología.

La ideología implica una segmentación inapropiada de los sememas de un mundo. Para la explicación de la realidad utiliza unos subcódigos parciales que presenta como el código absoluto. Para el marxismo, una visión no marxista de la ideología es una interpretación errónea de la realidad. Pero esa crítica oculta las contradicciones y vacíos de sus propios presupuestos. La crítica marxista habla desde la seguridad teórica de la superioridad de su versión de la realidad sin mencionar las insuficiencias o errores que también conlleva esa versión. Ideología significa necesariamente congelación y rigidez; y cualquier crítica ideológica que se haga desde otra verdad sistemática y total concluye en errores teóricos y prácticos similares a los que ataca. La novela, que se hace desde un campo no definido, es un instrumento particularmente eficaz para la crítica ideológica, ya que permite la deconstrucción de la realidad sin prejuicios que no puedan, a su vez, ser sometidos a su enjuiciamiento riguroso.

La historia forma parte de la novela, pero nunca de manera directa, sino a través de la ideología, que es una visión deformada de la historia. La historia entra en la novela después de ser reflejada y distorsionada en los espejos deformantes de la ideología propia de la época del texto. El texto opera sobre un producto secundario al que sobreimpone su visión peculiar. Por consiguiente, la ideología que aparece en el texto se da por lo menos en un estado terciario —es ideología de ideología— y no puede considerarse en modo alguno como un reflejo espontáneo y no mediado

[6] DIDEROT, *Jacques le fataliste et son maître* (París: Gallimard, 1959), p. 282.

de la historia de su tiempo. En esto, el texto más que una entidad ontológica es una unidad cultural de naturaleza polivalente. Para Althusser,
el efecto estético de la obra consiste precisamente en esta relación inarmó-
nica entre el texto y el material ideológico [7].

Este concepto nuevo de las relaciones entre historia y texto nos permite revisar algunas ideas ya tradicionales y bien establecidas en la crítica
de la ficción. La novela realista del XIX, por ejemplo, ha sido considerada
como un reflejo de la ideología del grupo dominante, pero es, más exactamente, una construcción de los datos culturales inconexos de su tiempo,
según unos principios provistos de cierta coherencia. La ideología presente
en las novelas de Balzac o de Galdós no serviría más que de manera de-
rivativa para establecer los supuestos de la ideología burguesa de su
tiempo. Más que expresar esa ideología, esas novelas serían la interpretación personal de los autores de los contenidos culturales dominantes en
su época.

La novela no realista adopta una actitud teórica distinta frente a la historia. Los autores de esta variante de la novela son más conscientes de la
separación entre sociedad y texto y de los estados de mediación más o
menos graduales que los distancian. Saben que la representación de los
contenidos sociales es una transformación personal de ellos. El novelista
realista se piensa como instrumento de la réplica de un mundo e ignora
u oculta los procesos de artificiosidad que condicionan esa réplica. Su
grandeza consiste en que hace claro y coherente —dentro de considerables
limitaciones— lo que sin él sería una amalgama confusa de información.
Su error consiste en verse como el portavoz objetivo de su tiempo cuando,
en verdad, le da tan sólo una organización semántica personal. No parece,
por tanto, apropiado que las ciencias sociales o la crítica de orientación
sociológica o histórica utilicen el material literario para la construcción
de sus estudios. La novela proporciona una manera de conocimiento,
pero ese conocimiento carece de la suficiente universalidad para ser utilizado como fuente de documentación rigurosa.

El texto ficcional trastorna la unidimensionalidad de la ideología porque presenta no sólo un campo semántico ideológico único, sino un conjunto de campos semánticos parciales a menudo en competencia entre sí.
El texto no presenta una unidad de significado ideológico, sino una variedad, aunque a veces (sobre todo en los autores en que el propósito realista es más evidente) haya una orientación central predominante. Pero la
novela es inevitablemente multiplicidad, y esto es así (además de por su
naturaleza ametafísica ya mencionada) porque presenta el interjuego de
varios personajes contrapuestos. Para presentar esos personajes adecuadamente, el novelista ha de conocerlos y ha de elaborar una estructura
coherente de su modo de acción. Comprender la ideología de los perso-

[7] LEWIS, p. 471.

najes es un primer modo de apreciarla, de verla como parte del acervo cultural humano. Escribir sobre un hombre malvado es inevitablemente acercarse a él, entender los impulsos y razones que le han llevado a su acto, ver el mal como parte indisociable de la naturaleza humana y presentar esa tendencia del hombre en conflicto con otras fuerzas. A la perversión obsesiva de Raskolnikov —asesino a sangre fría por unas monedas— se contrapone la entrega y la fidelidad de su amante (prostituta y, por tanto, implicada en el sistema del mal en la novela), que le acompañará a su prisión en Siberia. Y se hace sin condenar a los personajes de antemano, porque, de haber condena desde el principio, tendríamos no una obra de ficción, sino un producto de la inteligencia de la moralidad, de la seguridad metafísica. Frente a Don Quijote, Sancho; frente a Jacques, el fatalista, su amo; frente a Leopold Bloom, Stephen Dedalus, sin optar preferentemente por ninguno de ellos, sin traicionar la dialéctica de sus relaciones. La novela es así la no-abstracción, el anti-tratado; en otras formas del pensamiento, una tendencia predomina sobre la obra, se ha de demostrar un punto por encima de los contrarios, eliminándolos y demostrando su futilidad. En la novela no hay verdades o errores totales; ambas realidades se implican y se complementan mutuamente; la plenitud de una es el vacío de la otra, y la presencia de ésta es la ausencia de la anterior, pero las dos presuponen a sus contrarios y los necesitan.

Para Lucáks y otros marxistas la estructura material del entorno precede a la ideología del novelista, de manera que la situación económico-social del autor determina el contenido ideológico con frecuencia más allá de la conciencia del autor. Por eso el novelista puede pensar y escribir como defensor de un *statu quo* social cuando en realidad refleja en su obra lo opuesto: la decadencia de ese *statu quo* y las causas que han de conducir fatalmente a su destrucción. El caso de Balzac es uno de los más conocidos como ilustración de este fenómeno, pero sería posible hacer lo mismo con otros autores de otros períodos y literaturas [8]. Para que el novelista capte la vitalidad de las fuerzas sociales de su época es preciso, según Lucáks, que las viva como realidades concretas activas, y no como productos terminados, convertidos en meras abstracciones inertes. Balzac habría tenido suerte en vivir en un momento del desarrollo inicial del capitalismo en Francia cuando los nuevos grupos y fuerzas económicas y sociales estaban aún formándose y era posible todavía ver su realización concreta en casos individuales. Autores como Zola (o Blasco Ibáñez u otros de la novela revolucionaria española de antes de 1939) se encuentran con una situación social ya establecida y por eso dan un tratamiento abstracto a sus novelas sociales, en donde vemos fuerzas más que vidas individuales y destino o mito más que biografías. Para Lucáks, el autor

---

[8] V. FREDRIC JAMESON, *Marxism and Form* (Princeton University Press, 1971), p. 202.

está sometido a su pertenencia a un grupo determinado que condiciona su vida y su visión por encima de sus opciones personales. La abstracción envolvente es más poderosa que lo concreto. Ni siquiera el medio movedizo de la ficción podría escapar a esta condena.

La posición de Sartre frente a esta abstracción omnímoda es decisiva en su visión de la novela, que ha tenido considerable influencia en la ficción de nuestro tiempo. Para este autor, hay prioridad de las ideas conscientes sobre la motivación económica ajena a la conciencia. Según Sartre, la visión marxista, que se propone como un abandono de la abstracción total hegeliana y de las diversas falacias metafísicas del pensamiento burgués, cae en una reducción a su vez abstracta a la que escapan aspectos fundamentales de la existencia del hombre concreto. Toda abstracción es una reducción de una realidad multidimensional a unas líneas esquemáticas que no recuerdan, sino por aproximación, el modelo en el que se basan. Es cierto que no es posible eludir el proceso de abstracción por completo. El pensamiento necesita de la abstracción para muchas de sus operaciones intelectuales, como un modo de simplificación efectiva de numerosas parcelas de la realidad. Pero la abstracción es insuficiente a pesar de su confianza en sí misma y de que, como señalaba Kierkegaard, procede *sub specie aeterni,* con menosprecio hacia lo que no sea ella misma[9]. La rigidez de la abstracción se opone a la imprevisibilidad de lo individual, que no podemos negar por más que parezca contradecir nuestros esquemas, especialmente porque los niega y hace que dudemos de ellos. La novela resuelve la abstracción explicativa de la historia, restituyendo la riqueza de lo individual-concreto como fin en sí sin tratar de incluirlo como mero dato de la abstracción. El método progresivo-regresivo sartriano es un modo de superar las aberraciones abstractas. Según él, primero hay que entender analíticamente el momento histórico utilizando datos y llegando a conclusiones generales; luego hay que disolver esa generalización por medio de una reactuación de la situación concreta[10]. La novela sartriana sería una ilustración de este método. Tendrá más o menos éxito en Sartre, pero ilustra un método y un proceso de autorreflexión de la ficción que recoge una preocupación fundamental de la conciencia moderna.

Si para Sartre los actos de la historia son conscientes, no hay justificación moral para ellos a partir de una supuesta motivación inconsciente que los eximiría de responsabilidad, como ocurre, por ejemplo, en el modelo freudiano. Sin embargo, Sartre, con su concepto de *mauvaise foi,* admite una versión del inconsciente. El hombre es consciente de sus actos, pero somete su conciencia a un proceso de automistificación por el que

[9] SOREN KIERKEGAARD, *Concluding Unscientific Postscript* (Princeton: Princeton University Press, 1974), p. 267.
[10] V. JEAN PAUL SARTRE, *Questions de méthode* (París: Gallimard, 1960).

pretende que no existen los hechos desagradables que le molestan o de los que se siente culpable, incluso cuando es conocedor con mayor o menor claridad del proceso interno de tratar de persuadirse a sí mismo de la verdad del proceso. A diferencia de Freud, la represión nunca sería total por lo menos después de la infancia. La novela sería un modo de desenmascaramiento de la *mauvaise foi* del novelista o de la conciencia colectiva de una época. Bastantes personajes de Sartre y de la novela contemporánea actúan según este principio que perturba sus vidas, pero al mismo tiempo les infunde el impulso de la verdad personal. En Sartre, la necesidad de la fidelidad a esa verdad personal —que nunca se define del todo— conduce a sus personajes a actitudes desgarradoras que les llevan a autoexaminarse sin reservas hasta llegar a las últimas consecuencias, desechando cualquier forma de complacencia. Mathieu, por ejemplo, en *L'Âge de raison* reduce su existencia a una espera permanente que no concluye nunca; una espera en la que no se consigue aquello que se espera. Otros personajes hubieran tratado de encontrar alguna forma de compensación para esta amarga conclusión, pero Mathieu opta por negarle a su conciencia cualquier forma de refugio: «Une vie, pensa Mathieu, c'est fait avec de l'avenir comme les corps sont faits avec du vide... Son passé ne cessait de subir les retouches du présent; chaque jour décevait davantage ces vieux rêves de grandeur, et chaque jour avait un nouvel avenir, d'attente en attente, d'avenir en avenir, la vie de Mathieu glissait doucement... vers quoi? Vers rien» [11]. (Una vida, pensó Mathieu, está hecha del porvenir como los cuerpos están hechos con el vacío... Su pasado no cesaba de sufrir los efectos del presente; cada día le decepcionaba más de esos viejos sueños de grandeza, y cada día traía un nuevo porvenir, de espera en espera, de porvenir en porvenir, la vida de Mathieu se deslizaba dulcemente... ¿hacia qué? Hacia nada.)

Precisamente porque trata de lo concreto y porque la abstracción puede afectarla tangencial pero no esencialmente, la novela sería la garantía de que las grandes justificaciones no son con frecuencia sino grandes pretextos de un modo de actuación. El novelista moderno ha entendido bien esto. Algunos novelistas del siglo XIX pretendían revelar una realidad con datos que debían ser lo más verídicos posible. Era preciso acumular fechas, figuras, un *locus* que fueran tal como la realidad que el novelista pretendía denunciar. Al novelista del siglo XX no le interesa esa superficie tanto como su modo de simbolización, sus ramificaciones semióticas, la destrucción de una conciencia ideal humana que, a pesar de su inmaterialidad, opera en todos nosotros.

No existen muchas alternativas para la eliminación del universo falsificado de las ideologías. Una es la revolución. Esta se ha probado ya repetidas veces y suele convertirse en un monstruo indomitable que devora

---

[11] JEAN PAUL SARTRE, *L'Âge du raison* (París: Gallimard, 1945), p. 261.

incluso sus principios más inviolables, aquellos que la motivaron en primer lugar. La revolución acaba negando el campo de la contradicción y defiende su verdad con parecida o mayor implacabilidad que los defensores del complejo semántico que destruyó. La otra alternativa es menos apetecible porque requiere más tiempo y sus resultados son más lentos e intangibles. Consiste en mostrar incansablemente la amplitud del universo semántico, la infinitud de los signos humanos, la variedad cultural por encima de la verdad absoluta. La novela —aquella que expresa con autenticidad la naturaleza de la ficción— cumple una función de importancia en ese sentido: no puede comprometerse con una ideología porque su referente es múltiple y está movida por lo universal humano y no por el interés de un objeto único.

3. LA REFERENCIA INTERTEXTUAL

Se ha establecido antes que la referencialidad básica de la novela es operocéntrica, pero es necesario completar esta idea con algunos datos más de importancia.

El texto sale de sí mismo para referirse a la literatura. Hay en la novela una referencia intertextual que es necesario examinar. El texto está determinado genéricamente y esta determinación conlleva el que el texto incorpore un sistema de citas de otros textos. Esta intertextualidad (del mismo modo que la referencia ideológica) no es reduplicativa de los otros textos, sino que los transforma. El concepto de intertextualidad no debe confundirse con el de influencias, porque este concepto connota la idea de imitación y de transferencia pasiva. La influencia es una imposición del crítico que es difícil probar, mientras que la intertextualidad implica asimilación transformadora. La intertextualidad requiere la elaboración del creador para realizarse a partir de unos textos previos.

La intertextualidad rompe otra de las concepciones estrictamente ontológicas de la literatura. El texto no es una entidad plena, su esencia no está hecha sólo de sí mismo, sino de una pluralidad semántica y semiótica procedente de otros textos. Intertextualidad implica además intersubjetividad, porque el yo-lector no es indivisible, sino el centro de otros códigos significativos que convergen en él en el momento de la lectura. El yo-lector incorpora otros textos y otras lecturas y con ellas la esencia personal de otros lectores; el texto incluye otros textos y otros yos creadores. Pero siempre ampliando, modificando y construyendo una cada vez más compleja y perfecta estructura del género en el que se incluye.

Reconocer en la literatura el influjo de la norma no es ceder al poder del estereotipo, porque cada texto —y cada lector— trae consigo un repertorio de versiones que dan una configuración peculiar a esos estereotipos. No hay que reducir el texto ni a la repetición de la norma ni a la creación *ab nihilo;* es necesario mantener la dialéctica entre ambos y trabajar sobre una realidad que es a la vez una y plural, a la vez texto e intertexto.

Generalmente no es difícil identificar las citas de un texto. Sobre todo en la novela moderna, donde las operaciones de la ficción se hacen más explícitas y develan recursos usados tradicionalmente. Borges, como ya se mencionó, cita la novela policíaca y la modifica para ajustarla a su concepto del cuento. Juan Goytisolo cita la literatura castiza con el propósito de criticar un modo de literatura y la ideología que se transparente en ella; Joyce cita a Dujardin, pero supera su modesto intento y convierte el monólogo interior en uno de los rasgos diferenciales de la novela del siglo xx. Otras veces, las referencias intertextuales son más oscuras y requieren una elucidación más activa del lector. *Tristram Shandy* es un texto citado en la novela contemporánea, aunque esa referencia ocurre a través de modos mediatizados que no siempre es fácil desentrañar de manera obvia.

Hay una intertextualidad cerrada o implícita y otra abierta. La primera no está reconocida en el texto; ocurre con otra probabilidad, pero el texto no la pone al descubierto por medio de la intervención autorial o de recursos demostrativos. El lector debe suplir esta ausencia utilizando su competencia.

4. MODOS DE INTERTEXTUALIDAD

Una ilustración de intertextualidad cerrada sería la cita del antihéroe picaresco propia de una parte muy representativa de la novela moderna. Los protagonistas de estas novelas son una réplica textual de los de las novelas de orientación no cervantina del período clásico español. La novela cervantina, desde el *Quijote* a las *Novelas ejemplares,* presenta unos protagonistas que pertenecen al modo de la mímesis elevada, según la terminología de N. Frye: están por encima de la mayoría de los seres humanos por sus cualidades morales, de valentía, generosidad, entrega, etc. [12]. El personaje de la novela cervantina es un ser que, incluso en sus defectos, manifiesta una grandeza de la que carecen la mayoría de los hombres. Es modélico, inspira admiración y mueve a la imitación de su carácter o acciones.

Una parte de la novela posterior a Cervantes participa de este deseo de ejemplaridad de sus protagonistas que en este sentido son héroes, capaces de enfrentarse con un medio perverso y hostil, contribuyendo a su desencubrimiento y superación. Hans Carstop y otros personajes del *Berghof* de *La montaña mágica,* de Thomas Mann, son un buen ejemplo de este

---

[12] NORTHROP FRYE, *Anatomy of Criticism* (Princeton University Press, 1973), p. 34.

tipo de héroe, que está por encima de nosotros, si no en naturaleza —como los personajes de la tragedia— sí en el grado de sus atributos éticos. Carstop, a pesar de su grave enfermedad, que le aparta de una vida normal, mostrará, en el aislamiento del albergue de montaña en donde se halla en cura de reposo, la fortaleza y la dignidad de la que carecen los hombres que pueden gozar de una vida exenta de los impedimentos que condicionan al protagonista de *La montaña mágica*. Carstop no sólo se adapta a su medio inhóspito y al sufrimiento de su enfermedad, sino que acabará conquistándolos por medio de su esfuerzo y de la confianza en el valor de las virtudes humanas por encima de la desesperanza. Carstop asciende sin temor las montañas nevadas y, por extensión, alcanza en esa ascensión la victoria sobre la adversidad:

> [Carstop] vio el bosque de pinos por un lado, detrás y debajo de él, tomó esta dirección y llegó a una inclinación rápida. Los pinos cargados de nieve, que formaban una especie de vanguardia del bosque, ya no desaparecían dentro de la niebla, en la extensión libre. Bajo sus ramas se sentó a descansar y fumó un cigarrillo, con el alma un poco oprimida, angustiado por el silencio demasiado profundo, por aquella soledad, pero orgulloso de haberla conquistado con su valor, consciente de los derechos que su dignidad le daba sobre aquel paisaje [13].

La superación de los obstáculos físicos se corresponde con el triunfo íntimo de Carstop, que es capaz de reafirmar su confianza en el hombre en unas circunstancias que propiciaban justamente lo contrario.

Paralelamente al héroe cervantino nace y se desarrolla otro personaje de novela muy distinto de él. Pertenece al modo de la mímesis inferior en la que el protagonista queda, tanto en la naturaleza como en el grado de sus cualidades, por debajo de la mayoría de los hombres y sin duda del lector al que va dirigido el libro. Es el personaje nacido junto al arroyo, en la calle, donde ha hecho su aprendizaje vital y donde se desarrolla su dura y no virtuosa biografía. Desde Lázaro de Tormes a Guzmán de Alfarache se inaugura en la novela europea un concepto del personaje que encuentra ecos profundos al llegar a nuestro siglo. La situación que promueve este tipo de personaje en la España del Siglo de Oro guarda similitudes con la circunstancia del mundo actual que van a producir semejanzas textuales. A la miseria material del Imperio español, que afecta a los personajes de la novela picaresca, se corresponde la miseria y el abandono espiritual del hombre contemporáneo. Ambos comparten la misma paradoja de vivir en épocas aparentemente grandes (el Imperio mayor de la historia; la época de mayor opulencia y progreso de la historia de la humanidad), que, sin embargo, producen seres humanos castrados en sus posibilidades esenciales. El personaje picaresco malvive al mero nivel de la supervivencia, viendo en el otro ser humano no un igual, sino un

---

[13] THOMAS MANN, *La montaña mágica* (Barcelona: Plaza y Janés, 1972), p. 166.

adversario al que utilizar sin escrúpulos para sus fines. El personaje de la novela moderna vive en la soledad de una existencia sin esperanza ontológica. Mersault, Roquentin, los agónicos personajes de Beckett, Pascual Duarte, Joe Christmas vivirán privados de fines sin los cuales la vida pierde razón. Estos individuos peculiares de la ficción posclásica repetirán el modo mimético de la picaresca, pero esa mímesis se producirá implícitamente, ya que no será reconocida en el texto[14]. La intertextualidad consistirá en la recuperación de un paradigma olvidado, modificándolo y adaptándolo a los requisitos del género actual. Los personajes de esta tendencia ficcional no son modélicos (son introvertidos misántropos, seres patológicos, asesinos) y, sin embargo, los percibimos como provistos de unas cualidades excepcionales que les proporcionarán una calidad moral singular susceptible de provocar nuestra solidaridad y afecto. Al igual que los personajes de la picaresca, los veremos como víctimas y no como originadores de una circunstancia existencial intolerable. Se ha producido un cambio semiológico, pero la naturaleza semántica de los textos de ambas épocas es similar: la oposición irreconciliable entre poder político y ética se corresponde con la de afluencia material y privación fundamental de humanidad.

La intertextualidad implícita no es el único modo de intertextualidad en la novela moderna. Hay otros casos en que la intertextualidad aparece abiertamente en el texto. *Ulysses* es un ejemplo de novela que reduplica explícitamente una estructura anterior en forma completa. *Ulysses* transfiere un mito, unos episodios, unas figuras humanas de un texto anterior que es el iniciador de la trayectoria de la ficción. Ni el contenido ni la intención de la cita son casuales. Se elige un primer texto de la ficción para recuperarlo revelando su vigencia, y al mismo tiempo para clausurarlo, mostrando las divergencias de la modernidad con respecto a él. La duplicación es deliberada, confesada por el propio Joyce y puesta de manifiesto en los títulos homéricos de los dieciocho episodios reconocidos por la crítica. *Ulysses* cita a la Odisea profusamente y es, sin embargo, en la sustancia y en la forma, la novela moderna por antonomasia. Ocurre además en un presente temporal-espacial: el Dublín contemporáneo; e incorpora datos religiosos, políticos y filosóficos que no tienen relación con el modelo citado. Reproduce el mito antiguo del regreso al hogar, pero le agrega la complejidad y la insatisfacción modernas. Bloom y Molly son caricaturas de Ulises y Penélope. Bloom regresa a su hogar, después de una mediocre jornada, al lecho de su mujer infiel y superficial, muy lejos, por tanto, del viaje heroico de su antecesor, para volver a los brazos de su abnegada esposa. *Ulysses* es la reproducción de un estereotipo del género, porque el retorno al hogar —real o figurado— sirve para llenar funcional-

[14] Entiendo por posclásico la novela posterior a la normativa mimética que prevalece hasta el principio del siglo XX.

mente uno de los espacios vacíos genéricos: la conclusión de una progresión que conlleva necesariamente la ficción. *Ulysses* utiliza la solución odisíaca expandiéndola e infundiéndole mayor densidad.

La intertextualidad se caracteriza por dos rasgos fundamentales: seguimiento o continuación elaborada de un original (que es, a su vez, un intertexto, sigue otros textos) y otro de diferencia. Y en la mayoría de los casos la diferencia específica predomina sobre el modelo. Un texto requiere de otro texto para realizarse. No existe, pues, la originalidad pura, sino graduada. ¿Hay un texto absolutamente primario que dé origen a todos los demás? Habría que retroceder a los comienzos de la palabra escrita para encontrarlo. La Biblia sería un modelo ficcional original para la cultura occidental y contendría la matriz de los relatos posteriores. Podría decirse que la Biblia lo contiene ya todo en sí; en ese caso, llevando este hecho a las últimas consecuencias, no quedaría más que el silencio perpetuo o la admiración absorta, propia del creyente. En cierta manera, todos los relatos son reiterativos y la novela no escapa de la universalidad de este fenómeno. Pero esto no es más que una visión parcial. Como Pierre Menard, el personaje del cuento de Borges, si tratáramos de escribir de nuevo hoy el *Quijote* copiándolo palabra por palabra, su significado semántico y semiótico diferiría del *Quijote* de Cervantes, ya que inevitablemente quedaría adherido a las palabras todo el cúmulo significativo posterior que han ido adquiriendo. «La Verdad, cuya madre es la historia...» no sería una prosaica figura de la retórica como lo fue para Cervantes, ya que «Menard, contemporáneo de William James, no define la historia como una indagación de la realidad, sino como su origen. La verdad histórica para él, no es lo que sucedió; es lo que juzgamos que sucedió...» [15]. Pierre Menard y Cervantes actúan sobre un referente aparentemente idéntico —la verdad— al que, no obstante, dividen visiones radicalmente distintas. El *Quijote* de P. Menard puede servir de modelo para la intertextualidad ficcional, que es, como otros aspectos de la novela, paradójica: reiteración esencial y, simultáneamente, cuestionamiento o destrucción del modelo reiterado.

La parodia es una forma de intertextualidad, especialmente sugestiva, que se produce por hipérbole. Si, como veíamos antes, en la intertextualidad implícita no es necesario el reconocimieno de la cita, en la parodia es ineludible. Las exageraciones de la parodia son inteligibles sólo en relación con el intertexto, que tanto el texto como el lector deben de tener presentes para entender el sentido y el efecto de humor que suele acompañar la imitación paródica. La parodia requiere una lectura horizontal y literal recordando el modelo y al mismo tiempo una lectura imaginativa que se aparte del original y en la que el lector suple las ausencias agre-

---

[15] JORGE LUIS BORGES, *Ficciones* (Madrid: Alianza, 1974), p. 57.

gando datos pertinentes. La lectura literal no es cómica; es la lectura imaginativa la que agrega lo cómico.

Juan Goytisolo, en *Don Julián* y *Juan sin tierra*, utiliza la parodia como un recurso fundamental. La parodia se desarrolla en Goytisolo en dos direcciones: una dentro de la literatura, en la que el intertexto procede del paradigma de la literatura española del pasado. Por ejemplo, cuando Tariq, a imitación del *Diablo cojuelo*, lleva volando al narrador por Madrid y levanta los techos de los edificios para que pueda descubrir el desarrollo más íntimo de la vida de la ciudad. Lo que se presenta ante sus ojos es un cuadro de la situación moral del pueblo español bajo la última dictadura: «modernos jefes de empresa postrados de hinojos ante un deificado ejemplar de IBM, ... masas de cadáveres que caminan y urbanamente acatan las señales de tráfico... niños y adolescentes [que] aprenden con ahínco los principios de la filosofía estoica, los coros y jerarquías angélicos, las hazañas de Isabel la Católica, las virtudes de vuestro Sindicato Vertical» [16]. Bajo la modernidad aparente de la vida de Madrid se oculta la esencia eterna española que Goytisolo acerbadamente critica. La equiparación por medio del recurso paródico de dos períodos distantes de la literatura española introduce la equiparación moral de dos momentos de la historia de España. El episodio de *Don Julián* sigue, literalmente en su inicio, el modelo de la parodia con sólo un cambio en el tiempo del verbo: «Dan (por *daban* en el texto de Vélez de Guevara) en Madrid, por los fines de julio, las once de la noche en punto...», y termina utilizando términos y figuras metonímicas iguales: «hojaldrado» (por el techo de las casas); «carne del pastelón de Madrid», por la vida de la ciudad; «sabandijas racionales», para describir a los mezquinos habitantes de la ciudad. La intertextualidad no es fútil en *Don Julián*: potencia a nivel formal el estancamiento secular de la historia española.

En otras ocasiones, la parodia en Goytisolo sale del paradigma de la literatura e incluye citas no literarias o ni siquiera procedentes del lenguaje escrito. Sin embargo, lo parodiado opera como texto que aparece transmitido en un lenguaje y un estilo con unas características determinadas susceptibles de ser sometidas al proceso de la intertextualidad. La parodia de la rueda de prensa en *Juan sin tierra*, en la que se ataca la evolución formal de la obra del narrador-autor, se basa en la ridiculización de unas ideas y de un lenguaje característicos de un modo tradicional de entender la novela. Las palabras de uno de los componentes de la mesa redonda. el alumno de la escuela de periodismo, son ilustrativas: «yo no hallo en su obra ningún trasfondo humano o social, el dramatismo de la lucha por la existencia: o es que, en su opinión, la vida de los beduinos en un medio duro y hostil no plantea problemas? (murmullos de aprobación)» [17]. Ais-

---

[16] JUAN GOYTISOLO, *Reivindicación del conde Don Julián*, p. 148.
[17] JUAN GOYTISOLO, *Juan sin tierra* (Barcelona: Seix Barral, 1975), p. 283.

lada del intertexto hay una lectura literal no paródica. Las palabras del alumno de la escuela de periodismo son comprensibles *per se:* acusan al autor de falta de interés en los problemas sociales. Lo que revela el carácter humorístico del pasaje, lo que lo introduce por completo en el campo paródico es el contexto general de la rueda de prensa, donde algunas de las intervenciones de los participantes son obviamente humorísticas («¿sus personajes tienen alma?; ¡yo no se la veo!»), y también por el comentario final editorial en paréntesis («murmullos de aprobación»). Los murmullos (que se ven corroborados poco después con las risas, los aplausos y las aclamaciones) indican una actitud mostrenca de aceptación general en el público de la opinión establecida, del *statu quo* novelístico que defiende un concepto de realismo estrecho. En este caso, el comentario nos aparta de lo literal y nos arroja necesariamente a la lectura paralela del intertexto.

Otro modo frecuente de intertextualidad es la ironía. Guarda semejanzas con la parodia por el hecho de que ambas utilizan un intertexto cuyas insuficiencias o defectos ponen al descubierto. Pero tienen también diferencias notables. Por lo general, la parodia se aplica sobre textos más extensos: todo un libro, un autor, una época. La ironía es más episódica: suele localizarse en un individuo, una situación momentánea. La parodia es una forma cuya identidad primaria le es conferida por el intertexto, mientras que la ironía añade recursos semánticos no intertextuales para la obtención de su efecto. En ambas, el humor sirve para revelar un estado del mundo que se considera como injusto, ridículo o absurdo. La novela española no abunda tanto en la ironía como la inglesa, por ejemplo. La ironía es el gesto de la crítica, pero al mismo tiempo de la comprensión, de la revelación de la inconsecuencia y la rigidez de la mente humana, pero también de la consideración generosa hacia su debilidad. Normalmente la ironía es acompañada de la sonrisa, no de la risa, lo que implica que no hay una voluntad de cebarse descarnadamente en la persona o personas objetos de la atención irónica. En la novela española ha abundado más el sarcasmo, el esperpento, la crítica directa y demoledora (desde la novela picaresca hasta Valle Inclán y Juan Goytisolo), el deseo de la destrucción del adversario. Claro que esta actitud es la reacción a una situación particularmente viciada en la que las relaciones humanas se conciben desde una perspectiva exclusiva de poder: el subordinado está condenado a su estado y no tiene siquiera la posibilidad de manifestar su condición. Por eso la crítica es más una explosión incontenida que una observación reflexiva. Las parodias de Juan Goytisolo son en parte tan amargas y absolutas como lo son los monstruos culturales que las originan. El discurso originador arrastra consigo al originado, aunque éste se oponga totalmente a él; a su pesar, lo contamina y condiciona [18].

[18] Sobre las manifestaciones no siempre previsibles del discurso del poder, ver

En la novela abunda la forma de la ironía que, ubicada en el campo del no-ser, se refiere a unas normas culturales conocidas y muestra el absurdo de su significado. Bajo la apariencia de orden y perfección de un mundo, muestra su mezquindad, su estulticia. Pero lo hace de un modo tangencial, acercándose en circunvoluciones hacia el núcleo de lo ironizado, revelando los nuevos rostros de su ser. Con la ironía (a diferencia del sarcasmo o el ataque directo) el desvelamiento no es absoluto; queda la duda o la posibilidad de descubrir aspectos nuevos. La ironía puede operar con tanta indirección que los contenidos semánticos podrían ser leídos literalmente por un lector inexperto o al que le faltase la necesaria información sobre el intertexto. La ironía requiere, más que otros modos retóricos que se hallan en la ficción, la colaboración del lector que suple la ausencia del texto, lo no dicho en el procedimiento irónico; es por eso una forma de diálogo con el lector que debe contestar a la incitación del texto y utilizar sus conocimientos para reescribirlo. No obstante, su naturaleza incompleta, la ironía se orienta hacia la verdad; su fin es el desvelamiento de una situación desde una perspectiva que se entrevé (ya que no se propone abiertamente) como más honesta. La capacidad de revelación de la ironía se centra en que precisamente aquello que parecía lo verdadero y superior se manifiesta como inferior.

El egoísta, de Meredith, es un ejemplo sobresaliente de las posibilidades irónicas de la novela realista del siglo XIX; en esa novela se hace la crítica de las creencias y la conducta de la aristocracia inglesa y sus allegados; se hace por modo de indirección, revelando que, en el poder y la arrogancia aparentemente triunfantes de los señores, como Sir Willoughby o el Dr. Middleton, se halla mucha menos humanidad que en la humilde naturalidad de Clara y Vernon. El padre de Clara, el Dr. Middleton, se niega a entender lo que él juzga frivolidad de su hija al rechazar la excelente oferta de matrimonio de Sir Willoughby. La novela nos muestra esta actitud de intransigencia obcecada del Dr. Middleton por medio de un procedimiento de reversión propio de la ironía: la seguridad racional del Dr. Middleton no es en realidad más que el reverso de su falta de sensibilidad y conocimiento del ser humano. Su pomposa erudición no es saber, sino vacío emotivo. Sus defectos son notables y no hay duda de que el narrador no siente simpatía hacia su modo de actuación. Sin embargo, no se ataca directamente al Dr. Middleton, a pesar de que ofrece un objetivo bastante claro que la narración podría utilizar ventajosamente. Y no por ello es menos efectiva la crítica hacia él. En una ocasión en que el Dr. Middleton conversa con su hija sobre el proyectado matrimonio con Willoughby, se presenta así su sorpresa ante las palabras de Clara: «Doctor Middleton regained his natural elevation from the bend of body *habitual*

MICHEL FOUCAULT, *Power/Knowledge* (Nueva York: Pantheon, 1980); en especial, los capítulos 5, 6 y 7.

with men of established sanity, paedagogues and others, who are called on at *odd intervals* to inspect *the magnitude of the infinitesimally absurd in human nature:* small, that is, under the light of reason, immense in the realm of madness» [19]. (El Dr. Middleton recuperó su elevación natural a partir de la inclinación del cuerpo *habitual en hombres de cordura bien establecida, como ocurre con los pedagogos y otros parecidos,* que, *de vez en cuando,* se ven obligados a inspeccionar *la magnitud de lo infinitésimamente absurdo de la naturaleza humana;* pequeña, esto es, a la luz de la razón, inmensa en el campo de la locura.) (Cursiva mía.) He tenido la necesidad de destacar gráficamente los términos irónicos que rompen la superficie uniforme del fragmento. Esta ruptura se produce con suavidad y, sin conocer el intertexto, se haría difícil identificar la intencionalidad correcta del texto. A pesar de la tangencialidad de la ironía, el proceso de reversión queda, no obstante, elucidado efectivamente: la luz de la razón todopoderosa del Dr. Middleton es tan sólo una forma diferente de locura y la «absurda» mente de Clara posee una capacidad de penetración de la que su padre carece.

El Dr. Middleton se siente desconcertado ante el incomprensible comportamiento de su hija que, a su juicio, se niega inexplicablemente a vivir según el principio de la realidad: el matrimonio con Sir Willoughby les proporcionaría a Clara y a él una vida de cómoda displicencia en la finca de su potencial esposo. El texto mostrará que Clara actúa acertadamente al desobedecer a su padre y seguir el impulso de sus sentimientos, que la apartan del soberbio Willoughby. Clara no se casa con él y abandona una situación en la que hubiese sido infeliz. La «razón» de Sir Willoughby y del padre de Clara, que no ve en ella más que a una nueva Casandra, queda desvelada; la «established sanity» es superada por la habilidad de la Musa Cómica que se presenta en el prólogo y que, configurada en la ironía, es capaz de romper la inflexibilidad de hábitos inveterados. El humor se hace ironía y la ironía adopta la naturaleza del humor y ambos nos remiten a un nuevo modo de verdad: «She [la Musa Cómica] is who proposes the correcting of pretentiousness, of inflation, of dulness, and of the vestiges of rawness and grossness to be found among us. She is the ultimate civilizer, the polisher, a sweet cook» (36). (Ella [la Musa Cómica] es quien proponer la forma de corregir la petulancia, el exceso, la falta de inspiración, los vestigios de crudeza y torpeza que se encuentran entre los hombres. Ella es el civilizador por excelencia, el pulimentador, el condimentador perfecto).

No sería apropiado hacer de esta definición de Meredith una característica aplicable a la novela en general. La ironía ficcional consigue en otras novelas otros fines que el refinado intento de civilización pretendido en

---

[19] GEORGE MEREDITH, *The Egoist* (Harmondsworth: Penguin, 1974), p. 516 (la cursiva es mía).

la elegante novela de Meredith. La novela es una forma importante de investigación de la verdad y va más allá de los fines propuestos por Meredith. Sin embargo, Meredith capta un rasgo fundamental de la ironía ficcional; no actúa a partir de un saber, no se afirma —como muestra la fortuita y casual resolución de *El egoísta*— en un último reducto inviolable de la verdad. Es duda y negación de negación, es ironía sometida a una ironía ulterior, una ironía que se ironiza a sí misma; se reconoce vulnerable y susceptible de ataque y, no obstante, es capaz de afirmar más allá de la duda, de defender el ser (o una parcela de él) aun cuestionando su existencia.

A modo de una composición polifónica, la novela dialoga con otros textos, pero no siempre para valorarlos positivamente, sino a menudo para relativizarlos o ridiculizarlos, como ocurre en el *Quijote* con los libros de caballerías. El cura y el barbero someten esas obras a una solución inapelable; el texto en su totalidad las califica por medio de la duda irónica. Don Quijote —pretendido modelo de anticaballeros— consigue su grandeza e inmortalidad, no como cuerdo hidalgo, sino como gran señor de la aventura desmesurada. La crítica es a su vez criticada, la ironía se derrota a sí misma y muestra sus propias inconsistencias.

5. LA REFERENCIALIDAD TEMPORAL-ESPACIAL

Desde Platón se ha debatido la relación entre el lenguaje y la realidad. Se ha discutido si las palabras son un espejo fiel o deformante de los objetos que designan; si los reproducen o los recrean. No voy a entrar ahora en la discusión de este problema filosófico, sino sólo en lo que afecta a la ficción. Propongo que la ficción produce un lenguaje que da lugar a una experiencia específicamente de ficción, no de realidad [20]. Esto puede verificarse de forma manifiesta en la modalidad especial que adoptan el tiempo y el espacio en la ficción.

Como es sabido, el pretérito es el tiempo verbal característico de la novela. Las novelas cuentan historias que han ocurrido hace más o menos tiempo, pero por lo general están situadas en un pasado no lejano al momento de la aparición del libro. El pasado es tan connatural a la novela que incluso las novelas de ciencia-ficción, que se desarrollan en el futuro cronológico, están narradas en el pretérito gramatical. Este pasado y futuro de la ficción no se corresponden con los reales del autor o del lector, sino con el tiempo peculiar de las *personae,* de los seres ficcionales de la novela. El tiempo gramatical de la ficción —el pretérito— es en realidad un presente temporal, el presente de los personajes. Lo que se narra no se

[20] V. KÄTE HAMBURGER, *Die Logik der Dichtung* (Stuttgart: Ernst Klett, 1957), p. 27.

refiere a un yo real, sino a diversos yos ficcionales que experimentan los hechos y situaciones de la trama con la inmediatez del presente. Lo que ocurre es que el lector ve ese presente como ocurrido ya, porque la ficción presenta una apariencia de vida pasada, pero esa apariencia está suspendida en el tiempo, en estado de hibernación, al margen de la percepción temporal considerada como real y en consecuencia al margen de la realidad misma.

La novela *1984*, de George Orwell, ocurre en el futuro y se propone además como una visión específica de lo que será la vida del hombre en la tierra. Es una hipótesis de realidad que no ha tenido lugar todavía y que tal vez no tenga nunca lugar. Sin embargo, la novela comienza en el pretérito y se desarrolla en ese tiempo hasta el final: «*Era* un resplandeciente y frío día de abril y *estaba* dando la una...»[21]. El lector, a no ser que haga un esfuerzo especial de atención, no advierte la flagrante contradicción. Pero la contradicción no hace sino acrecentarse a poco que progresa la novela. Cuando Winston Smith se enfrenta a una de las pantallas gigantescas que controlan los movimientos de los ciudadanos de la capital de Airstrip One su actitud se describe así: «Winston turned round abruptly. He had set his features into the expression of quiet optimism which it was advisable to wear when facing the telescreen. He crossed the room into the tiny kitchen (5).» (Winston giró bruscamente. Había adoptado una actitud fija con esa expresión de tranquilo optimismo que era aconsejable adoptar al enfrentarse a la telepantalla. Cruzó la sala hacia la pequeña cocina.) La doble oposición temporal se convierte ahora manifiestamente en triple. Hay una trama que se desarrolla cronológicamente en el futuro (año 1984), que transmite en el pretérito una acción, que se desarrolla en el presente. El gesto de Winston, desde la perspectiva del propio Winston —que es el yo a quien le ocurren los hechos—, se produce para él sin duda en el presente, a pesar de estar transcrito ficcionalmente en el pretérito. En realidad —haciendo la contradicción más insistente— ese pasado es un pasado de anterioridad con relación a otro pasado, como queda señalado por el pluscuamperfecto (*had set, había adoptado*).

La oposición entre tiempo real y ficcional se ve de modo patente cuando el personaje piensa meramente en lugar de actuar. Cuando Winston reflexiona sobre el propósito de su diario, sus pensamientos se transcriben también en el pasado: «For whom, it suddenly occurred to him to wonder, was he writing this diary? For the future, for the unborn.» (¿Para quién se le ocurrió preguntarse súbitamente, escribía este diario? Para el futuro, para los todavía no nacidos.) El discurso mental del personaje se presenta en el pasado a pesar de que sus pensamientos tienen lugar en el presente:

---

[21] GEORGE ORWELL, *1984* (Nueva York: Harcourt Brace Jovanovich, 1961), p. 5.

uno puede recordar sus propios pensamientos, pero no puede pensarlos en el pasado [22].

Estos datos confirman la idea de que la ficción nos presenta una idea artificial de realidad en la que el tiempo es una convención que no guarda semejanza con la realidad más que por contraste. El lenguaje de la ficción no es un lenguaje integrado por términos o frases de realidad, sino de ficción. Ni siquiera las formas deícticas temporales (ayer, mañana, entonces) y espaciales (aquí, allí, etc.) aluden a un tiempo/espacio reales.

Tomemos un ejemplo de Proust. Marcel se refiere a sus proyectos no cumplidos de escribir:

> ... et comme j'avais toujours fait depuis ma vieille résolution de me mettre à écrire, que j'avais prise jadis, mais qui me semblait dater d'hier, parce que j'avais considéré chaque jour, l'un après l'autre, comme non avenu. J'en usais de même pour *celui-ci*, laissant passer sans rien faire ses averses et ses éclaircies et me promettant de commencer à travailler le *lendemain*... Par ce jour de soleil éclatant, rester tout le jour les yeux clos, c'était chose permise, usitée, salubre, plaisante, saisonnière, comme tenir ses persiennes fermées contre la chaleur... Combien je possédais plus Albertine *aujourd'hui!* [23].

> (... y como yo había hecho desde mi antigua resolución de ponerme a escribir, que había tomado hacía tiempo, pero que me parecía proceder de ayer porque había considerado cada día, uno tras otro, como no ocurrido. Hacía lo mismo con *éste* dejando pasar las tormentas y los momentos de calma y prometiéndome ponerme a trabajar *al día siguiente*... *En este* día de sol brillante, permanecer todo el día con los ojos cerrados era cosa permitida, acostumbrada, saludable, placentera, propia de la estación del año, como dejar las persianas cerradas contra el calor... ¡De qué manera poseía tanto más a Albertine *hoy!*) (cursiva mía).

Los deícticos temporales del fragmento *celui-ci, le lendemain, ce jour, aujourd'hui*, que indican inequívocamente una idea de tiempo presente en el lenguaje de la realidad, se combinan con los tiempos verbales de pasado: j'usais, je n'étais, etc. En el lenguaje no ficcional no podríamos utilizarlos así. Desde el punto de vista del lenguaje de la realidad existen dos posibilidades de interpretación del pasaje: A) Marcel recuerda un día del pasado caracterizado por su perfección, que no le incita a escribir: en ese caso los adverbios de tiempo deberían ser cambiados a adverbios de tiempo pasado: ese día, ayer, etc. La frase-epítome final debería reescribirse así: Combien je *possédais* Albertine *ce jour-là!* B) Marcel experimenta sus sensaciones en el presente (cuando está escribiendo su texto), y en ese caso es el tiempo verbal el que debería ser cambiado: Combien je *possède* Albertine aujourd'hui!, por ejemplo. El texto parece no validar esta última alternativa, ya que, como indica un poco más adelante, Marcel

---

[22] Otros textos de la novela moderna han evitado esta contradicción por medio del uso del monólogo interior o del *stream of consciousness* en el que se elimina la referencia temporal externa que acompaña a la presencia del narrador.

[23] PROUST, *À la recherche*, VI, p. 87.

está rememorando el pasado, en su lecho, con los ojos cerrados, sin deseos de escribir: se presenta, por tanto, lo que Marcel recuerda de sus pensamientos en su día del pasado sobre otro día anterior del pasado. En cualquier caso la incongruencia de la combinatoria de los deícticos con los tiempos verbales es manifiesta si la juzgamos desde una lógica de realidad. En el texto proustiano esta incompatibilidad no sólo es posible, sino que potencia además su complejidad semántica y sémica: contribuye a destacar la variedad sutil de registros del espíritu de Marcel. El tiempo y el lenguaje de *A la recherche* son los del Marcel ficcional y no coinciden con los de la realidad no ficcional. Los deícticos, que en el lenguaje real de la conversación tienen un carácter demostrativo, lo pierden en la ficción y se convierten en símbolos en los que la percepción temporal y espacial se reduce a un nivel conceptual.

La ficción se refiere a una realidad en sombras, cuya entidad carece de la consistencia del objeto sólido e inmutable y adquiere la maleabilidad de un proceso nunca terminado. Pero no es la naturaleza de la ficción muy distinta de la de la realidad misma, tal como es concebida por el pensamiento moderno, que mantiene que la realidad está primariamente en la mente del hombre que la considera. La ficción opera sobre una hipótesis de realidad en un doble sentido: alude a una realidad no objetiva y ella misma transforma esa realidad según las necesidades de su naturaleza inestable y siempre por hacer.

CAPÍTULO III

LOS PERSONAJES: EL OTRO DEL YO

1. LA CRÍTICA DE LOS PERSONAJES

Es ya tópico en los tratados de novela actuales el destacar la gran dificultad del estudio de los personajes de ficción. Jonathan Culler y S. Chatman, en sus dos influyentes libros, *La poética estructuralista* e *Historia y discurso,* conectan esta dificultad con la escasez de material existente sobre el tema. Otros aspectos parecen más atrayentes (el punto de vista, el tiempo, etc.), y el estudio de los personajes está aún en buena medida reducido a la mayor o menor adecuación de los seres de la novela con los de la vida real que supuestamente pretenden copiar o imitar. La crítica formalista y estructuralista ha contribuido indirectamente a esta simplificación del tema: para demostrar sus tesis, ha presentado en forma desproporcionada la posición del realismo psicológico, ha polarizado la cuestión en torno a la mímesis de los personajes de la novela, olvidando otros aspectos de importancia, y ha favorecido una visión que, aunque tiene aportaciones sugestivas, es parcial y empobrecedora. No voy a soslayar por completo los puntos descubiertos por el estructuralismo en cuanto a los personajes. Voy a incluirlos en mi estudio cuando lo juzgue necesario, pero al mismo tiempo no voy a hacer de la controversia estructuralista en torno a los personajes el eje central de mis consideraciones.

No es prudente, sin duda, tratar ningún campo del conocimiento sin referirse al estado actual del campo; no es posible eludir impunemente las cuestiones ya existentes del tema, pero al mismo tiempo no es necesario limitarse a su discusión. Pueden presentarse no sólo aproximaciones nuevas a temas ya establecidos; es posible presentar también nuevos temas que abran el campo y que, al descubrir aspectos ignorados, lo redefinan y modifiquen en su naturaleza. Creo que esto es pertinente también con relación a los personajes de ficción.

El estudio de los personajes en la crítica actual se apoya en concepciones bien delimitadas de la personalidad humana que afectan inequívocamente la orientación del crítico. Los críticos que comparten una visión esencialista del sujeto (el yo es una esencia individual inviolable a la que los signos y las convenciones culturales pueden tal vez añadirse, pero a la que no definen) defienden esa esencialidad al referirse a los personajes. La esencia del sujeto se revela además sin mediaciones aparentes en todos sus actos. E. M. Foster refiere su inteligente discusión sobre los personajes a los actos más importantes de la vida humana: el nacimiento, nutrición, sueño, amor y muerte. Luego estudia los rasgos diferenciales de los seres de la novela a partir de las divergencias con los seres humanos de la realidad. El *homo fictus* se relaciona con el hombre bíblico, que a su vez se relaciona con Dios por modo de semejanza. El *homo fictus* está hecho a semejanza de su ser de referencia, aunque no siempre coincida exactamente con él porque añade o suprime rasgos que no existen en el *homo realis*. No obstante, a diferencia de las relaciones entre el hombre y Dios, sus divergencias no son significativas. El hombre de ficción, como el verdadero de la vida real, «generalmente nace, es susceptible de morir, requiere poca comida o sueño y se halla ocupado incansablemente en entretejer relaciones humanas»[1]. La teoría de Foster persigue los actos más aparentes de la vida en los seres de la novela y trata de descubrir sus peculiaridades, guardando el punto de referencia básico de la realidad a la que imitan con mayor o menor precisión.

Tanto en los seres de la realidad como en los de la ficción del estudio de Foster, subyace una concepción del sujeto como unidad autónoma y explicable por sí misma; una concepción que es tan obvia para el autor que ni siquiera juzga necesario explicitarla a pesar de su importancia determinante. El modelo enunciado por Foster ha sido practicado en numerosas ocasiones, aunque raramente con la intensidad y claridad de su perceptiva mirada. Los manuales e historias de la literatura exponen esquemas y análisis de obras individuales a partir de estos principios y el realismo de los personajes (el que sean más o menos «como los de la vida real») continúa siendo un criterio frecuente para describir y enjuiciar obras. Poco importa, al parecer, que el estudio de la antropología y la psicología humana haya sufrido revisiones fundamentales (desde Nietzsche y Heidegger a Freud) y que el estudio de la conducta del hombre y de sus relaciones humanas no pueda ya centrarse en la realidad aparencial (de naturaleza positivista) de los actos humanos.

Otra posición crítica bien definida (aunque de orientación contraria) está representada por la crítica de origen estructuralista que se inspira en las ideas de los formalistas rusos, sobre todo de V. Propp. El estructuralismo parte de un concepto del yo notablemente más refinado que el de la psicología de la crítica tradicional, pero simplifica la complejidad del tema y lo reduce a un aspecto estrecho en el que, sin embargo, ha obtenido resultados notables que han llegado a formar parte significativa del *corpus*

---

[1] E. M. FOSTER, *Aspects of the Novel* (Nueva York: Harcourt, Brace & World, 1955), p. 56.

general de la crítica de la ficción. Este tipo de crítica estructuralista subordina el concepto de los personajes a la trama y pretende definir sus rasgos a partir de los papeles o funciones fijas que los seres ficcionales cumplen en la acción de la novela o el cuento. Esto permite una labor de taxonomía y caracterización que debería ser aplicable sin mayores dificultades a toda la ficción. En algunos casos (Bremond, Greimas) los logros son considerables por su rigor, que los aleja de la inconsistencia de la crítica del pasado[2]. No obstante, excluyen elementos importantes de los personajes ficcionales que contribuirían a una comprensión más completa de ellos. Bremond, por ejemplo, presenta un modelo bien construido de los papeles narrativos de los personajes, pero eso no agota de ninguna manera el tema de los personajes de ficción. La crítica estructuralista de los personajes es generalmente sugestiva, pero limitada en sus objetivos y se impone a sí misma unas restricciones hermenéuticas y metodológicas que no juzgo necesarias.

La novela es el género de la intersubjetividad, de las relaciones entre seres humanos o de naturaleza humana (en el caso de la ficción en la que animales u otras figuras no humanas asumen los actos de la trama). Una relación humana entraña necesariamente un yo y un otro y entender la naturaleza de los sujetos de la intersubjetividad y el modo en que se influyen mutuamente es fundamental para estudiar a los personajes de la novela cuya actividad primordial, como señalaba Foster, es la de relacionarse con otros personajes. Algunas de las teorías modernas más profundas sobre el tema de la intersubjetividad deben proveernos un modelo útil en el que apoyar el análisis de la ficción. Creo que esta aproximación permitirá que nos alejemos del previsible adocenamiento de la crítica tradicional y de las injustificadas limitaciones de otra crítica más reciente.

Hay en el pensamiento moderno un interés notorio en el otro, pero paradójicamente no tanto en cuanto ente caracterizado por la *otredad*, por aquello que no es el yo, sino en cuanto que es susceptible de modelar y determinar el yo. El pensamiento moderno encuentra el yo en el otro; lo busca no tanto en la exploración de la subjetividad como en la compleja red de relaciones que queda trabada en la salida del yo fuera de sí mismo. Las ideas de Nietzsche, Sartre, Lacan, etc., se alejan del *cogito* cartesiano para definir al sujeto, pero este aparente extrañamiento fuera del sujeto sirve para revertir de nuevo en él y contribuir a su caracterización con renovada perceptividad.

Parto de un concepto del hombre como función, no como sustancia. La cualidad fundamental del hombre no es de orden ontológico. El hombre no es posesor de una naturaleza esencial, permanente en el transcurso de la historia e igual para todos los seres humanos. El hombre no se cons-

---

[2] V. CLAUDE BREMOND, *Logique du récit* (París: Seuil, 1973), y A. J. GREIMAS, *Semantique structurale* (París: Larousse, 1966).

tituye tampoco por su naturaleza física, por su corporeidad. El hombre se constituye como tal por la creación de un sistema simbólico y cultural en el que participa y al que hace contribuciones progresivas a través del tiempo[3]. El hombre ve la realidad no de una manera neutra e inocente, sino con el pre-juicio de su cultura. Esta cultura le ayuda a ver y organizar el mundo y al mismo tiempo le ayuda a verse y comprenderse a sí mismo. Uno de los modos de comprenderse el hombre a sí mismo y al mundo es la ficción y el estudio de la ficción y, sobre todo, de los seres que en ella emiten apreciaciones y valoraciones, debe contribuir a proporcionar una visión más completa del hombre.

Sin símbolos culturales, el hombre queda confinado a lo biológico. La materialidad ofrece posiblemente la seguridad de la permanencia inmutable. La cultura —siempre movediza— ofrece meros jalones de referencia sustituibles; si contribuyen a constituir al hombre con un margen de estabilidad lo hacen sólo efímeramente. Tal vez pudiera definirse la naturaleza del hombre como la agregación de todas las culturas humanas, pero esa adición no sería satisfactoria: los sistemas simbólicos y culturales del hombre son a veces paralelos, pero no llegan a confundirse y su heterogeneidad hace que, a lo más, podamos situarlos en relación de contigüidad, pero sin poder asumir que su superposición equivale a la definición completa y unitaria del hombre.

Para la filosofía socrática la naturaleza del hombre es sólo cognoscible a través de las modulaciones cambiantes del diálogo. La verdad socrática es una actividad social, dialógica. La verdad nace de las relaciones intersubjetivas de los hombres. El conocerse a sí mismo socrático es un conocimiento que se produce en la propia conciencia, pero también en la conciencia de los demás. Este conocimiento que procede doblemente por la introspección y la intersubjetividad tiene conexiones obvias con el pensamiento antropológico moderno que busca la caracterización del fenómeno humano en la interioridad y en la relación con el otro. La novela, forma no conocida en la época de Sócrates, puede reclamar una ascendencia socrática, pues halla dos de sus principios más intrínsecamente constitutivos en el intercambio de sujetos y en la exploración de los hechos de conciencia[4].

---

[3] ERNST CASSIRER, *An Essay on Man* (New Haven: Yale University Press, 1978), p. 68.

[4] Hay que notar que, alternativamente, según los diferentes períodos de la historia de la ficción, un principio alcanza el predominio sobre el otro, pero éste no desaparece, sino que aguarda, subyacente, su *Aufhebung*, su ascendimiento. Siguiendo la metáfora hegeliana, el principio preponderante, aun desplazando al principio anterior, no lo elimina, sino que lo promociona a una categoría distinta desde la que espera su momento de intervención en la historia de la novela. La evolución de la novela, vista desde este concepto de la *Aufhebung*, sería la sucesiva alternancia de sus principios constitutivos como centros de orientación del género. Esta alternativa no sería un movimiento mecánico de sustitución, sino que implicaría una ascensión formal y epistemológica.

2. LA NOVELA Y EL PSICOANÁLISIS POSFREUDIANO

La interpenetración de los diferentes campos del conocimiento se manifiesta claramente en las conexiones y enriquecedores préstamos mutuos del psicoanálisis freudiano y posfreudiano y la ficción. La ficción y la interpretación crítica de la ficción han incorporado numerosos conceptos psicoanalíticos y han corroborado, en la literatura, las estructuras y procesos psicológicos descubiertos por el psicoanálisis. El psicoanálisis, a su vez, ha descubierto que sus procedimientos básicos y su hermenéutica psicológica se organizan en forma narrativa. El psicoanálisis es una forma de narración, un modo de contar una historia que tiene un principio, un medio y un fin. Utiliza modos narrativos, pero lo hace con una técnica y finalidad precisas de curación terapéutica de la que carecen las historias o narraciones de la ficción. No obstante, el psicoanálisis es esencialmente narración y considero que el estudio del desarrollo particular de esa narración y de la función de sus participantes debe contribuir a ilustrar la naturaleza de la narración ficcional.

El hombre cuenta incesantemente historias a lo largo de su vida. Narramos historias sobre nuestro yo y sobre otros yos. Además, en nuestra conciencia y en los sueños nos contamos sin cesar historias a veces a nosotros mismos, otras a oyentes imaginados. Historias, en su mayor parte inconexas y parciales, con frecuencia incoherentes y casi siempre inconclusas. El psicoanálisis y la novela aspiran, por el contrario, a conseguir una visión narrativa coherente en la que, por medio de la elaboración del analista o del texto novelístico, se da cuenta de la conducta de los agentes de la narración, de los personajes de esa narración[5].

Toda historia tiene, de manera más o menos consciente, un propósito hermenéutico, pero sólo la narración psicoanalítica pretende añadir a esa finalidad un propósito de modificación de la existencia del analizando y obtener la curación del mal funcionamiento de su psique. En la novela, este fin terapéutico no existe de manera manifiesta. La lectura de una novela no es un instrumento particularmente conducente a la curación de neurosis o enfermedades de origen psíquico. No creo que la novela sea nunca una forma de terapia efectiva como tratamiento específico de enfermedades de la mente; pero pienso que puede afirmarse que la novela cumple una función, si no precisamente terapéutica, sí orientadora en el sentido de que puede contribuir de manera eficaz a elucidar intrincados procesos de la mente del sujeto y de las relaciones humanas. Puede desarrollar en el lector el discernimiento de aspectos del comportamiento humano que es necesario conocer bien para potenciar la propia personalidad.

[5] Prefiero los términos analista y analizando, en lugar de psiquíatra y paciente, a los que quedan adheridas unas connotaciones no siempre apropiadas, que el psicoanálisis actual no desea asumir.

En el mundo actual, sobre todo, los cambios en el entorno tecnológico y la versatilidad de los contactos y las relaciones humanas son demasiado complejos como para dejarlos al albedrío de una conciencia que no sea capaz de determinar el proceso de esos cambios y examinarlos críticamente.

La novela no es una terapia, pero coincide con el psicoanálisis en provocar cambios en la conciencia y conducta de los sujetos que entran en contacto con ella. El analizando y el lector aprenden a cambiar la orientación de las preguntas esenciales de su vida a través de la interpretación avanzada por el analista o la novela. El analista recuenta la versión inicial de la historia del analizando de manera que éste es capaz de cambiar el énfasis erróneamente colocado en algunos aspectos o momentos de su vida que no le permitían vivir de manera feliz o por lo menos funcional. El analizando ve entonces, por ejemplo, que los perturbadores síntomas de su conducta aberrante —que a él le parecían inexplicables— se deben a causas específicas (episodios inconscientes de la infancia, vínculos paternales o maternales traumatizantes) que han desencadenado el proceso neurótico. El psicoanálisis es un modo de rememoración descubridora para llenar los vacíos de nuestra conciencia, trazando vínculos y conexiones sin los cuales la existencia tiene sólo un sentido truncado, traumatizante. La recuperación de la conciencia, de hacer lo no consciente consciente ha de iniciar, según Freud, el camino de la curación: «Probablemente es la sustitución de algo inconsciente por algo consciente, la transformación de los pensamientos inconscientes en conscientes, lo que hace que nuestro trabajo sea efectivo»[6]. Freud insiste en que la función del analista es fundamentalmente hermenéutica: el ayudar al analizando a hacer una relectura de su vida. El analizando debe asumir la responsabilidad de *actuar,* a partir de la nueva organización de los datos de su vida, el cambio de su conducta.

La novela no hace una relectura directa de los datos pertinentes de la vida del lector. La novela es una narración ajena a la biografía del lector y no asume —al modo del analista— la función *activa* de reestructurar una nueva versión de esa biografía. Esta versión, no obstante, se produce aunque sólo por modo indirecto. Hay un diálogo entre dos sujetos —texto y lector— y una relectura de áreas más o menos amplias de la vida del lector que ve su conciencia provocada a la reconsideración y revisión de sus principios y modos de interpretación. Los personajes de la novela son, en este sentido, analistas que proyectan sus preguntas y críticas sobre nuestra conciencia. Hay diálogo en la novela y ese acto dialógico, que tiene lugar en la mente del lector, cumple una función, similar a la psicoanalítica, de reconstrucción de la narrativa interior de la vida del sujeto.

Para la nueva concepción del psicoanálisis —que contrasta con la visión freudiana—, la realidad psíquica del analizando no es objetiva; no forma

---

[6] SIGMUND FREUD, *A General Introduction to Psychoanalysis* (Nueva York: Pocket Books, 1972), p. 442.

una masa sólida, a semejanza de una roca, que pudiera dividirse en todos sus elementos para determinar su composición y su historia geológica. Para el nuevo psicoanálisis, esa realidad se presenta siempre mediada por los narradores de la operación psicoanalítica: el analista en primer lugar, pero también el analizando.

Para el psicoanálisis freudiano, la realidad es estrictamente positivista; la realidad está «fuera» o «dentro» del sujeto psíquico, pero es siempre una entidad cognoscible, con una esencia que puede desentrañarse. La función del analista es relativamente simple: decidir qué realidad del sujeto es cierta, objetiva, y cuál es falsa, subjetiva, malsana. La terapéutica consistirá en hacer reconocer al sujeto la subjetividad absoluta de su enfermedad o trastornos psicológicos y sustituirla por la verdad total objetiva del analista. Por ejemplo, se le hará tomar conciencia del hecho de que los padres (generalmente con insistencia en uno de los padres, según el sexo del analizando) no son sólo seres legítimamente dignos de nuestro amor; con frecuencia pueden ser también objeto de nuestra reprobación y odio: pueden haber sido los causantes de nuestra desdicha de adultos debido al tratamiento neurotizante que nos dieron en la infancia.

Las nuevas corrientes del psicoanálisis conciben la realidad psíquica como mediada por una narración. El analista no ofrece con incuestionable seguridad la Realidad que debe existir en la vida del sujeto, sino tan sólo una versión que él considera más apropiada que otras versiones para el caso particular del analizando. Narración implica —como en la novela— un punto de vista privilegiado, pero arbitrario, que se elige para contar la historia. Implica también un narrador que selecciona los aspectos de la realidad de unos personajes o de su medio y los presenta de manera coherente. No nos encontramos inocentemente con los personajes de una novela de la misma manera que lo hacemos con amigos o conocidos en nuestra vida cotidiana. En la ficción, la realidad de esos personajes se nos ofrece a través de la versión particular de alguien. El grado de fiabilidad de ese narrador será mayor o menor y el lector deberá elucidar la verdad de lo narrado. Tanto en el psicoanálisis como en la ficción hay una realidad preferencial más que absoluta; una realidad psíquica de los sujetos de la terapia o de la ficción que, más que descubrirse, se inventa; y su verificación ocurre dentro de la funcionalidad del tratamiento terapéutico o del texto [7]. La misma historia de un sujeto puede ser recontada por el analista desde puntos de vista contrarios: se puede hacer de los datos de la historia una versión sadista o masoquista, edípica o narcisista. El saber y la experiencia del analista serán decisivos para acertar con la versión más adecuada.

El analista está restringido en las posibilidades interpretativas por la

[7] V. ROY SCHAFER, «Narration in the Psychoanalitic Dialogue», *Critical Inquiry* (otoño 1980), p. 49.

necesidad de la curación del sujeto. Su verdad es en parte pragmática; se puede decir que una interpretación será adecuada si obtiene una modificación positiva de la conducta del analizando. El novelista carece de estas restricciones. Sus límites quedan circunscritos al texto y su verificación se produce de manera intrínseca a él, sin necesidad de vertirse externamente. (El éxito de una obra no es un criterio fidedigno de verificación, pues está sometido a factores demasiado volubles, más allá de los requisitos lógicos del género.)

La realidad de los personajes se da mediada por el narrador y en ese sentido es tan convencional como la narración psicoanalítica. El narrador *recuenta* la vida de unos personajes como si ellos mismos se la hubieran contado previamente o como si la hubieran actuado de manera fragmentaria ante él. En *To the Lighthouse (Hacia el faro)*, de Virginia Woolf, es en especial la pintora Lily Briscoe, una mujer fuera del círculo de la familia de los Ramsay, quien recontará *su* versión de los Ramsay y conoceremos a ese complejo y sugestivo núcleo familiar de los moradores de una mansión de las Islas Hébrides, gracias a la rememoración interpretativa de la perceptiva artista. Los Ramsay de *Hacia el faro* serán los Ramsay de la versión de Lily Briscoe, de la misma manera que los innumerables pacientes que aparecen en las obras de Freud son estrictamente *sus* pacientes, con los que no podremos tener un intercambio personal para comprobar la calidad de la versión de su casa que tan brillantemente presenta Freud. Tampoco podemos ponernos en contacto con Mr. o Mrs. Ramsay o sus hijos para verificar la narración de Lily. Pero Lily es un narrador honesto y —psicoanalista posfreudiano *avant la lettre*— no objeta el reconocer la parcialidad de su versión. Cuando nos presenta a Mrs. Ramsay meditativa, como de costumbre, en el jardín de su mansión o en la playa, pronto se apresura a confesar las dudas de su versión como previniendo al lector: Atención, cuestiona lo que estoy narrando, no lo consideres la verdad de los Ramsay, es tan sólo mi visión: «Mrs. Ramsay sat silent. She was glad, Lily thought, to rest in silence, uncommunicative; to rest in the extreme obscurity of human relationships. Who knows what we are, what we feel? Who knows even at the moment of intimacy. This is knowledge? Aren't things spoilt then, Mrs. Ramsay may have asked (it seemed to have happened so often, this silence by her side) by saying them? Aren't we more expressive thus?» [8]. (Mrs. Ramsay se sentó silenciosa. Estaba contenta, pensó Lily, de descansar en silencio, incomunicativa; descansar en la extrema oscuridad de las relaciones humanas. ¿Quién sabe lo que somos, lo que sentimos? ¿Quién lo sabe incluso en el momento de la intimidad? ¿Esto es conocimiento? ¿No se estropean las cosas, Mrs. Ramsay pudo haber pre-

[8] VIRGINIA WOOLF, *To the Lighthouse* (Nueva York: Harcourt Brace Jovanovich, 1955), p. 255.

guntado (parecía haber ocurrido tan a menudo, este silencio junto a ella) al decirlas? ¿No somos más expresivos así?)

Lily narra la historia de Mrs. Ramsay ocurrida años antes y para ella el silencio sumiso de la mujer ante la insensibilidad de su esposo y las responsabilidades opresivas del cuidado de sus numerosos hijos cobran un valor excepcional —de clave explicativa— para entender el carácter de la mujer, para definir de manera coherente y convincente su vida. La vida de Mrs. Ramsay se explica a partir de la ausencia de la palabra, de la comunicación verbal. La satisfacción de Lily al descubrir este principio, que será el núcleo en el que se centrará su interpretación, es semejante a la del analista que ha encontrado en el episodio de la infancia o preinfancia del sujeto la raíz sobre la que construir su edificio interpretativo. ¿Quién reflexiona en el pasaje sobre el silencio o la condición humana? ¿Mrs. Ramsay? ¿La pintora? Dudamos, y esa duda no es fortuita; es claramente significativa; reproduce la interacción entre Lily y Mrs. Ramsay, su diálogo a la búsqueda de un modo de recuento hermenéutico de la vida de Mrs. Ramsay que sea satisfactorio. Este recuento tiene una doble procedencia; necesita de dos agentes que intervienen colaborando en su elaboración; por eso se toma cuidado en no obviar el origen de la interpretación, lo que pondría de manifiesto la naturaleza del juego interpretativo. La narración dice, por ejemplo, que Mrs. Ramsay «*may* have asked» (*pudo* haber preguntado); es decir, sus ideas sobre las relaciones humanas son presentadas como meramente posibles, están impregnadas con la incertidumbre de quien interpreta los datos de la vida de otra persona sobre la que no es factible tener certeza completa.

En algún momento puede parecer que el narrador quisiera olvidar la precariedad de su situación y afirmar la autoridad de su interpretación. Llega a asignar significaciones esenciales a algún acto de Mrs. Ramsay. Por ejemplo, dice después del pasaje ya citado: «The moment at least seemed extraordinarily fertile. She rammed a little hole in the sand and covered it up, by way of burying in it the perfection of the moment. It was like a drop of silver in which one dipped and illumined the darkness of the past.» (El momento por lo menos parecía sumamente fértil. Hizo un pequeño agujero en la arena y lo cubrió, enterrando allí la perfección del momento. Fue como una gota de plata en la que se penetrara para iluminar la oscuridad del pasado.) El narrador inicia una cualificación del momento: parecía extraordinariamente fértil. El origen del juicio parece relativamente claro, pero la vacilación persiste: ¿Realizó en verdad Mrs. Ramsay este acto simbólico en la misma playa que está ahora presenciando Lily mientras pinta su cuadro? ¿Fue suya la imagen recapituladora de la gota de plata? De nuevo emerge la pregunta: ¿Quién interpreta? La narradora no dejará dudas al final: «And this, Lily thought, taking the green paint on her brush, this making up scenes about them, is what we call "knowing" people, "thinking" of them, "being fond" of them! Not a word of it was true;

she had made it up; but it was what she knew them by all the same (258).»
(Y esto, pensó Lily, poniendo la pintura de color verde en su pincel, este
imaginar escenas sobre ellas, es lo que llamamos «conocer» a los demás,
«pensar» en ellos, «tenerles afecto». Ni una palabra de ello era cierto; ella
lo había inventado todo; pero eso, con todo, era de lo que se servía para
conocerlos.)

Todo ha sido una invención de Lily. El juego interpretativo parece haber
sido defraudado. Pero no es así en realidad. Lily reconoce que toda o gran
parte de la versión presentada sobre Mrs. Ramsay puede ser no cierta;
puede muy bien no corresponderse con la realidad. Pero también reconoce
de inmediato que su interpretación comparte el carácter de toda la actividad interpretativa sobre la psique humana: es una versión aproximada
y subjetiva, pero que, al mismo tiempo, nos permite entender a los seres
humanos y establecer unos fundamentos lógicos y coherentes sobre los
cuales cimentar la comunicación con ellos. La franqueza de Lily no de-
cepciona al lector. Al contrario, la profundidad y cohesividad de su versión,
su capacidad de incluir en ella el complemento de la realidad que se men-
cionaba en el primer capítulo, le resultarán convincentes y, aunque sabe que
es una versión parcial, tiene la confianza de que su conocimiento de la
familia de los Ramsay es fiable, que la narración que le ha sido presentada
es por lo menos una aproximación experimentada y honesta a los Ramsay.

En el intercambio entre analista y analizando se crea una segunda realidad, un recuento de la situación psíquica del analizando que difiere considerablemente de la primera presentación hecha por el sujeto en las sesiones
iniciales con el analista. Se consigue así lo que Roy Schafer llama en un
penetrante ensayo «una redescripción narrativa de la realidad»[9]. En esta
nueva fase de la comunicación psicoanalítica, el sujeto se va uniendo cada
vez más activamente a la tarea del recuento a medida que el análisis
progresa. Esta nueva situación se transforma más que nunca en una empresa y experiencia comunes. En ellas se asume una idea de la personalidad
como devenir, un hacerse a partir de las definiciones y redefiniciones mutuas de los agentes de la operación psicoanalítica.

En la novela ocurre también una recreación de la personalidad de los
personajes a través de la interpretación del narrador. La diferencia es que
en la novela normalmente falta la versión inicial de la terapia psicoanalítica
con la que establecer el contraste. El narrador expone una interpretación
completa y a lo más, por medio de referencias, alude a una posible versión
previa. A diferencia del analista, el narrador puede poseer la solución desde
el principio, porque es él quien decide sobre los rasgos y el carácter de sus
personajes. La primera versión se da como sobreentendida y el lector crítico
debe procurar atisbarla, a través de los huecos de la narración. Como en el
proceso psicoanalítico, la narración implica alternativas teóricas de inter-

---

[9] SCHAFER, p. 50.

pretación de las que el narrador elige una con preferencia sobre las demás, aunque a veces sin negarlas nunca por completo. Lily Briscoe nos presenta a los Ramsay con tanta convicción que nos olvidamos fácilmente que estamos sólo ante una versión individual de esa familia y tendemos a creer que los Ramsay son *efectivamente* así. Podríamos imaginar a una Mrs. Ramsay distinta concentrándonos, por ejemplo, en los datos de su carácter rebelde que ocasionalmente emergen en la novela. Podríamos construir una teoría que centrara la sumisión de Mrs. Ramsay a su marido y la interiorización obsesiva de su psique, en un complejo de castración o en un deseo reprimido hacia su padre que, después de casada, se transfiere a Mr. Ramsay. Podríamos hacerlo, pero nos faltan datos fiables para proceder así. Lily —a pesar de sus dudas o tal vez por ellas— nos persuade con su segura penetración.

Hay que dirigirse a otros textos para hallar indicios más concluyentes de esta doble versión de los personajes. Textos en los que el exceso interpretativo conduce al lector (aunque sólo sea para preservar la complementariedad de su visión, el equilibrio psicológico) a la búsqueda de versiones menos unilaterales. *El Buscón* es una buena ilustración. La novela utiliza la hipérbole absoluta en la configuración de los personajes. En lugar de una dialéctica de versiones —de naturaleza dialógica— existe la voz única del narrador que impone su versión sin un contrapunto interpretativo. Por medio de la supresión del complemento (que veíamos implicado en las dudas de Lily) se pretende la creación de una versión de la realidad que esté más allá del cuestionamiento. Muchos de los seres de *El Buscón* son totalmente desaprensivos, deshonestos; están sojuzgados por la presión de lo físico. El narrador está persuadido de su visión y la impone a todos los personajes y situaciones. Don Pablos será un ser estrictamente sin escrúpulos, completamente solo en su búsqueda absoluta de una supervivencia al margen de la moral. Incluso sus raros estados de turbación (no su arrepentimiento) ante el engaño puesto de manifiesto son inequívocos, sin paliativo alguno: «Todo esto pasaba delante de mi dama y don Diego; no se ha visto en tanta vergüenza ningún azotado», dirá cuando su ex-señor descubre sus astucias para obtener un matrimonio ventajoso [10]. Cuando se siente desventurado, su desgracia adquiere una categoría de totalidad incontrovertible: Don Pablos (como ocurre con su astucia y deshonestidad que son de notable magnitud) es el más desgraciado de los hombres: «Acostéme y quedé aquella noche confuso y pensativo viendo mi cara partida en dos pedazos, magullado el cuerpo y tan lisiadas las piernas de los palos que no me podía tener en ellas ni las sentía. Yo quedé herido, robado y de manera que ni podía seguir a los amigos, ni tratar del casamiento, ni estar en la corte, ni ir fuera (201).»

---

[10] FRANCISCO DE QUEVEDO, *Historia de la vida del Buscón don Pablos* (Madrid: Novelas y cuentos, 1967), p. 197.

Podría argumentarse que Don Pablos es de este modo cuando se narra a sí mismo, ya que le falta la necesaria distancia para enjuiciar su propio monólogo discursivo. Pero no es así. Su facultad de unidimensionalización permea sus pensamientos sobre la realidad en general e imprime carácter único a su axiología existencial. Don Pablos actualiza bien la capacidad para la simplificación de los conflictos ideológicos típica de una de las corrientes más visibles de la cultura hispana. El catalán con el que se encuentra en la posada a la salida de la cárcel es «la criatura más triste y miserable que Dios crio (181)». La muchacha de la que finge enamorarse presume de la belleza de sus manos, y Don Pablos absolutiza tanto esta cualidad que la muchacha acaba convertida en una figura hecha de manos: «preciábase de manos, y, por enseñarlas, siempre despabilaba las velas, partía la comida en la mesa, en la iglesia siempre tenía puestas manos, por las calles iba enseñando siempre cuál casa era de uno y cuál de otro, etc.». El humor modera a veces, como en la descripción de la muchacha, la hipérbole de la caracterización, pero la demasía interpretativa es aparente. Es esa misma demasía la que conduce al lector a abrirse a otros caminos interpretativos: el catalán no sería tal vez tan miserable, la mucha tendría otras cualidades de interés que sería conveniente destacar. En *El Buscón* se nos ofrece un modo de la realidad pretendiendo negar enteramente otros. Sería como si el analista, habiendo descubierto una hipótesis funcional de los problemas del analizando, intentara reducir el proceso terapéutico a esa explicación potencial eliminando aquellos datos del pasado analítico del sujeto que no se ajustaran a ella, dejándolos en realidad sin explicar.

El resultado del recuento terapéutico en el psicoanálisis es, según Schafer, que el sujeto se hace un narrador fiable, capaz de asumir su vida de nuevo con una fundamentación más sólida. El sujeto aprende a narrar adecuadamente su vida y esa nueva narración contribuye a un nuevo equilibrio interno. Queda fuera de la facultad del lector el narrar el texto de la novela de nuevo porque su contenido material se le ofrece con carácter final. Pero los datos de la novela y su modo peculiar de estructuración pueden producir un efecto extratextual. El sujeto puede verse inducido a modificar por asociación la orientación de los datos de su vida, es decir, el modo en que había estado percibiéndolos hasta ese momento. Los datos no pueden ser modificados; pero puede cambiarse la visión que de ellos tenía el sujeto.

El psicoanálisis tradicional, de raigambre freudiana, trata de modelar una historia normativa del sujeto del análisis. Esta historia se ajusta a una forma cronológica y biográfica rigurosa, que se inicia con la infancia del sujeto, generalmente a partir de la fase de creación del complejo de Edipo, entre los dos y los cinco años de edad. La historia secuencial de la vida del sujeto se establece como verdad objetiva (como norma) sin tener en cuenta el proceso mismo de elaboración del proceso psicoanalítico. El análisis no reconoce que su trabajo es una empresa heurística en la que las ideas pre-

97

concebidas configuran no sólo la dirección de la investigación, sino también los mismos resultados. Esta versión normativa de la vida se presenta como producto final hecho, en el que se ocultan el modo de la acción, el artificio particular de la operación psicoanalítica [11].

Este concepto de la psicología se corresponde con la realización biográfica de los personajes de ficción propia, sobre todo de la novela clásica. Es, por ejemplo, el modo de *El Buscón,* que se inicia en un punto primero del tiempo y progresa con una evolución temporal lógica: «Yo, señor, soy de Segovia. Mi padre se llamó Clemente Pablo, natural del mismo pueblo (Dios le tenga en el cielo). Fue, tal como todos dicen, de oficio barbero, etcétera (41).» Responde al mismo modelo psicológico la imperiosa necesidad que siente el prolijo narrador balzaciano de contarnos, al principio de *Eugénie Grandet,* todos los antecedentes de Monsieur Grandet para que podamos comprender correctamente a este personaje y a los de su familia, que viven bajo su influencia. Este procedimiento puede parecer bastante convincente en su perfección hasta que el lector empieza a cuestionar los principios psicológicos y antropológicos que producen la elaboración de estos seres de ficción. La misma perfección parece sospechosa porque se opone a la experiencia personal del lector que sabe que su vida no se presenta como un todo objetivo en el que los principios mismos de organización no fueran decisivos.

La concepción psicoanalítica posfreudiana propone un modelo del yo del sujeto del análisis en el que su historia no procede ordenadamente desde el principio de la biografía hasta el final y en el que la historia del yo no se confunde con la historia cronológica de su vida. El principio de la historia del yo es ahora el principio de la narración psicoanalítica. El núcleo de la narración analítica se concentra en el proceso del análisis mismo más que en la vida del sujeto. El tiempo del analizando sufre así una transformación importante por la que los conceptos de presente, pasado y futuro biográficos pierden su consistencia y con ella la certeza y seguridad falsas que sustentaban (de manera patológica) la existencia del sujeto. El presente se convierte en el momento en que empieza el acto del psicoanálisis. La realidad del presente queda reducida en extensión; se aglutina en torno a su repetitivo recuerdo erróneo del pasado que perpetúa indefinidamente las crisis del yo enfermo del analizando. El presente del yo no tiene consistencia por sí mismo y de algún modo puede decirse que no es real; es tan sólo la versión del pasado imaginada equivocadamente por el sujeto. Pero, por ello mismo, el pasado pierde también realidad; aparece sólo como una invención, una ilusión engañosa, ya que el analizando lo ha reconstruido en forma neurotizante. El pasado es una proyección del presente en lo ya ocurrido,

---

[11] En esto Freud responde a una concepción clásica de la ciencia, como verdad objetiva más que como modelo de pensamiento que forma la realidad. Ver, entre otros, IMRE LAKATOS, ed., *Criticism and the Growth of Knowledge* (Cambridge: Cambridge University Press, 1970).

con el objeto de defenderse de un futuro que se prevé temerosamente como una reiteración del pasado. Contra esa reiteración, el sujeto se previene, entre otras maneras, por medio de la neurosis. El yo de la psicología tradicional, estructurado en las categorías inmutables de la historia, queda destruido porque esas categorías no resultan ser más que un *continuum* separado arbitrariamente por el sujeto. Y es esa separación interpretativa la que le produce el dolor de la neurosis.

Las consecuencias de esta nueva concepción del yo analizado son de importancia para el estudio de la ficción. No parece ya posible estudiar legítimamente a los personajes de ficción según las categorías de la psicología tradicional prefreudiana y freudiana. La novela, de modo parecido al psicoanálisis, más que proporcionar los datos de la historia de unos seres crea una estructura narrativa sobre esos seres que está cifrada hermenéuticamente y es el lector quien debe desentrañar su significación. Consideremos algunas avenidas posibles para emprender este desciframiento, centrándolas en las relaciones entre el yo y el otro.

3. El deseo y el otro

La naturaleza del yo está vinculada al otro a través del deseo. El yo no puede, por tanto, entenderse como una entidad autosuficiente; se abre fuera de sí, se extiende a otros sujetos o a los objetos por medio del deseo. Esa relación, como han mostrado Freud y sus exégetas, no es pacífica, sino que implica un conflicto violento. El yo, en realidad, ambiciona el sosiego, la autosatisfacción, y su extroversión, aunque inevitable, ocurre a pesar suyo. El yo siente nostalgia hacia el estado de narcisismo absoluto que caracterizaba su infancia. El niño, a poco de nacer, se siente como el centro absoluto del mundo y lo único que tiene importancia para él son sus necesidades. Ese momento de la pre-infancia (hasta los dos años) en el que el propio yo es un polo de atracción tiránico de las voluntades de los demás, sobre el que convergen todos los deseos, ejemplifica el único período de la vida humana en el que la autorreferencia total del yo es posible de manera efectiva. El yo posterior, el de las fases siguientes, anhelará, con diferentes grados de intensidad, ese momento de impecable paz en el que, satisfecho por la succión del seno materno, se adormece en el propio bienestar al margen de todo deseo o impulso. Pero ese narcisismo y felicidad totales están falseados; parecen tener un valor absoluto y al mismo tiempo contienen en sí mismos su negación absoluta porque la infancia es precisamente la fase de la vida en la que la dependencia de los demás tiene un carácter más general e ineludible. El infante tiende con todas sus energías a ser un Uno, una identidad por sí misma, pero pronto debe aprender que todos sus actos, que conducen a la satisfacción del placer, su supervivencia misma, están condicionados por los demás.

Usando la metáfora matemática de Lacan, el Uno implica necesariamente un Dos para constituirse y realizarse. El sujeto se constituye, así como lo que no es, como ausencia de lo que tiene, y deseo de lo que no posee, que sólo el otro (la madre, el padre, los miembros del clan familiar, etcétera) puede proporcionarle. Las reacciones entre el yo y el otro serán necesariamente no pacíficas porque el yo verá al otro como rival, como amenaza de la unidad y supremacía inviolada del propio yo y deseará eliminarlo para ser yo absoluto, sin las sombras negadoras de otros yos. El sujeto reúne de este modo la oposición de presencia y ausencia. Anhela la ausencia hasta hacerla presencia apropiándosela. La resistencia del otro a ser destruido, a ser negado, crea la pugna de las relaciones humanas no sólo entre individuos de diferente, sino del mismo sexo; no sólo entre el niño y la figura paternal/maternal, sino entre grupos humanos y naciones. Los otros le sirven al yo para descubrirse como entidad individual, como referencia contra la que definirse para ser diferente. La aspiración a la circularidad del Cero, a la no-relación, es un sueño irrealizable porque eso llevaría a la disolución de la identidad.

La novela es una forma que ilustra con profundidad este aspecto de la teoría del yo con relación al deseo. La novela está hecha de relaciones humanas y en ellas vemos el conflicto de yos opuestos que tratan de definirse y afirmarse a partir precisamente de esa conflictividad esencial. Podríamos decir que la novela es el modelo artístico básico de las relaciones humanas. Desde el mito primordial de Ulises, exhuberante en la profusión de los intercambios entre hombres y dioses humanizados, hasta la frugalidad de las ficciones de Samuel Beckett, la novela representa el proceso pugnaz de la identidad del yo.

En la *Odisea,* los pretendientes de Penélope desean a esta mujer para conseguir el poder y la riqueza que les satisfaga el vacío de la ambición del ego. Penélope es el otro capaz de saciar esa ambición. Pero, además de tener que oponerse al sagaz rechazo de la mujer del héroe griego, los pretendientes deberán competir entre ellos mismos, porque el objeto deseado es exclusivo y no admite más de un poseedor. La oposición mayor procederá de Ulises, que, al llegar a recuperar la ausencia esencial de su yo (su esposa y su patria), hallará satisfacción tan sólo cuando consiga el exterminio total de sus oponentes. El yo de Ulises sólo será cuando los demás no sean. El texto procura abrir diversos caminos factibles. Le da a Ulises la posibilidad de la reconciliación: el perdón de los pretendientes de Penélope y de los ocupantes del palacio. Como dice Eurímaco a Ulises al principio del canto XXII, es Antínoo, que yace muerto por una flecha disparada por Ulises, el culpable principal de la usurpación de las posesiones del héroe. Su muerte podría servir como compensación y se llevaría a cabo así la reconciliación de contrarios. El yo de Ulises (y su extensión, Penélope) parecerían quedar a salvo para siempre. Pero las palabras de Eurímaco serán desoídas a pesar de su lógica justeza: «Pero puesto que ya ha pagado [Antínoo] con su vida, como era justo, perdónanos a los demás, que para aplacarte públicamente te resarciremos de cuanto hemos comido y bebido en tu palacio, calculándolo a razón de veinte bueyes por cabeza, más tanto oro y bronce cuanto creas necesario para satisfacerte, ya que hay que reconocer que tu cólera es justa» [12]. Ulises no se satisfará sino con la extinción de los rivales que de alguna manera pudieran amenazar el goce de sus pertenencias. La ausencia de los pretendientes (irremisible con el regreso de Ulises) es la plenitud de Ulises; la desventura de ellos produce su felicidad: la oposición de presencia/ausencia y de Yo/Otro alcanzan en el texto clásico una nitidez y violencia primordiales.

En Beckett, la situación del yo es diferente, pero reactúa también parecida oposición. El yo de Beckett será mucho más escéptico que el de la *Odisea*. Muchos siglos de historia le han aleccionado sobre los engaños de la lógica aparente de la razón y ha aprendido a prevenir los asedios de los demás. El yo de Beckett se refugia celosamente dentro de sí mismo, pero, al propio tiempo, se ve obligado a reconocer que de alguna manera ha de salir al exterior y su lucha se concentrará en esta angustiosa alternativa. Los deseos de ese yo que se extrovierte serán mínimos y serán reducidos a lo escuetamente necesario. En última instancia, la salida al exterior será una esperanza fútil, un vano intento de mentes que desvarían. Los seres de *The Lost Ones (Los perdidos)* llegan a discutir entre ellos la posibilidad de un escape del recinto limitador (un observador externo lo juzgaría rigurosamente inhabitable) en que se hallan. Argüirán incluso sobre diversas hipótesis controvertidas de evasión. Pronto se advertirá, sin embargo, el carácter ilusorio de su deseo: «So much for a first aperçu of this credence so singular in itself and by reason of the loyalty it inspires in the hearts of so many possessed. Its fatuous little light will be assuredly the last to leave them always assuming they are darkward bound» [13]. (Dejemos ya la primera visión de esta creencia, que es tan singular por sí misma y por la fidelidad que inspira en los corazones de tantos que están poseídos por ella. Su pequeña luz fatua será con seguridad la postrera en dejarlos, asumiendo claro está que estén orientados hacia la oscuridad.) El yo de los personajes de Beckett parece haber llegado a la frontera de las posibilidades de la vuelta al cero: más allá de esos límites de Beckett, tal vez sólo se encontraría la página en blanco, el universo neutro y silencioso de la nada perpetua.

Como ha señalado Lacan, en el yo de la locura (de la esquizofrenia en particular) el sujeto no habla por sí mismo, sino que es hablado por los seres o símbolos ilusorios que habitan su mente y se han apoderado de ella [14]. Pero esta apropiación del yo por la palabra del otro no es sólo

---

[12] HOMERO, *La Odisea* (Madrid: Ediciones Ibéricas, 1959), p. 351.
[13] SAMUEL BECKETT, *The Lost Ones* (Nueva York: Grove Press, 1972), p. 19.
[14] JACQUES LACAN, *Écrits,* I (París: Seuil, 1966), p. 159.

exclusiva de ciertos tipos de locura. Es también característica del modo de las interrelaciones humanas en las que la conciencia del sujeto es invadida por la conciencia alienante de los demás vehiculada por medio de la palabra. Desde una perspectiva no psicoanalítica, Heidegger ha señalado que el *Gerede,* el discurso de «ellos», habla a través del sujeto. Este sujeto debe protegerse en contra de esta usurpación con la misma energía con que Flaubert rechazaba horrorizado el poder embrutecedor de la *idée reçue* que subrepticiamente se introducía en el discurso del escritor. Esta apropiación del yo por la palabra del otro ha adquirido tal vez su expresión más extensa en nuestra cultura en la que el yo tiene una fuerza exigua para oponer resistencia a la palabra trivial del discurso propagandístico. El sujeto pierde su independencia verbal y conceptual y, con ella, la de la conciencia.

La palabra modifica la realidad esencial de los otros yos, pero también del yo propio. En la palabra buscamos la respuesta del otro. Lo que nos constituye como sujetos es nuestra pregunta, pero al mismo tiempo el retorno de esa pregunta transformada por la elaboración de la palabra de la respuesta que nos dirige el interlocutor. Por eso no hay intercambio verbal que sea aséptico, inocente; y que de algún modo no lleve en sí la manipulación del yo por una fuerza exterior. La palabra es en este sentido la manifestación más completa del poder en cuanto que se dirige a la ocupación total de la conciencia. «Yo me identifico en la Lengua, pero sólo perdiéndome en ella como un objeto», dice Lacan, señalando que el riesgo del lenguaje existe no sólo para el otro, sino también para el yo que se enajena en lo dicho [15]. En el diálogo, el sujeto se hace una imagen de sí mismo que, aunque puede llegar a ser convincente, conlleva generalmente un grado de falsificación del propio yo.

La novela moderna tiene por esta razón una actitud de especial precaución ante el lenguaje habitual que se manifiesta sobre todo en forma de diálogo. Consideraba ya que, en *Hacia el faro,* los personajes tenían pocos intercambios dialógicos y que éstos levantaban abiertas sospechas en algunos de ellos. La palabra del diálogo era perderse en los demás por la trivialización del pensamiento (provocada por la necesidad de ajustarse al discurso de los demás) o por la enajenación de la propia conciencia. Frente a la verdad del medio social (ansiada por la novela clásica, sobre todo decimonónica), la novela posclásica pretende la búsqueda de una verdad del sujeto, como si se reconociera que la novela no puede hacer demasiado para modificar el mundo y que su modo de acción más efectivo se halla en la exploración y profundizamiento del yo. Redescubrir sin falsedad la verdad del yo por medio del arte sería el único modo de redención posible de la existencia. En esa exploración, en la dedicación absoluta y desinteresada a lo estético, encuentran muchos personajes modernos la posibilidad del

---

[15] *Ibíd.,* p. 181.

éxtasis, de la visión extraordinaria que recupera todas las penosas enajenaciones de la existencia. Las palabras de Lily Briscoe al término de la obra son reveladoras de esta valorización extrema del poder de la palabra artística —en este caso del discurso pictórico— para rescatar la conciencia. Lily —después de haber revelado con penetrante minuciosidad en su mente las evasiones, las trampas de la vida personal y de la de los demás— descubre con la conclusión de su cuadro la única verdad fiable: «There it was — her picture. Yes, with all its greens and blues, its lines running up and across, its attempt at something. It would be hung in the attics, she thought; it would be destroyed. But what did that matter? she asked herself, taking up her brush again. She looked at the steps; they were empty; she looked at her canvas; it was blurred. With a sudden intensity, as if she saw it clear for a second, she drew a line there, in the centre. It was done; it was finished. Yes she thought, laying down her brush in extreme fatigue, I have had my vision (310).» (Allí estaba su cuadro. Con todos los verdes y azules, sus líneas que cruzaban en varios direcciones, sus intentos de conseguir algo. Lo colgarían en un ático, pensó; lo destruirían. Pero, ¿qué importaba?, se preguntó tomando el pincel de nuevo. Miró los peldaños, estaban vacíos; miró la tela, estaba borrosa. Con súbita intensidad, como si lo viera claramente por un segundo, trazó una línea allí, en el centro. Estaba hecho; estaba terminado. Sí, pensó, abandonando el pincel con gran fatiga. He tenido mi visión.)

Los personajes modernos encuentran en el discurso del arte su única posibilidad de esperanza, pero, al mismo tiempo, muchos de ellos advierten que la palabra del otro es inescapable y que la realidad humana se hace no sólo a través de la propia palabra, sino también a través de la palabra de los demás. Una función de estos personajes será denunciar la permeabilidad del falso discurso que penetra la vida del individuo y de las relaciones humanas. En el caso de las literaturas que deben realizarse no sólo contra la penetración no forzada del lenguaje de los demás, sino sobre todo contra la palabra del otro impuesta obligatoriamente desde un poder instituido, los personajes atacarán este lenguaje que coacciona sus conciencias. En la literatura española de posguerra, un modo frecuente de caracterización es por la oposición al lenguaje corrupto del poder. Este, que es uno de los rasgos más representativos de la novela española de ese período, es también uno de sus factores limitadores. La falsificación propia del lenguaje del otro en el poder es tan obvia que su oposición a él, aunque encomiable desde un punto de vista ético, reduce la penetración y la sutileza del discurso de los personajes. Se revela así la influencia de la palabra del otro cuyo discurso determina el nuestro propio, aunque tratemos de oponernos a él de manera absoluta: nuestra respuesta está en cierto modo prefijada por la pregunta del otro.

Cuando el texto de *Juan sin tierra* se enfrenta con el lenguaje del poder absoluto ha de someterse a él de alguna manera. Aunque por medio de la ironía y el sarcasmo trata de anularlo, lo consigue sólo parcialmente: la naturaleza del humor viene determinada por las palabras del otro y su discurso afecta el discurso del texto. La oratoria del Dictador se impone al carácter de la palabra irónica y hace que, paradójicamente, dos discursos que se pretenden como íntegramente contradictorios, tengan en realidad bastantes rasgos en común. La palabra del Dictador se caracteriza por el exceso: «con el fin de que desaparezca de nuestro suelo hasta la más remota idea de que la soberanía resida fuera de mi real persona, para que mis pueblos conozcan que jamás admitiré la menor alteración de las leyes fundamentales de la monarquía...» [16]. Pero la palabra del texto irónico queda impregnada también por parecido exceso: «o acaso creen esos presumidillos mendaces que temerariamente divulgan sus teorías peregrinas y abstrusas que mi real persona y la de los miembros de su reverenciada familia defecan en apestosas zanjas y limpian su horado con una lata de agua? ... mi excelsa persona y la de los miembros de su familia no se hallan sometidos a las necesidades animales que afligen al común de los hombres y les obligan a encogerse de vergüenza en el acto de restituir a la tierra, de forma tan ruin e inmunda, lo que recibieron de ella en figura de manjares sabrosos y bebidas tónicas, refinadas, suaves... (208)». La falta de comesura del discurso del Dictador se extiende en parte a la del texto, que se proponía negarla y sustituirla con un discurso radicalmente distinto. Puede argumentarse que la palabra excesiva procede en este caso del Dictador y que sólo a él debe atribuirse su responsabilidad. Pero el texto se excede también en su caracterización de la palabra del Dictador y queda, por tanto, implicado en el mecanismo del exceso.

Hegel ve en el lenguaje el modo de profundizar la conciencia del yo y conseguir la conciliación de la oposición Yo/Otro. Para Hegel, el *cogito* (la conciencia) no se descubre sólo por medio de la exploración interna, de una certeza personal; debe ser confirmado desde fuera. La conciencia se revela a través de la confrontación de dos conciencias en conflicto para obtener reconocimiento. En el caso de Hegel, la oposición del Yo/Otro se considera como una oposición del pensamiento de los sujetos, ya que la identidad del sujeto queda centrada en la conciencia. El conflicto produce en los sujetos una necesaria introspección en la que conocimiento del yo para definirse y afirmarse ante el otro fortalece las posibilidades de supervivencia de la conciencia individual frente a los ataques de la otra conciencia.

El conflicto adquiere en Hegel una naturaleza mítica que se reproduciría, con variantes no sustanciales, desde el principio de la historia humana. La novela reproduce ese conflicto y lo desarrolla con una interpretación peculiar. Para Hegel, el enfrentamiento concluye con la reconciliación, con la *Aufhebung* de los contrarios cuando los dos sujetos enfrentados aceptan

---

[16] *Juan sin tierra*, p. 207.

la reconciliación. No creo que la novela comparta esta favorable visión. El enfrentamiento de los personajes de novela tiende a dejarse inconcluso y el conflicto perdura en forma de múltiples ramificaciones. En lo que coinciden la visión hegeliana y la novela es en el hecho de que el conflicto incrementa el grado de conciencia del yo. Los personajes de ficción, aun aquellos más deseosos de un solipsismo radical, se orientan hacia otras conciencias y en ese intento de externalización crecen y magnifican los rasgos de un yo celosamente guardado [17]. Coinciden asimismo la filosofía hegeliana y la ficción en la idea de que la mediación entre los sujetos se produce por medio del lenguaje. El lenguaje es el único punto de contacto que tienen los dos sujetos para comunicar e intentar un modo de acercamiento por medio del reconocimiento mutuo del yo.

Tanto en las relaciones humanas de la realidad como en las de la ficción, el acto de reconocimiento es raramente equitativo y ocurre con preferencia, y frecuentemente con exactitud, por parte de uno de los sujetos. En ese caso, la frustración y la decepción del otro sujeto vuelven a iniciar el proceso del conflicto, esta vez con mayor virulencia y empecinamiento. Hegel propondría que éste es un estado temporal y que debe juzgarse como un aplazamiento del ineludible acuerdo final. La novela propone el retorno cíclico del conflicto, que asume categoría universal y cuyas manifestaciones a lo largo de la historia de la ficción son la explicitación de una misma idea central.

La dialéctica de las conciencias se revela patentemente en los textos ficcionales en los que el amor sirve como lenguaje que establece los vínculos de reconocimiento entre los personajes en conflicto. El amor exige esencialmente que el otro nos reconozca como dignos de ser correspondidos por él. Si este reconocimiento no se produce, nuestro propio yo queda negado y la existencia deja de tener justificación. Las relaciones de amor han sido unas de las preferidas por la novela precisamente porque permiten presentar de forma paradigmática (todo lector puede identificarse de alguna manera con ellas) el conflicto primordial entre el yo y el otro. Puede ocurrir que el enfrentamiento se resuelva por modo indirecto o imprevisto y en ese caso la ficción se impregna con el carácter de la comedia. Si el conflicto se deja en un estado de irreconciliación, lo trágico predomina y el texto hace entonces un aserto sobre la condición humana a partir de la no solución de contrarios. En ambos casos, la novela propone como núcleo el desarrollo del conflicto (que es el que ocupa el mayor espacio en la novela) y presenta como accesorio el desenlace. Los personajes de novela se constituyen como enfrentamiento; en él el optimismo hegeliano de la reconciliación sólo ocurre de una manera adicional que no afecta la esencia de la novela. Las novelas se forman con el conflicto entre personajes; no

---

[17] G. W. F. HEGEL, *The Phenomenology of Mind* (*Fenomenología del Espíritu*) (Nueva York: Harper, 1967), pp. 229 y ss.

a partir de resoluciones de ese conflicto, sino a partir de su elaboración y explicitación. Veamos sucintamente los casos de dos novelas en las que se desarrolla la naturaleza de las relaciones Yo/Otro, aunque su conflicto amoroso concluye de modo distinto.

En *El egoísta*, el aristócrata victoriano Sir Willoughby está absolutamente convencido de su superioridad humana, económica y social, que va unida a su privilegiado *status* dentro de la sociedad de la época. Sabe sus cualidades y su poder y no repara en proclamarlos en repetidas ocasiones frente a los numerosos personajes que conviven con él en su hacienda de las inmediaciones de Londres. Sir Willoughby conoce los datos de su yo, pero para sentir su conciencia llena necesita que los demás lo reconozcan abiertamente a través de su envidiable situación. Su arrogancia es una manera de querer reclamar la atención de los demás, a los que aparta de sí precisamente por los excesos de su trato. Sir Willoughby necesita del amor de una mujer porque eso le permitirá sentirse (como él le confiesa a su prometida, Clara Middleton) pleno y seguro frente a la inestabilidad del mundo. El afirma de sí mismo: «era el heredero de competidores triunfantes. Tenía estilo, tono, un sastre que era un artista, autoridad en sus maneras...» [18]. En otra ocasión, discípulo de los principios del darwinismo que imperaba en ese momento, se declara a sí mismo como «the fittest», el más poderoso y adecuado de los hombres de su generación. Pero eso no le basta. Requiere el espejo del otro. Necesita el reconocimiento de Miss Middleton que certifique por medio del matrimonio, la grandeza de su yo. La novela veta el asentimiento de Clara que, tras muchas incertidumbres, acaba rechazando por completo a su pretendiente. El yo de Sir Willoughby vacila. Otro texto con una finalidad distinta orientaría tal vez la vida de este aristócrata narcisista hacia el aniquilamiento. Pero Meredith prefiere la falsa reconciliación de la comedia, la sonrisa irónica, elegantemente reflexiva, al castigo ejemplar de lo trágico. Sus culpas, al fin y al cabo, no son imperdonables. Alcanzará el reconocimiento ansiado por medio del auto-engaño. Su nueva amante, Laetitia, le proporcionará la seguridad del yo. Pero no por medio del amor rendido, como él hubiera preferido para complacerse con toda intensidad en la afirmación del yo. Laetitia sólo le dará el asentimiento de la conveniencia, del matrimonio por interés. Sus palabras, dentro del marco galante y ligero de la novela, destacan con particular agudeza. Laetitia le dirá a Sir Willoughby con despiadada honestidad: «Do you remember what I told you of myself? I am hard, materialistic; I have lost faith in romance, the skeleton is present with me all over life. And my health is not good. I crave for money. I should marry to be rich. I should not worship you. I should be a burden, barely a living one, irresponsive and cold. Conceive such a wife, Sir Willoughby? (594).» (Se acuerda de lo que le dije yo misma? Soy dura, materialista; he perdi-

---

[18] MEREDITH, *El egoísta*, p. 72.

do la fe en la pasión del amor, la muerte está siempre en mí en todas las cosas de mi vida. Y mi salud no es buena. Anhelo tener dinero. Me casaré para ser rica. No le adoraré. Seré un lastre, apenas vivo, para usted; seré distante, fría. ¿Puede concebir una esposa así, Sir Willoughby?) «Serás tú» mi esposa, contesta él sin vacilar. En el caso de estos dos sujetos de ficción, el amor ni siquiera es un intento de conciliación entre el yo y el otro; se ha convertido en un descarnado juego en el que ambos participantes buscan tan sólo el establecimiento del ego. Lo consiguen tal vez, pero sólo porque están dispuestos a ofrecer un precio considerable por el que los encumbrados objetivos de sus vidas serán notablemente recortados.

No siempre ocurre así en la novela. En *Madame Bovary,* por ejemplo, ni Emma ni su esposo podrán hallar un compromiso para el fracaso del reconocimiento en el otro y su final será la extinción definitiva del ego. La muerte indigna de Emma y de Charles Bovary y la ruina de su nombre y hacienda subrayan la destrucción de los yos que no han podido superar la negación del otro.

4. EL SUBCONSCIENTE, EL DOBLE Y EL OTRO

La idea del otro que he estado considerando afecta el concepto del subconsciente en psicología y tiene repercusiones para el subconsciente de los personajes de ficción. Para Freud, la extensión psíquica abarcada por el subconsciente no está definida; oscila entre: A) una realidad meramente biológica infraestructural, que puede identificarse con los instintos, y B) la representación de los contenidos de la memoria no consciente, que incluye los recuerdos de la memoria heredada y los contenidos vetados por la represión. El subconsciente coincide en algunas ocasiones con todo aquello que no es consciente y otras sólo con lo que no es asequible a la memoria. En cualquier caso, el subsconsciente en Freud es una relación dual inmanente al yo —entre el yo manifiesto de la conciencia y el no manifiesto de la no conciencia— que excluye el término tercero del otro. Es Lacan quien introduce decididamente la noción de la *alteridad* en la explicación del subconsciente. Creo que sus aportaciones son de importancia para la comprensión de la ubicación y el funcionamiento del subconsciente en la ficción.

Para Lacan, el subconsciente puede tener varios significados posibles que están siempre relacionados con el otro. El subconsciente está orientado por y para el otro y mediado por él. El subconsciente puede ser el «otro significativo», el sujeto hacia quien se dirigen las exigencias del yo neurótico; o puede ser la internalización de ese otro: a través de la identificación de nuestros deseos con los de ese otro o de la imposición en nuestro yo del discurso del otro. Subconsciente y alteridad vendrían a ser la misma realidad en la psique del sujeto de análisis. Esto tiene implicaciones epistemológicas y morales. El subconsciente es la parte del yo que revela la verdad rompiendo los obstáculos de la censura y de la represión. La verdad del yo aparece en las diversas manifestaciones del subconsciente: los sueños, errores impensados, asociaciones extrañas, etc. Si el sujeto es capaz de descubrir esa verdad por sí mismo o por medio de la asistencia del analista, su yo se pondrá en contacto con su parte más esencial, aprenderá a conocerla y tratarla adecuadamente y logrará adquirir una cierta autonomía de conducta. Pero hay otra dimensión menos favorable del subconsciente. El subconsciente no deja nunca de estar vinculado a un tercero, un otro que determina sus leyes y su funcionamiento. Ese tercero puede adoptar la presencia del Padre, la Madre, Dios, un deseo sexual prohibido, etc. Según esta versión, es el código del otro (a través de las normas morales, sociales) el que sojuzga sobre todo nuestro yo y provoca las desviaciones y los fenómenos del subconsciente.

La influencia del otro sobre el subconsciente de los personajes se advierte en especial en las situaciones en las que éste se pone de manifiesto con mayor evidencia: los sueños o ensoñaciones (estados turbios de la conciencia) y el monólogo interior. Se verá que en ambos casos la mediación del código del otro es notoria.

Los personajes de Dostoievski ilustran bien la posesión del yo por parte del otro. La culpabilidad del yo se realiza a través del poder de la conciencia de un tercero que actúa como fuerza juzgadora que coarta los intentos del yo para liberarse de esa culpabilidad. Raskolnikof, después de su brutal asesinato, no se siente dominado por el código del otro. Si lo siente en su conciencia (ese hecho no se revela en el texto) lo combate y disimula con efectividad. A pesar de sentirse abrumado después de su acto, su estado parece más bien una prostración debida más a causas físicas que de conciencia. Su yo parece ser dueño de la situación. Raskolnikof piensa, monologa, desvaría en voz alta en su mísera habitación, pero sus pensamientos y palabras se dirigen a la ocultación de los vestigios del crimen: la sangre de sus ropas, del calzado; los objetos cobrados en la casa de las prestamistas, etc. Su mente vacila peligrosamente en la vaguedad del delirio y teme perder la razón, pero no lo suficientemente como para no actuar con sagaz diligencia en la supresión de cualquier posible prueba de convicción contra él. Se diría que su yo está instalado seguramente dentro de sí mismo y que su subconsciente (su alteridad) ha sido reprimido por completo. Raskolnikof no está en el campo de la verdad de la intersubjetividad. Y se engaña a sí mismo con particular éxito. Incluso cuando parece perder el dominio del yo y pierde el sentido, su estado es perentorio y se recupera con rapidez ante la posible amenaza de la invasión de la alteridad. La alteridad está representada en primer lugar por la policía, pero sobre todo por las normas de su subconsciente, que deberían inducirle a entregarse a la autoridad para recibir el justo castigo.

Concentremos la atención un momento en la sugestiva escena. «Se sen-

tó [dice el narrador dostoievskiano] rendido en el diván, e inmediatamente sintió un violento escalofrío que recorría sus miembros. Cogió maqui-
nalmente un viejo paletó de invierno completamente destrozado que estaba
encima de una silla y se arropó con él. Rápidamente se apoderó de él un
sueño que llegaba al delirio, y perdió toda conciencia de sí mismo» [19]. Al
final del párrafo, el otro podría iniciar su acometida sobre el yo debilitado.
No es así. La conciencia delirante del asesino se sobrepone y restablece
sus derechos: «Al cabo de cinco minutos se despertó sobresaltado y su
primer movimiento fue mirar con angustia sus ropas. — ¡Cómo he podido
dormirme sin haber hecho nada! ¡Porque la verdad es que no he hecho
nada aún, pues el nudo corredizo continúa en el mismo sitio donde lo cosí!
¡Y no haber pensado en eso! ¡En una pieza de convicción así!» El yo
de Raskolnikof burlará los asaltos del otro que se presentarán en la forma
de sus lapsus y errores y en las investigaciones del inspector Zametof. Su
primera derrota importante, la primera ocupación del yo, ocurre cuando
Raskolnikov se ve por primera vez con su madre y su hermana que han
venido a verle a su habitación de San Petersburgo: «Unos gritos de alegría saludaron la aparición de Raskolnikof. Su padre y su hermana se
lanzaron sobre él; pero él permanecía inmóvil, como falto de vida; *un
pensamiento súbito e insoportable había paralizado su ser*. Ni siquiera
pudo tenderles los brazos. Las dos mujeres lo oprimieron contra su pecho,
y lo cubrieron de besos, riendo y llorando a la vez... Dio un paso, vaciló
y cayó desmayado en el suelo (233).» (La cursiva es mía.) Raskolnikof
se encuentra no sólo con su madre y hermana. Esto no le hubiera provocado la paralización de su conciencia. Raskolnikof se encuentra por primera vez con la Verdad del código del otro, que él (adora a su madre y
hermana) esta vez no puede negar impunemente. El subconsciente ha des-
pertado e iniciará el tortuoso y fascinante camino de Raskolnikof hacia su
condena y expiación.

La naturaleza del subconsciente puede concebirse también no como una
entidad intrapsíquica, sino transindividual, como la conciencia de *todos
los otros* que se instalaría en la conciencia del yo dirigiendo una parte
más o menos extensa de su actividad y de los actos concretos de la conducta [20]. Los personajes de las novelas de Kafka poseen un subconsciente en
el que el otro no es sólo un tercero, sino *todos los otros,* un agregado
compacto e indescifrable de las órdenes procedentes del código de los
demás. La personalidad de los protagonistas de muchos textos kafkianos
está estructurada en torno a este subconsciente colectivo que, sin causa
bien determinada, opera omnímodamente en la conciencia del yo. A pesar
de esta ación avasalladora, el yo pugna, no obstante, por liberarse de

[19] FEDOR DOSTOIEVSKI, *Crimen y castigo* (Barcelona: Maucci, 1959), p. 107.
[20] V. JACQUES LACAN, «Function et champ de la parole en psychanalyse», en
Écrits, I, cap. I, y R. D. LAING, *Self and Others* (Harmondsworth: Penguin, 1969).

alguna manera de este dominio absoluto. El subconsciente de K. en *El castillo* es el *locus* donde ha ido sedimentándose el código colectivo inmemorial del hombre: los imperativos sociales, los mitos de la ley moral, las prohibiciones, falsas ilusiones y promesas del yo transindividual. Este yo, absoluto y absorbente, es sentido en parte por K. como externo a él y de algún modo puede verlo a veces como distanciado de él de manera parecida a como contempla la masa compacta del castillo en la altura del cerro. El castillo —observado, temido— será impenetrable para el obstinado agrimensor que espera ser admitido en él. Se halla distante y, sin embargo, K. es consciente de su influjo absoluto sobre él. La débil entidad personal del protagonista se manifiesta en la indeterminación de su nombre y de sus señas individuales; su yo será en gran parte poseído por las órdenes anónimas del castillo y todas sus decisiones se verán influenciadas por él. Tal como ve K. el castillo en la distancia, se diría que la disposición de sus partes asemeja la complejidad e indefinición amenazantes del código del otro, que son sólo presentidas y no aprehendidas por la inteligencia o la razón: «No era ni un antiguo burgo feudal, ni un suntuoso palacio nuevo, sino una planta extensa que se componía de pocas construcciones de dos pisos, y de muchas construcciones bajas, en cambio, que se estrechaban unas contra otras; de no haberse sabido que era un castillo, hubiera podido tomarse por un pueblecito» [21]. Es la unidad cerrada del otro en donde se halla al mismo tiempo la suma de las conciencias de los otros yos.

La perturbadora significación del castillo se manifiesta también en su singular torre, que K. contrasta con la torre de la iglesia de su pueblo. La torre de la iglesia es de forma y función definidas. Es un «edificio terrenal», como el atribulado K. reconoce. La torre del castillo es una construcción de forma y estilo mucho más indeterminados. K. conjetura que es la vivienda de un ser solitario que se niega a revelarse. La forma de sus almenas es inquietante «como si hubieran sido dibujadas por temerosas o negligentes manos infantiles, inseguras, irregulares, quebradizas (16).» La interpretación metafórica de K. se orienta a descifrar su naturaleza y sentido: «Era como si un melancólico habitante, el cual, merecidamente, hubiera debido mantenerse encerrado en el aposento más remoto de la casa, hubiese perforado el techo irguiéndose para mostrarse al mundo.» Como la naturaleza y sentido del castillo, el yo de los otros se revela tan sólo de manera parcial e imprevista a través de las interpolaciones del discurso del subconsciente.

Frente a la impenetrabilidad del castillo, K. adopta una actitud de espera desesperanzada que, aunque fútil, protege al menos su dignidad. En la insólita grandeza personal que hay en K., destaca su lucidez frente a su situación: su reconocimiento de la perturbación psíquica que le produce

[21] FRANZ KAFKA, *El castillo* (Madrid: Alianza, 1973), p. 15.

su espera y al mismo tiempo, contradictoriamente, la invulnerabilidad que de modo indirecto parece otorgarle el castillo mientras espera la llegada del señor. El sujeto psicoanalítico carece por lo general de este distanciamiento frente a su situación traumática y se halla sojuzgado por ella. K. obtiene que le dejen esperar en libertad el momento hipotético en que romperá su aislamiento y en que le será posible franquear los muros del castillo, es decir, cuando se tienda un puente entre el yo y su subconsciente. *El castillo* ocurre no tanto en el mundo de la realidad externa como en la mente de K., que se halla poseída por el código de conducta del otro. Las órdenes de ese subconsciente serán vistas como una imposición de la que no podrá liberarse: «Por encima de él pasaban las órdenes, las desfavorables tanto como las favorables, y, sin duda, también las favorables ocultaban algún último meollo desfavorable; pero de todas maneras pasaban por encima de él todas ellas, y él se hallaba en situación extremadamente inferior para intervenir en ellas... (309).» Ese otro colectivo, inexplicable e inapelable, provocará el sentimiento de culpabilidad absoluta de K., por el que asumirá las faltas cometidas por la humanidad en el presente y en el pasado. Esta conclusión no es excesiva. El yo que de alguna manera no rige el subconsciente que no es capaz al menos de delucidar sus mecanismos y modo de funcionamiento, queda victimizado por la arbitrariedad de la memoria colectiva, del código de la alteridad de todos que se introduce subrepticiamente por los intersticios del subconsciente.

No es de extrañar que ni siquiera el discurso del yo ficcional consigo mismo sea invulnerable a la influencia del código del otro. Esto es así porque el vehículo de nuestro mensaje y nuestro mensaje mismo se organizan según un código que no es creación del yo y que obedece a unas reglas externas. Nuestros pensamientos más profundos y personales —aquellos que juzgamos más inviolables— están mediados por la presencia de la palabra del otro a quien de alguna manera nos dirigimos en nuestro solitario monólogo. El monólogo más que ser, como mantiene la sabiduría tradicional, un diálogo consigo mismo (en eso caso no sería más que un diálogo frustrado por carecer de verdadero interlocutor) es un diálogo con el otro —sea éste un otro tercero o un otro transindividual, colectivo—. Por tanto, es un diálogo auténtico y podríamos afirmar que son dos interlocutores quienes profieren las palabras pronunciadas aparentemente por un solo sujeto.

Uno de los monólogos más conocidos y representativos de la ficción, el de Molly, en el episodio de Penélope de *Ulysses,* aparece mediado con frecuencia por la presencia del otro de Bloom y del otro colectivo. Molly parece estar al margen de los demás en la soledad meditativa de su insomnio. Su discurso mental es a veces tortuoso y las circunvoluciones de su pensamiento no parecen obedecer con frecuencia a una organización o principios. Y, sin embargo, su discurso responde a su ambivalencia emocional frente a su marido, Leopoldo Bloom, y a la incertidumbre moral respecto a sus amoríos extramaritales. Bloom a pesar de que está profundamente dormido, al margen, por tanto, de Molly, controla por completo la mente febril de la mujer. Frente a él, Molly se sentirá airada las más de las veces; pero también tiernamente amorosa en las reminiscencias de la juventud o resignada al valorar las virtudes de Bloom frente a las de otros hombres. Queriendo alejarse de él, diciendo despreciarlo e ignorándolo manifiestamente, Molly está constantemente sujeta a él y conciliará finalmente el sueño con el recuerdo de la proposición de matrimonio de Bloom. Su afirmación final será, entre otras cosas, un sí perenne a la permanencia con su esposo. Molly ha roto repetidas veces el código de la fidelidad del matrimonio. Probablemente volverá a romperlo, como lo dan a entender los proyectos que traza con relación al nuevo amigo de Bloom, el joven Stephen Dedalus, pero el otro social y moral del matrimonio canónico perdurará por encima de las vacilaciones. Molly no parece ser consciente de esta realidad, pero su conducta —su deseo imperturbable de permanecer con Bloom, sus celos frente a la mera posibilidad de una aventura nocturna de su esposo— atestiguan que su subconsciente (apenas descubierto por la superficialidad de su inteligencia) opera bajo la imposición todopoderosa del código colectivo.

Se perfilan, por consiguiente, dos conceptos distintos de alteridad: el otro, que es un sujeto individual, interlocutor en el diálogo intersubjetivo, y el otro que define al sujeto colectivo con el que se relaciona también el yo. Con frecuencia es difícil establecer una diferencia clara entre ellos porque el otro individual es identificado a veces con el otro colectivo y éste puede confundirse con el interlocutor individual. Sin embargo, a pesar de esta posible coincidencia o confusión, ambos conceptos del otro son separables y es posible identificarlos y estudiarlos como realidades autónomas tanto en la psicología como en la ficción.

El concepto del otro afecta el estudio de los sueños. Para Freud, el sueño no implica comunicación alguna; es un fenómeno psíquico que se desarrolla dentro del yo cerrado del sujeto para aliviarle de las presiones mentales que tienden a destruir su equilibrio psicológico. El sueño cumpliría para Freud la función de evitar el desplacer, lo psicológicamente doloroso. El sueño es además ininteligible para el sujeto y carece de interés para otros sujetos que pudieran aparecer y verse implicados en él [22].

En la actualidad, los sueños pueden ser entendidos de modo diferente, a partir de la categoría del otro. El sueño requiere la existencia de los demás y su mensaje puede ser utilizado a favor o en contra de ellos. El sueño es un diálogo, aunque a menudo no esté clara la identidad de los participantes en él y su significación en el proceso de comunicación. El

---

[22] SIGMUND FREUD, *Jokes and the Unconscious* (Nueva York: Norton, 1961), p. 179.

contenido del sueño se dirige a alguien con quien deseamos comunicar; en otras ocasiones es ese alguien quien desea hacernos saber algo y el texto del sueño es el vehículo para manifestarlo. El analista cumple la función de explicitar los elementos de esa comunicación e interpretar su sentido. Los sueños de la ficción corroboran esta visión posfreudiana de los sueños y sirven para confirmar la presencia activa del otro en el ser constitutivo de los personajes ficcionales.

En el cuento de Borges, *La espera,* los sueños del solitario protagonista son un modo de comunicación (prohibida por el temor a la muerte) con su propio asesino. El protagonista quisiera evitar por siempre todo contacto con Alejandro Villari, la persona que quiere darle muerte. A su llegada al hotel, toma cuidadosamente todas las precauciones para que nadie pueda reconocerlo; y vive solo, ya que esa soledad es el único medio que él cree será capaz de garantizarle la vida. Para este personaje aterrorizado, la soledad, la no-comunicación, el no-diálogo es un modo absoluto de salvación. Sus palabras (pensadas, no dichas) dejan bien claro este hecho: «Tengo la obligación de obrar de manera que todos se olviden de mí» [23]. Poco después, el texto insistirá sagazmente en que «no le llegó jamás una carta, ni siquiera una circular (143).» La incomunicación del protagonista, su visión del otro como enemigo total que amenaza la supervivencia del yo físico no puede ser más explícita e intencional. Pero el alma de este personaje borgiano actúa según principio parecido al de la psique enferma del neurótico que niega o disfraza precisamente aquello que más le afecta, la causa de sus angustias personales que no quiere reconocer. El personaje borgiano niega absolutamente a su implacable enemigo y, sin embargo, cuando la propietaria de la pensión le pregunta su nombre, tan sólo se le ocurre atribuirse precisamente el nombre de su enemigo, Villari, y éste será el nombre por el que será conocido.

La palabra del otro, expulsada de la conciencia, se le revela por los medios indirectos que rompen el silencio de lo reprimido: los signos del subconsciente y los sueños. El personaje entablará repetidamente en sueños el diálogo con el otro que su subconsciente evita. El texto, de nuevo con gran perspicacia, presenta primero aquello con lo que el personaje podía haber soñado, lo que parecía más lógico que hubiera ocupado el material de los sueños de su mente torturada: «Los pavos reales del papel carmesí parecían destinados a alimentar pesadillas tenaces, pero el señor Villari no soñó nunca con una glorieta monstruosa hecha de inextricables pájaros vivos (145).» Las misteriosas aves y el color estridente de las paredes podían haber llenado el contenido simbólico del sueño y haber expresado los temores de ese hombre acosado. Hubieran sido una forma de revelación del significado, pero el texto prefiere la presentación incontrovertible del otro

---

[23] JORGE LUIS BORGES, «La espera», en *El Aleph* (Madrid: Alianza, 1974), p. 142.

con el que debe tener lugar la comunicación: en los sueños del personaje, Villari y sus cómplices aparecen con sus armas dispuestos a matarlo. No hay duda sobre la identidad del interlocutor ni tampoco sobre el hecho de que el intercambio entre ellos es una forma abierta de diálogo en la que se confiesan su odio mutuo. Los sueños terminan siempre de la misma manera: el personaje saca su propia arma y la dispara contra sus agresores, matándolos. Aceptando la interpretación de Freud, el protagonista estaría realizando sólo un deseo que le procuraría la eliminación del desplacer máximo: la propia muerte. Al matar a su enemigo, se aseguraría el placer indefinido de la vida. Esta interpretación puede ser aparentemente correcta, pero es insuficiente, ya que no da razón del núcleo central del cuento: el solitario morador de la habitación del hotel desea no tanto matar a su contrincante como, a pesar del riesgo, escapar de su soledad, poniéndose en contacto con él. El diálogo del sueño acaba frustrándose y la conversación del sueño, reprimida en la realidad, concluirá cuando los interlocutores reales se presenten en la habitación para asesinar efectivamente al protagonista. En el caso de *La espera,* la realidad no es sino una prolongación sin solución de continuidad del intercambio onírico de los sujetos específicos del cuento.

En otros textos, el otro del sueño es fundamentalmente la expresión de la colectividad. En ese caso, el sujeto que sueña está claro, pero el destinatario y su identidad son más imprecisos y requieren un esfuerzo interpretativo más elaborado (y también más debatible). De todos modos, la existencia de un mensaje no está en duda; tan sólo es cuestionable su significado. En *Tres tristes tigres,* de Cabrera Infante, hay varios sueños de esta naturaleza. En el de Arsenio Cué, cuando se halla en el Malecón de La Habana, los materiales del texto onírico son básicamente tres: el sol, el mar y una mujer con un vestido negro. Cué pasa súbitamente de una situación de placidez («No hay sol o no hay demasiado sol. En todo caso hay buen sol. Me siento bien») a otra muy diferente de sufrimiento: «Ahora el sol es fuerte, muy fuerte, demasiado fuerte y todos nos sentimos violentados, aplastados, quemados por este sol repentino» [24]. Se produce un gran incendio en la playa y Cué y todos aquellos que se encuentran en la playa en ese momento huyen para escapar del fuego. Tan sólo la mujer permanece envuelta en llamas.

Son varias las lecturas posibles de este sueño; la mía va a destacar su carácter comunicacional. El diálogo de Cué tiene lugar aquí con un otro general que se corresponde con uno de los traumas comunes de la humanidad moderna. El miedo del hombre se ha hecho absoluto. En el pasado, la destrucción de una guerra, o de incluso una calamidad generalizada como la peste, tenía una extensión local y quedaba reducida a un

---

[24] GUILLERMO CABRERA INFANTE, *Tres tristes tigres* (Barcelona: Seis Barral, 1967), p. 313.

área limitada. Ahora, la guerra tiene potencialmente la capacidad de involucrar a toda la humanidad y causar su extinción total. Cué corre desesperadamente para escapar de esa extinción: «Corremos, corremos, corremos, corremos, corremos, corremos hacia la playa, que es ahora ya una enorme sombrilla. Salvarse consiste en llegar a la sombra.» Pero será en vano. Cuando llega a esa supuesta sombrilla protectora advierte que «la columna no tiene la forma de una sombrilla, sino de un hongo, que no es una protección contra la luz asesina, que es ella la luz misma.»

El sueño no es consecuente al final. Cué no muere, sino que sigue corriendo, en una evasión que puede verse como interminable y sin destino. En el sueño de Cué el destinatario no se distingue bien del mensaje. El mensaje es el teror de la destrucción total de la humanidad, posible en la actualidad; el destinatario podría ser toda la humanidad que se vez afectada por la amenaza general; pero yo creo que el destinatario es ese terror mismo absoluto que se apodera del subconsciente de Cué y con el que Cué intenta establecer algún modo de comunicación, ya que no puede hacerlo con las personas concretas que lo provocan. Cué no quiere reconocer en la conciencia de la naturaleza del mal y ni siquiera la posibilidad de que puede ocurrir en cualquier momento. El contacto con esa realidad no es viable conscientemente y aflora con fuerza en el sueño.

Como ha mostrado Lacan, el descubrimiento del yo en el niño va vinculado a la noción de alteridad. El niño empieza a ser sujeto, a sentirse como tal, cuando es capaz de reconocer su figura reflejada en el espejo y de celebrar ese reconocimiento. Los animales, incluso aquellos más próximos a la especie humana, como los chimpancés, son incapaces de ese reconocimiento. El *stade du miroir* del niño es exclusivo del hombre y es el origen del concepto del sujeto que es también típicamente humano. Pero este momento señala, ya que la emergencia del yo se produce a partir de una alienación: el yo se ve como yo cuando se distancia de sí mismo, se hace otro y es percibido como *otridad* en la superficie del espejo. El yo *es,* ya en principio, a partir de una imagen de la forma humana más que de un acto de intelección de la razón. El niño asimila esa imagen que le enajena de sí mismo y al mismo tiempo (paradójicamente) le constituye en su esencia más intrínsecamente personal, que le hace un individuo diferenciable de todos los demás [25]. Esta imagen alienada del yo determinará la estructura del deseo erótico que caracterizará su vida en el futuro. El yo querrá poseer esa imagen que se le aparece como un objeto susceptible de provocar el deseo de los demás. La competencia de los otros para poseer el mismo objeto fomentará el amor al propio yo alienado en el espejo. Desde el principio, el ser humano inicia la existencia con un lastre de conflicto y de trauma. El yo se ve como *Ichspaltung,* como ruptura de una

---

[25] V. JACQUES LACAN, «L'agressivité en psychanalyse», *Revue Française de Psychanalyse,* XII (1948), p. 379.

unidad personal al modo en que el esquizofrénico se fragmenta en varios yos que son capaces de objetivarse, observarse y contender por la afirmación del propio yo frente al del otro. El despertar incipiente del yo confirma ya el concepto del deseo como rivalidad, como ansiedad de poseer algo que podemos perder porque lo pretende un otro que también quisiera poseerlo.

El yo es, pues, un doble, una unidad rota que no llega nunca a recomponerse, a obtener la reconciliación de las partes, la identificación ideal de yo y otro. La causa de los trastornos psíquicos está más en el yo que en los otros. Lacan ha mostrado que incluso las enfermedades paranoicas, como la identificación con el agresor, la manía persecutoria, los celos, se deben al poder extraordinario del yo alienado, a la rivalidad interna del sujeto consigo mismo. Bastantes personajes de novela se constituyen en torno a la noción del *Doppelgänger,* del desdoblamiento de la personalidad del yo y de las relaciones de los componentes de esa personalidad dividida. En algunas ocasiones ese desdoblamiento es consciente, en otras no, pero opera y significa con parecida intensidad en la ficción. Leopold Bloom ve en Stephen Dedalus su *alter ego* que complementa los rasgos de su ptrsonalidad: algunos de ellos son compatibles con los del doble (su espíritu inquisitivo dentro del ambiente letárgico de Dublín); otros son opuestos y le sirven a Bloom para hacerle mantener el contacto con una parte de su yo que ha sido castrada, hacia la que sentirá la nostalgia de la pérdida irremediable. En *Ulysses,* Bloom y su doble, que se encuentran distanciados al principio, se reúnen y parecen reconciliarse a partir de la compasión y de la empatía de Bloom hacia Stephen en el que Bloom ve a un hijo (una duplicación del yo) que él no ha podido tener y un modo del ego que hubiera podido ser pero no ha sido nunca [26].

Borges es uno de los escritores que más conscientemente ha aprovechado el tema del *Doppelgänger.* Algunas de sus historias se centran en torno a la reocurrencia del yo, a la multiplicación del yo en otras figuras que lo expresan. Borges parece seguir el modelo bíblico del Génesis, en el que encontramos, por primera vez en la ficción de raíz judeo-cristiana, el mito del doble.

Emprendamos primero el camino del doble en el Génesis para retornar luego a Borges. Yavé crea el universo con su extraordinaria grandeza y complejidad, pero no se encuentra satisfecho con su magnífica obra porque no ve en ella un reflejo de la parte más constitutiva de su yo: la conciencia absoluta. La luz, las estrellas, los mares, etc., son una expresión aproximada de la magnitud infinita de su ser, pero carecen de conocimiento y finalidad. Yavé no ve en ellos más que una extensión de sí mis-

---

[26] Jung defiende con penetración y originalidad la necesidad de la duplicidad del yo para mantener viva la conciencia en la que Jung considera como esencial la diferenciación de sujeto y objeto. V. C. G. JUNG, *Aion* (Princeton: Princeton University Press, 1959), p. 193.

116

mo, no un ser autónomo, un yo objetivado. Crea el universo en un acto que puede considerarse como básicamente gratuito, resultado tanto de su magnanimidad como de su arbitrariedad. El universo es producto del azar de su creatividad. De modo diferente, Yavé crea al hombre por la necesidad de completar una ausencia de su ser; desea una imagen de sí mismo, crear algo de lo que carece hasta ese momento; en ese sentido el hombre lo perfecciona, pero también señala una limitación de su yo; y las consecuencias de este hecho recaerán sobre el hombre.

Yavé no escapa así al círculo de la otridad y del deseo. Al principio, Yavé crea al hombre sin reservas, con parecida inocencia de sentimiento con que el infante se contempla a sí mismo en el espejo y se reconoce en él por primera vez. El hombre es como Yavé, es Yavé en realidad, una prolongación del espíritu de la divinidad, como lo comprueba el hecho de que le otorgue un alma, de la que carecen los demás integrantes del universo: «Modeló Yavé al hombre de la arcilla y le inspiró en el rostro el aliento de vida, y fue así el hombre ser animado» [27]. Yavé se contempla con alegría en él y, como le ama (en un ademán narcisista, ya que no hace más que amarse a sí mismo), le concede el maravilloso presente del Edén y la compañía de la mujer que, tal como se afirma explícitamente en el texto, es una prolongación del yo del primer hombre: «tomó una de sus costillas, cerrando en su lugar con carne, y de la costilla que del hombre tomara, formó Yavé a la mujer (31).» Y el hombre exclama reveladoramente: «Esto sí que es ya hueso de mis huesos y carne de mi carne.»

Empieza así en el hombre también el proceso del desdoblamiento. Hay que notar que, hasta este momento, el primer hombre y la primera mujer carecen de nombres y se les denomina con el sustantivo genérico de varón y varona, es decir, no se han convertido todavía en seres alienados del yo de Yavé, no son aún sujetos. Su objetificación, su alteridad absoluta se produce más tarde, cuando desafían el mandato de Yavé de no comer del árbol del bien y del mal. Ese mandato es arbitrario y tiene como función el preparar el camino de la sumisión del hombre, que, de otra manera, amenazaría el yo de su creador. Yavé se ha dado cuenta de que, una vez creado el hombre, ha creado un rival poderoso que podría hacer peligrar la identidad de su yo omnímodo. El árbol es una celada que, al caer necesariamente Adán en ella, separará al hombre de Yavé. Por eso pone a la puerta del Edén un impedimento infranqueable que significará la frontera definitiva entre la divinidad y la humanidad: «Expulsó al hombre [del Edén] y puso delante del jardín del Edén un querubín, que blandía flameante espada para guardar el camino del árbol de la vida.» En un versículo precedente, el propio Yavé había reconocido que el hombre es capaz de equipararse con él: «que no vaya ahora a tender su mano al árbol de la vida, y comiendo de él, viva para siempre.» Después de la

[27] «Génesis», *Sagrada Biblia*, p. 30.

salida del Edén, el doble de Yavé, nacido como reflejo suyo, adquiere un nombre, Adán, y no logrará ya nunca la reunión con el yo previo que le ha creado y su reconciliación con él estará permanentemente diferida hasta el remoto fin del tiempo.

Borges retoma el mito de Adán en el cuento *Las ruinas circulares*. En este caso la figura del doble se desdobla en el hijo concebido por el padre. La relación de Yavé y Adán no es la de padre e hijo porque la distancia que media entre ambos es muy grande y, por consiguiente, su semejanza se produce a través de la conexión de elementos dispares de la metáfora más que de la contigüidad metonímica que va implicada en la paternidad-filiación. La Biblia puntualiza claramente esta separación infranqueable: Adán está hecho de la tierra, no de la sustancia de Yavé y su corporeidad será siempre más poderosa que el débil soplo de la esencia divina que también le constituye. Yavé se ve condenado así a jugar una función ambivalente frente a su doble: como personaje sádico, provocará penosas desventuras para el hombre; al mismo tiempo el gran sufrimiento y des-esperanza que esas desventuras inevitablemente producen llevarán a la víctima al ruego, a impetrar la compasión del victimizador, que verá jus-tificado así el ejercicio de la compasión, el equilibrio de la justicia que su carácter requiere para no convertirse en una figura unidimensional [28].

La dialéctica contradictoria de la pasión está ausente del cuento de Borges que se concentra en la elucidación de la filiación como categoría esencial (filosófica) del hombre. El personaje que llega a la aldea va con un propósito específico de gran alcance: «Quería soñar un hombre: que-ría soñarlo con integridad minuciosa e imponerlo a la realidad» [29]. Dudan-do (como se comprueba al final de la historia) de su propia consistencia personal aspira a crear un ser que a la vez le proyecte y le supere, que no sea una mera ficción onírica y que posea grandeza de espíritu para sentirse satisfecho al mirarse en él. En *Las ruinas circulares* se reproduce el *stade du miroir* infantil con la diferencia que aporta la conciencia plena del personaje ante su acto de proyección. El niño ve en las demás imá-genes de seres humanos totalidades armoniosas, en un momento cuando él mismo no es capaz siquiera de dirigir y dominar sus movimientos. Los otros le sirven como modelo para configurar su propio yo, que está aún por hacer. El yo del personaje de *Las ruinas circulares* está completo y el doble es una imagen superior de sí mismo cuya virtud principal será pre-cisamente aquello de lo que él carece: la realidad. El personaje se sabe hijo del sueño y aspira a que su doble no sea sueño sino vida, que sea su no-yo, la negación de sí mismo. Por esta razón, su tarea de creación

---

[28] Nótese que estoy analizando a las figuras bíblicas como personajes movidos por los mecanismos del deseo y el otro que tienen una funcionalidad específica dentro del paradigma. Su función y significado dentro del modelo de la religión cristiana es, claro está, muy diferente y queda fuera del propósito de este libro.

[29] JORGE LUIS BORGES, «Las ruinas circulares», en *Ficciones*, p. 62.

(hecha paradógicamente a través del sueño) insiste en los aspectos físicos del doble: «rozó la arteria pulmonar con el índice y luego todo el corazón, desde afuera y adentro... Antes de un año llegó al esqueleto, a los párpados. El pelo innumerable fue tal vez la tarea más difícil (65).» Su hijo debe ser un hombre de carne y hueso. La imagen del espejo del soñador no ha de ser el reflejo de una sombra, sino que ha de tener la solidez cierta de la materia. Y, sin embargo, su hijo no escapará a los rasgos de su yo y será como él mero sueño, proyección del sueño de otro.

El cuento de Borges ilustra la naturaleza del doble que, no siendo como el yo que lo genera, mantiene con él un cordón umbilical inquebrantable. En *Las ruinas circulares,* la realidad entre yo y doble no es tan aparente como en otras obras. El carácter elucubrativo del cuento no se presta a la emotividad afectiva que acompaña al conflicto entre competidores. Sabiéndose ambos fragmentos de sueños, es posible que no teman que la integridad del yo pueda verse amenazada por un ser meramente soñado. El cuento de Borges pone de manifiesto la existencia del doble tanto en las relaciones de la realidad como en las de la imaginación del sujeto. El espejo en el que el niño aprende a reconocerse a sí mismo es real, pero con frecuencia los otros dobles que influyen al hombre en fases posteriores a la infancia son esencialmente la creación de lo imaginario; por lo general son un producto de procesos mentales por los que se transforma la imagen del yo o la de un otro al que se ha sometido a las proyecciones de un yo neurótico o desequilibrado.

Como puede verse, no parece posible escapar a la objetificación en las relaciones humanas y los personajes de novela ejemplifican este hecho y pueden contribuir a hacerlo más explícito. El sujeto constituye al otro como un objeto; puede ser constituido por el otro como un objeto; o puede constituirse a sí mismo como un objeto ante los ojos de otro, como ocurre en el caso del masoquismo. El proceso del objetificación es interminable e incluye sin excepción a toda la humanidad en una cadena dialéctica en la que todos sus miembros son necesarios para completarla.

5. EL OTRO Y EL YO LEGÍTIMO

La noción de alteridad está ligada con el concepto del yo éticamente legítimo, que es un tema que en formas diversas ha interesado, en especial, a la filosofía moderna. Es difícil definir la legitimidad con precisión. Más que una condición concreta del sujeto es una aspiración al hallazgo de una naturaleza o identidad personal que sea realmente propia, que el sujeto haya conseguido por sí mismo de acuerdo con los impulsos más individuales y genuinos de su ser.

El descubrimiento de la legitimidad del yo se hace a partir del reconocimiento de una doble diferencia que destaca de nuevo la *Ichspaltung* del yo: el yo no es como el otro y el yo no es lo mismo que lo que cree o desea ser. En ambos casos el yo no coincide con una imagen ideal de sí mismo en la que se confundiría con los otros sin tener que hacer el esfuerzo de intentar definirse y en la que se produciría una identificación completa entre el deseo y la realidad personal. La legitimidad implica una comprensión y aceptación de la diferencia y, a partir de ella, de la búsqueda de una forma de identidad más genuina. Esa búsqueda no llega nunca a dejar de serlo; la legitimidad no es un estado final, sino una intencionalidad, una empresa no conclusa.

Uno de los modos en que se constituyen los personajes de ficción es en función de su deseo de legitimidad que en ellos aparece en forma más aguda que en los hombres de la vida real. El hombre, para preservar su salud psíquica, necesita de un grado relativo de no-reconocimiento, de negación de su propio yo, por medio de una operación paralela a la que en términos freudianos se llama sublimación. El proceso de sublimación hace que nos olvidemos de las fuerzas irreconciliables del yo y canalicemos la energía en una dirección constructiva. Muchos personajes de ficción sufren de una hipertrofia de deseo de legitimidad (o de ausencia de ella, lo cual también tiene valor de significación) que, a pesar del exceso, sirve para darles categoría de ejemplaridad.

Don Quijote es un personaje distintivo dentro del paradigma ficcional por la coincidencia entre su yo y la búsqueda de la legitimidad. En los personajes de otros textos es posible hallar una aproximación a esta coincidencia, pero no con el grado de exactitud que en el texto de Cervantes. Podemos decir que, hasta el final del texto, su yo es su legitimidad. Una legitimidad que en él, a diferencia de otros personajes posteriores de la ficción moderna, no consiste en la lucidez frente a los vacíos del yo, sino en la creencia absoluta en un yo deseado. La legitimidad en Don Quijote se produce de un modo paradójico. Don Quijote no quiere o puede reconocer la diferencia entre la imagen ideal de su yo y su yo real. Parece incumplir así una de las condiciones de la legitimidad. Y, no obstante, es el exceso de la certeza del deseo el que le permite hallar la cualidad única de su yo que le convierte en un ser singular, capaz de vivir sin reservas su separación del otro.

La locura de Don Quijote es una ofuscación ante las posibilidades reales del yo, pero al mismo tiempo es esa misma locura la que le pone en contacto con la parte más profunda de su subjetividad (lo heroico) que se hallaba oculta y que de otra manera hubiera sido malograda. Don Quijote se constituye como tal cuando *se hace* diferente, cuando no reflexiona sobre la diferencia, sino que vive la diferencia, cuando abandona su papel habitual y se separa de la expectativa que él tenía de sí mismo y de la que los demás tenían de él. Su legitimidad se da por su grado de diferenciación, no por asentimiento con los rasgos de un yo previsible. Lo que para sus allegados es motivo de consternación es para él la razón constitutiva de su ser más importante. Poco antes de su tercera salida, dirá la sobrina: « ¡Que me maten si no quiere mi señor volver a ser caballero andante! »[30]. A lo que responderá Don Quijote: «Caballero andante he de morir, y baje o suba el Turco o cuando él quisiere y cuan poderosamente pudiere; que otra vez digo que Dios me entiende.» La locura de Don Quijote es real en cuanto le impide llevar una vida funcional. Sometido a algún modo de tratamiento terapéutico, el analista trataría probablemente de hacerle reconocer la motivación subyacente de sus actos y procuraría hacerle ver la realidad de su yo enfermo que le impulsa a compensaciones autodestructivas. Abandonaría así Don Quijote su diferencia y sería como los demás. La distancia entre el yo y el otro dejaría de ser infranqueable y Don Quijote podría funcionar activamente en la sociedad.

En el *Quijote* no se produce el reconocimiento de la diferencia del yo legítimo sino precisamente hasta que el personaje deja de ser diferente y se asimila a la comunidad no-diferenciada de los otros. Sus palabras, poco antes de morir, son una renuncia a la diferencia, una aceptación del dominio del otro a expensas de la individuación del ego personal: «Ya soy enemigo de Amadís de Gaula y de toda la infinita caterva de su linaje; ya me son odiosas todas las historias profanas del andante caballería; ya conozco mi necedad y el peligro en que me pusieron haberlas leído; ya, por misericordia de Dios, escarmentado en cabeza propia, las abomino (1064).» La paradoja de Don Quijote es que el imperativo didáctico del texto conlleva el sacrificio de la búsqueda de la legitimidad que ha hecho factible el desarrollo de la aventura del personaje y con ella de la creación del libro.

En la novela moderna, la búsqueda y el reconocimiento del yo legítimo suelen producirse con dureza emotiva, con escasa o ninguna reserva hacia las posibles heridas que la sensibilidad del yo pueda sufrir en el proceso. El personaje está interesado en descubrir con honestidad irrevocable la condición de su yo, al margen de los procesos compensatorios de la sublimación y la justificación de la propia conducta. Esto implicará en casi todos los casos una separación drástica del otro (individual y transindividual) para evitar cualquier connivencia que pudiera limitar el contacto del personaje con su yo profundo. La búsqueda de la verdad personal se asociará con la afirmación de la diferencia y con la exploración de un modelo posible del yo que se ajusta al deseo y la voluntad del personaje más que a su razón.

El yo legítimo de los personajes de estas novelas concuerda más con el modelo heideggeriano que con el psicoanalítico. En Heidegger, el yo se pierde oyendo a los demás. La locuacidad del yo-ellos abruma la voz silenciosa de la conciencia, que es la que debemos escuchar para conectar

[30] MIGUEL DE CERVANTES, *Don Quijote de la Mancha,* II (Barcelona: Juventud, 1971), p. 544.

con la realidad verdadera de nuestro yo [31]. El primer paso para el descubrimiento del yo verdadero hay que darlo hacia la conciencia. Heidegger caracteriza a la conciencia como el discurso del yo en silencio hacia el que el sujeto debe dirigir su atención para entenderlo. El yo-ellos es un modo de distracción que nos impide percibir la llamada de la conciencia. Esa llamada no procede obviamente de fuera, sino de dentro del yo; es el yo, pero al mismo tiempo no coincide exactamente con él, sino que lo sobrepasa. Para Heidegger, la conciencia no es la voz de una fuerza superior y extraña por la que el yo es dominado (Dios, por ejemplo), ni es tampoco el superego freudiano. Podría interpretarse más bien como aquella zona más profunda del yo donde éste puede adquirir su máxima realización. La conciencia sería el yo en potencia, el estado o condición en el que el yo puede alcanzar su grado más alto de posibilidades.

Los personajes de la novela moderna son seres para quienes la llamada de la conciencia no pasa desapercibida; por el contrario, ocupa un lugar determinante en sus vidas. Desde Leopold Bloom a Alvaro Mendiola y Antoine Roquentin la llamada silenciosa e intensa de la conciencia abre el camino a la legitimidad. Retrotrayéndose dentro de sí, el personaje aspira a deshacer los engaños de su ser y poner al descubierto el yo oculto. Con frecuencia, la búsqueda es inconclusa o por lo menos casi nunca obtiene el fin ambicionado. La legitimidad consiste a menudo en el mismo proceso de búsqueda que, si no conduce a la construcción perfecta de otro yo, origina una revisión y reconsideración de los valores que lo forman.

Alvaro Mendiola, el protagonista de *Señas de identidad,* de Juan Goytisolo, ha decidido dar atención a esa llamada de la conciencia y emprender una toma de contacto con la legitimidad. Alvaro es sabedor del poder disuasivo de la voz del yo-ellos (los miembros de la familia, sus detractores españoles) y hace un sumo esfuerzo para apartarse de su influencia.

Su conciencia le recordará sus palabras acerbas. Una y otra vez se repetirá esas palabras, pues olvidarlas sería negar torpemente un componente importante de su propio yo; someterá además a juicio crítico a sus autores: «Así hablaban de ti... los hombres y mujeres satisfechos que un decreto irrisorio del destino te había otorgado, al nacer, como paisanos, borrosos amigos de infancia, inocuos compañeros de estudio, parientes de mirada frígida y torva, familiares virtuosos y tristes». [32].

Alvaro identifica primero a los sujetos de las voces del yo-ellos y luego los critica ásperamente, pues verá en esa crítica no sólo una valoración, sino también un modo de defensa del propio yo contra la influencia exterior: por ejemplo, sus familiares y compañeros estarán «encastillados todos en sus inexpugnables privilegios de clase, miembros conspicuos y bien pensantes de un mundo otoñal y caduco que te habían dado, sin solicitar

[31] V. MARTÍN HEIDEGGER, *Being and Time (El ser y el tiempo)* (Londres: SCM Press, 1962), p. 315.
[32] JUAN GOYTISOLO, *Señas de identidad* (México: Mortiz, 1966), p. 11.

tu permiso, con religión moral y leyes hechas a su medida». La crítica de Alvaro es muy severa y lo es por dos razones: desprecia sinceramente los valores encarnados en la palabra de esas voces; pero al mismo tiempo teme su efecto porque sabe que en el pasado esos valores han sido también los suyos aunque sea, como dice él, «sin solicitar su permiso». Alvaro no se engaña y es consciente de lo que le ocurre: su evasiva del yo-ellos ha sido sólo parcial: «orden promiscuo y huero del que habías intentado escapar», dice, reconociendo que su proyecto es más conato que realidad consumada.

La conciencia de Alvaro no es como la conciencia ideal del psicoanálisis tradicional que procura la adaptación del sujeto a la realidad del mundo normal al margen de los imperativos del propio yo; tampoco coincide con la conciencia religiosa que dicta la conducta a partir de una ley sobrehumana. La voz interna de Alvaro parte de sí mismo. Será esa voz la que romperá las falsas esperanzas del yo, los soportes con que el *Dasein* se crea una imagen favorable de sí mismo, aunque esté apartada de la verdad. Alvaro descubre ya en la infancia el poder de esa voz dolorosa, aunque deberá esperar hasta el futuro para precisar su naturaleza y efectos. Su temprano descubrimiento de lo efímero del estado humano es una ilustración de ello: «Alvaro había aprendido a conocer los límites de su condición y, aunque sin formularlo con claridad (eso llegaría mucho más tarde), sabía que todo, incluido él mismo, no era definitivo y perdurable... sino mudable, precario... (54).» La legitimidad de Alvaro se formará en el desarrollo de esa sensibilidad despiadada para confesarse sin ningún compromiso los hechos fundamentales de su vida sin temer las consecuencias para el bienestar de su yo. Don Quijote halla el equilibrio, aunque sea a expensas de la renuncia de su aventura hacia la legitimidad. Alvaro y otros personajes de la novela moderna no encuentran esa paz personal porque les es sospechosa y se les aparece como una imagen de la falsedad. Con frecuencia, el personaje no oculta que su proyecto de vida no ha tenido éxito ni intenta tampoco crear pretextos autocomplacientes para ello.

Antoine Roquentin expone en varias ocasiones la inviolabilidad de la conciencia del yo que busca la legitimidad. La recapitulación evaluativa de su vida —de carácter negativo— es un modo de plantearse su porvenir sin ninguna de las compensaciones habituales en el yo-ellos, en el yo ilegítimo: «Toute ma vie est derrière moi. Je la vois tout entière, je vois sa forme et les lents mouvements qui m'ont mené jusqu'ici. Il y a peu de choses à en dire: c'est une partie perdue, voilà tout. Voici trois ans que je suis entré à Bouville, solennellement. J'avais perdu la première manche. J'ai voulu jouer la seconde et j'ai perdu aussi: j'ai perdu la partie. Du même coup, j'ai appris qu'on perd toujours. Il n'y a que les salauds qui croient gagner» [33]. (Toda mi vida está detrás de mí. La veo por completo,

---

[33] *La Nausée*, p. 220.

veo su forma y los lentos movimientos que me han traído hasta aquí. Hay pocas cosas que decir: es una partida perdida, eso es todo. Hace tres años que llegué a Bouville, solemnemente. Había perdido el primer juego. Quise jugar el segundo y lo perdí también: he perdido la partida. De la misma manera, he aprendido que se pierde siempre. Tan sólo los deshonrados creen que han ganado). La valoración peyorativa del éxito como una forma de fraude del yo será también una de las conclusiones comunes de muchos personajes modernos, como si el éxito cerrara definitivamente la vía de la exploración del yo o, de no imposibilitarla por completo, la falsificara o corrompiera. Creo que la novela actual tiene como una de sus funciones importantes tratar de encontrar alguna forma satisfactoria de conciliación entre la urgencia fundamental de la legitimidad y la moral práctica que requiere un modelo no sólo teórico, sino efectivo de vida.

Tanto el pensamiento moderno, desde Hegel hasta Lacan y René Girard, como la novela han notado algunas de las paradojas con que se enfrenta el sujeto en pugna contra la alienación del yo. Hegel señala en la *Fenomenología del Espíritu* que la alienación *(Entäusserung)* es necesaria para la formación *(Bildung)* personal. La alienación aleja al sujeto de su yo esencial, pero al mismo tiempo en un proceso dialéctico de superación de las oposiciones, el yo vuelve a sí mismo, a través de la alienación, engrandecido y enriquecido en su identidad esencial. La alienación es precisa para la educación del sujeto siempre que éste sea capaz de retornar a su propio yo después de su jornada de extrañamiento en el territorio del otro. Este retorno al yo será sólo temporal, ya que el yo, para seguir desarrollándose, debe salir otra vez de sí mismo para ser asumido, reconocido y juzgado por los otros y adquirir dimensiones nuevas en ese enfrentamiento. El proceso de la formación personal no consiste en un desarrollo armónico y continuo, al modo en que crece un árbol, por ejemplo, sino que sigue un movimiento de oposición conflictiva alejándose de la unidad del yo para encontrar una unidad nueva superior después de la ruptura. El optimismo de Hegel le lleva a la reconciliación del yo después del dolor y perturbación de la alienación. Hegel reconoce que la paz de la unidad es un impedimento para el desarrollo del yo, pero el yo necesita de una forma de unidad ulterior que satisfaga su impulso absoluto hacia la armonía consigo mismo. La formación es una aspiración hacia una unidad final que, en Hegel, alcanza su acabamiento.

La ficción es, en gran parte, una ilustración de un proceso de formación del yo. Como se ha visto ya con otros rasgos de la novela, ese proceso no se manifiesta por igual en los diversos textos que integran el paradigma ficcional. En la novela clásica suele abarcar una larga extensión biográfica, conducente a mostrar que la formación requiere someterse a la dialéctica prolongada de la duración de la vida. En la novela posclásica la formación no se fija por lo general en el modelo biográfico y asume otras formas que concretizan ficcionalmente la alienación del yo.

Hay otra diferencia importante entre ambos modos novelísticos [34]. En la novela clásica, es clara la intencionalidad de mostrar la formación de un personaje; ése es uno de los motivos más notables de esas novelas que buscan la ejemplaridad a partir de la identificación del lector, que obtiene conclusiones por la analogía entre su propio proceso de formación y el de los personajes de la ficción. En la novela posclásica ocurre un movimiento de alienación del yo —que puede verse como formativo—, pero que no se define como formación en cuanto que formación indica una dirección motivada hacia un fin: en la novela posclásica esa teleología está ausente o sólo aludida de manera indirecta e inconclusa. La tercera diferencia está ligada con esta última y es consecuencia de ella. La novela clásica confirma el optimismo final de la dialéctica de la alienación hegeliana y lleva a una conclusión en la que, por medio de aserciones humanas claras, se evidencia el progreso educativo del personaje. El otro modo de novela carece de esa evidencia y la formación final —si existe— puede muy bien corroborar tan sólo la alienación y negación del yo.

Ilustraré con algunos ejemplos estas diferencias, teniendo en cuenta que no existen muchos textos en donde coocurran todas las características del mismo signo de novela; con frecuencia un texto comparte rasgos aparentemente contradictorios que dificultad su ubicación. Veamos primero dos textos, *Peñas arriba* y *El árbol de la ciencia,* en donde el proceso de formación y su intencionalidad son claros y la evolución de la formación se ajusta al modelo biográfico. Ambos quedan incluidos en este aspecto dentro de la novela clásica, pero sus divergencias en la conclusión del proceso de alienación harán que debamos reconsiderar esta clasificación inicial.

En *Peñas arriba,* el protagonista, Marcelo, entrará en el proceso de formación a partir de la alienación de su yo urbano para reencontrarse en un yo superior: el yo de la Montaña. El proceso incluirá un período no prolongado de pugna interna del protagonista ya que, al principio, Marcelo resistirá el abandono de su yo, pero al final el proceso de formación tendrá éxito y Marcelo acabará convencido de que es un ser mejor, que su yo se ha perfeccionado a través del conflicto formativo. En *Peñas arriba* el proceso es verticalmente progresivo: el personaje parte de un yo alienado (sino a sus ojos, sí a los del autor) para llegar a un yo unitario, con una unidad inmutable y permanente a la que no será ya posible someter a un posterior proceso de formación. El yo de Marcelo aparece incompleto al principio y absolutamente lleno al final. En este caso, el proceso de

---

[34] Nótese que esos modos no coinciden necesariamente con una cronología histórica: en la actualidad se sigue escribiendo mucha ficción de orientación clásica, mientras que obras como *Tristram Shandy* o incluso *La Odisea* deben ser integradas dentro de la ficción posclásica.

formación es justificable y el optimismo más seguro de sí mismo no sólo colma la evolución de Marcelo, sino que también permea retroactivamente su inicial oposición a dejar Madrid e irse a vivir a Tablanca con su tío. Este será uno de los problemas no resueltos de la novela: el conflicto necesario en la formación es demasiado cauto y superficial y se ve abrumado por el deseo de unidad que motiva el texto. El lector tiene pronto la impresión de que Marcelo se *convertirá,* que la inquietud del cambio y el crecimiento son marginales. El texto ignora que precisamente esa incertidumbre y dolor son las que promueven el conocimiento de un estado superior del yo.

El optimismo no es sólo final; se encuentra ya en las primeras cartas de Celso a su sobrino antes de su partida de Madrid para convencerlo de que se mude a Tablanca. Su argumento principal no es su vejez, su soledad o atractiva herencia; es el acatamiento a un sistema superior que no puede ser desatendido: «En fin, hombre, anímate a venir por acá; y si no pueden hacerlo por gusto, hazlo por caridad de Dios»[35]. El agente capital de ese sistema vela por el yo alienado de Marcelo y hace que retorne a la unidad de la montaña. Pero, extrañamente, la formación de Marcelo significa de manera contraria a la que el texto propone. Su supuesta alienación incial, que le pone en movimiento, acaba con el total dominio del otro, con el enajenamiento absoluto: Marcelo deja de ser él para fundirse con la imagen de su tío Celso, con el que acabará confundiéndose. La formación es un retorno al pasado del otro, en un proceso masoquista en el que la satisfacción del yo se consigue con su eliminación. Cuando los vecinos de Tablanca ven algunas de las reformas emprendidas por Marcelo en la casa de su predecesor se alarman y Marcelo les asegura que todo seguirá como antes, que no será él mismo, sino que será exactamente como su tío: «... los convenció la parrafada que les largué, casi un sermón entero, sobre lo que había sido, era y sería mientras yo viviera, aquel noble solar para los tablanqueses; la importancia que daba y daría siempre a sus tertulias, y lo resuelto que estaba a que las cosas siguieran allí como en vida de mi tío... (537)». Y para apoyar esta idea se utiliza un símil militar que reafirma por extensión la supresión del yo previo de Marcelo: «... debe ponerse mucho tiento en lo de reformar 'instituciones' viejas, aunque sea con el fin de mejorarlas, porque, a veces, dos botones de más o de menos en el uniforme tradicional pueden influir hasta en el desprestigio o en la indisciplina del regimiento que le usa (538)». El yo «nuevo» de Marcelo será el mismo que el «viejo» de su tío Celso. *Peñas arriba* termina en una apoteosis de la unidad del yo que amaga, en su certeza total, contradicciones que redundan en contra de la ejemplaridad de Marcelo.

La formación de Andrés Hurtado en *El árbol de la ciencia* termina en

[35] JOSÉ MARÍA PEREDA, *Peñas arriba* (Madrid: Aguilar, 1957), p. 26.

la eliminación física del yo con el suicidio; Andrés no ha podido lograr la unidad deseada, pero al mismo tiempo ha logrado al término de su desarrollo formativo un conocimiento especial (amargo y desesperado) que es individual, que confiere a su yo una calidad única. Andrés no alcanza nunca la reconciliación, pero, a pesar de su desventurada muerte, uno de los personajes exclama al referirse a él: «había en él algo de precursor» [36]. La formación de Andrés, iniciada en el absurdo insolente de las aulas de la Facultad de Medicina, no hace más que confirmar e intensificar ese mismo absurdo. Su valor singular está en que no niega el conflicto y prefiere la muerte a evitar la enajenación de su yo. En esto, *El árbol de la ciencia* difiere de *Peñas arriba* y este hecho hace que la novela de construcción patentemente biográfica, comporta con la novela posclásica la característica de la negación explícita de la reconciliación.

La novela posclásica pone en duda o niega la posibilidad de la existencia de un proceso de formación. En algunos casos, aunque puede producirse un proceso, se cuestiona que sea conducente al desarrollo o progreso personal del personaje. Esa novela tiende a afirmar que ese proceso se debe a la arbitrariedad y sus resultados son también gratuitos y carentes de orientación y finalidad sistemática. Son muchas las novelas que podrían quedar incluidas dentro de esta categoría, desde *Ulysses* y *El castillo* a las novelas de Robbe-Grillet y los cuentos de Cortázar. Creo que una novela paradigmática sería *Tres tristes tigres,* en cuanto que lleva a una de sus realizaciones más completas numerosos rasgos de la ficción posclásica. Ni el personaje en primera persona ni Cué ni los otros personajes de la novela tienen una conducta organizada en la que pueda reconocerse un proceso de formación personal, una progresión hacia un fin, al llegar al cual, los personajes habrían ganado un entendimiento más completo de sí mismos o de su mundo que les permitiría un mejoramiento cualitativo en sus vidas. Los episodios de sus vidas carecen de dirección y lo que hacen (más precisamente lo que les sobreviene) parece estar regido tan sólo por el azar.

Esta ausencia de intencionalidad de los personajes junto con la ausencia de enriquecimiento cognoscitivo y ético por las que se caracterizan sus vidas, aparecen más destacadas por oposición con el prólogo de la novela en donde (aunque tamizada por la ironía) parece augurarse una revelación especial. La voz espectacular del presentador del Tropicana y sobre todo sus prometedoras últimas palabras: « ¡Arriba el telón! ... Curtain up! » (19), contrastan con la vacuidad del resto de la obra. Se levanta el telón no sólo del local del Tropicana, sino de toda la ciudad de La Habana y, con ellos, de los actos de algunos de sus hombres y mujeres, pero las sucesivas escenas son tan sólo una negación ininterrumpida de la acción, como si hubiera un intento de frustrar la expectativa ficcional que requiere

---

[36] Pío BAROJA, *El árbol de la ciencia* (Madrid: Alianza, 1968), p. 248.

la construcción y estructuración de los datos personales de unos seres. Los hechos, aunque esquemáticos, están ahí, pero no se organizan en un significado; se dejan abandonados a la misma arbitrariedad que los ha originado, oponiéndose así a un rasgo fundamental del proceso de formación: la progresión hacia un momento privilegiado desde donde examinar y definir una vida. En varias ocasiones parece darse el inicio de un acontecimiento especial que pudiera contribuir a elucidar la semántica existencial del protagonista. Por ejemplo, cuando el narrador se encuentra en la calle con el extranjero, la Magdalena y su amiga. Al principio parece haber algún indicio de que puede acontecer algo provisto de significación singular que lo destaque de otros episodios del texto y le confiera una cualidad poderosamente representativa en torno a la cual organizar la vida de los personajes. El encuentro no es menos accidental que otros, pero el extranjero resulta ser un judío griego y su mujer una judía cubana que muestra inmediato interés en el narrador. Por la peculiaridad de esos seres existiría la posibilidad de tejer entre ellos unas relaciones de cierta complejidad en torno a las cuales crear un núcleo narrativo. No es así. El encuentro se disolverá en la misma atmósfera banal de una de las salas de fiestas que abundan en la novela.

No hay proceso de formación ni siquiera el deseo o intento de mostrarlos. El texto manifiesta a través de la insistencia en la escritura que esa formación es imposible, que es una imposición metafísica tan arbitraria como los hechos de los personajes. No sólo hay sospecha hacia esa imposición externa, sino obvio desprecio. El epílogo no hace sino subrayar con énfasis sarcástico esta actitud. Tay como señalaban los formalistas rusos, el epílogo cumple en la novela clásica la función de completar los hechos de la novela, dándoles una unidad y sentido definitivos [37]. En *Tres tristes tigres,* el epílogo es la confirmación absoluta de la imposibilidad de ese sentido: las palabras inconexas y fragmentarias del anónimo personaje reiteran la desvinculación de los episodios de cualquier sistema de construcción formativa: «por qué me va a imponer su ley, su asquerosa ley confunde la raza, confunde la religión, todo lo confunde, el principio moral de los católicos no de los ñáñigos ni de los espiritistas, el aire no es suyo, esto no es su casa, la bemba suya se mete en toas partes, esa peste me pudre las sérulas del cerebro, ya no puedo más, registra y registra y registra, que viene el mono con un cuchillo, y me registra, me saca las tripas, el mondongo para ver qué color tiene, ya no se puede más» (451).

---

[37] TZVETAN TODOROV, *Théorie de la littérature* (París: Seuil, 1965). No siempre ocurre este hecho con exclusividad en la novela clásica. FAULKNER, en *El sonido y la furia,* al cabo de más de quince años de la primera publicación del texto, sintió la necesidad de añadir un elaborado (y excelente) apéndice en el que explicita y fija el sentido impreciso de la anécdota narrativa.

6. LA AGRESIÓN AL OTRO

La *schöne Seele*, de Hegel, el sistema del falso yo, concluye con la convergencia de lo objetivo y lo subjetivo, lo universal y lo particular en el mundo del espíritu absoluto. Hegel cree, además, que las «heridas del espíritu se curan sin dejar cicatrices»[38]. El contraste con Freud es notorio. Para Freud, la *Versöhnung*, la curación, es tan sólo una aspiración irrealizable. La sublimación y la cura psicoanalítica son un remedio temporal y el sujeto no puede escapar por completo a la presión de los impulsos sadomasoquistas de dominación del otro que nuestra sociedad ha incorporado a sus estructuras y normas. La convergencia hegeliana de lo subjetivo y lo objetivo se ve coartada por esos impulsos y la necesidad de defender el yo atacado. La agresividad de carácter ofensivo o defensivo es inevitable y la paz del yo es inviable. La máxima ambición posible es una tregua pasajera e inestable, ya que con frecuencia el temor del yo y el otro a una próxima agresión hace que pronto reaparezca la hostilidad mutua. En la esquizofrenia el amenazado evita la agresión del otro, se refugia dentro de sí mismo y se crea un segundo yo —separado del yo objetivo (para los demás)— que es verdadero, trascendente y no corporal. Este segundo yo vive más allá del acecho del otro y, por consiguiente, no puede ser atacado o poseído porque nadie conoce su existencia, ni siquiera el yo «objetivo» del sujeto[39]. El esquizofrénico escapa así a la realidad, ya que su identidad verdadera es absolutamente desconocida para los otros y no activa en el mundo: funciona sólo en la mente del sujeto. El sujeto se aferra con toda su energía a la irrealidad y la convierte en la verdad de su vida. Son los demás quienes están equivocados al dar atención al sujeto visible objetivo que el esquizofrénico menosprecia.

Bastantes personajes de novela se organizan en torno a la violencia del yo hacia el otro y ejemplifican la versión freudiana del irreprimible impulso humano a la agresión. El acto violento sirve en la ficción para significar la delimitación del yo a expensas del otro. Aunque el agresor cometa una acción condenable (un asesinato, por ejemplo), la novela puede presentar a menudo el acto como un emblema de la determinación del yo a separarse de la dominación del otro. La justicia condenaría inequívocamente al ejecutor del acto violento. La novela privilegia, más que la condenación, la complejidad de las relaciones humanas que han llevado al acto. Creo que no es difícil hallar vestigios en esas novelas del modelo esquizofrénico del yo falso (real) en conflicto con el yo verdadero (irreal) y la novela puede señalar esta contradicción y destacar la paradoja de que el yo irreal del personaje (esquizofrénico auténtico o en potencia) es más

---

[38] JACQUES LACAN, *The Language of the Self*, traducción y comentario de Anthony Wilden (Nueva York: Delta, 1968), p. 291.
[39] R. D. LAING, *The Divided Self* (Harmondsworth: Penguin, 1974), p. 94.

verdadero que el real que los demás perciben y con el que se relacionan. La novela prefiere así el mundo oculto del yo frente al yo de las apariencias que es considerado normalmente como el único real.

El acto violento definitivo es la muerte del otro, ya que finaliza con perpetuidad la agresión o la amenaza de agresión del otro. Veamos en dos novelas contemporáneas, *La familia de Pascual Duarte,* de C. J. Cela, y *L'Etranger,* de A. Camus, el modo en que el asesinato se relaciona con el impulso de dominación y el sistema de defensa del sujeto.

En *La familia de Pascual Duarte,* la agresividad procede de la madre del protagonista que interfiere en la reción encontrada felicidad matrimonial de Pascual, en la reconciliación pasajera del yo conseguida dificultosamente: «[Mi madre] me quemaba la sangre con su ademán, siempre huraño y como despegado, con su conversación hiriente y siempre intencionada, con el tonillo de voz que usaba para hablarme, en falsete y tan fingido como toda ella» [40]. Pascual debate por algún tiempo la posibilidad de alejarse de su madre, de «poner tierra por en medio», pero se decidirá por la alternativa terminal del homicidio como la única que de verdad podrá terminar la dominación del otro. En ese momento, el yo de Pascual se divide al modo en que ocurre en la esquizofrenia, y se establece un diálogo entre el yo real (aparente) y el irreal (verdadero). Para Pascual, la conclusión de ese diálogo es clara. Es el yo de los otros quien está equivocado al decirle que no debe agredir a su madre. Su yo irreal, que para él es el único fiable, le recomienda, por el contrario, que cometa el matricidio que, a sus ojos, habrá de armonizar su yo y el mundo de nuevo: «La conciencia no me remordería; no habría motivo. La conciencia sólo remuerde de las injusticias cometidas: de apalear a un niño, de derribar una golondrina... (187).» El asesinato se produce en una atmósfera orgásmica en la que los dos participantes en el juego sexual comparten papeles sadomasoquistas. La agresión del otro produce dolor y placer al mismo tiempo y es una incitación a dar esa misma fuente de sentimientos contrapuestos al otro participante en el juego: «Hubo un momento en que con la boca [mi madre] me cazó un pezón —el izquierdo— y me lo arrancó de cuajo. Fue el momento mismo en que pude clavar la hoja en la garganta... (191.» Pascual acabará prevaleciendo y su brutal acción le proporcionará en su yo verdadero (el que nos revela el texto, no el de la ley que le condena a muerte) la paz anhelada: «Cogí el campo y corrí, corrí sin descanso, durante horas enteras. El campo estaba fresco y una sensación como de alivio me corrió las venas... Podía respirar... (192).» Este es el yo que él querría adoptar como único y con el cual trata de acallar el clamor estentóreo del yo aparente. El conflicto entre ambos perdurará hasta las últimas horas de su vida mientras espera el cumplimiento de la sentencia:

[40] CAMILO JOSÉ CELA, *La familia de Pascual Duarte* (Barcelona: Destino, 1960), p. 183.

«Quería poner tierra entre mi sombra y yo, entre mis mismos cueros y mí mismo, este mí mismo del que, de quitarle la sombra y el recuerdo, los nombres y los cueros, tan poco quedaría...»

El proceso de agresión y dominación no termina con Pascual. La energía sadomasoquista principiada con él se ramifica más allá de su yo e implica a la colectividad. Su terrible violencia se corresponderá con la violencia, también repudiable, de la justicia que le destina a un fin ignominioso. No basta una muerte sobria, sino que se requiere el espectáculo que satisfaga la libido del yo colectivo amenazado: «... y terminó sus días escupiendo y pataleando, sin cuidado ninguno de los circunstantes, y de la manera más ruin y más baja en que un hombre puede terminar; demostrando a todos su miedo a la muerte... (203).»

La muerte de Mersault en *L'Etranger* insiste en la necesidad de este ceremonial de la violencia como afirmación del yo colectivo. En este caso, Mersault —más reflexivo que el elemental Pascual Duarte— utiliza, en un acto de singularización propio del heroísmo, el odio de los otros para apoyar su yo irreal, verdadero: «Pour que tout soit consommé, pour que je me sente moins seul, il me restait à souhaiter qu'il y ait beaucoup de spectateurs le jour de mon exécution et qu'ils m'accueillent avec des cris de haine»[41]. (Para que todo se consume, para que me sienta menos solo, sólo me queda desear que haya muchos espectadores el día de mi ejecución y me acojan con gritos de rabia.) El conflicto entre los dos yos se producirá en él con mayor agudeza aún que en Pascual Duarte y en algunas ocasiones su yo dividido parece adquirir los rasgos del esquizofrénico auténtico. Cuando está en la playa poco antes de cometer el asesinato del árabe duda entre enfrentarse con él o alejarse. Después de disparar sobre él, el yo real parece triunfar y defender nostálgicamente una felicidad previa nunca existente en realidad: «J'ai compris que j'avais détruit l'équilibre du jour, le silence exceptionnel d'une plage où j'avais été heureux... Et c'était comme quatre coups brefs que je frappais sur la porte du malheur (90).» (Comprendía que había destruido el equilibrio del día, el silencio excepcional de una playa donde había sido dichoso... era como si diera unos golpes a la puerta de la desdicha.) Sin embargo, cuando se ve sometido al acoso del juez de instrucción y del capellán, la otra parte del yo dividido resurge y proclama con creciente energía la verdad de su *irrealidad:* «Mais j'étais sûr de moi, sûr de tout, plus sûr que lui, sûr de ma vie et de cette mort que allait venir... J'avais eu raison, j'avais encore raison, j'avais toujours raison (76).» (Pero estaba seguro de mí mismo, seguro de todo, más seguro que él, seguro de mi vida y de esta muerte que iba a venir... Yo había tenido razón, tenía todavía razón, había tenido siempre razón.) Mersault corrobora con entereza los derechos del yo oculto

---

[41] ALBERT CAMUS, *L'Etranger* (París: Gallimard, 1957), p. 179.

frente al yo de las apariencias, mostrando que la verdad puede adoptar la máscara de la paradoja y que la razón puede estar del lado de la locura.

No es sorprendente su apología de la muerte como un modo de confirmación de su libertad del yo verdadero. Su confianza final en un modo de reconciliación del yo recuerda el optimismo de Hegel. La muerte absoluta equivale a la negación de Dios y del más allá. Si existiera Dios, Mersault debería aguardar indefinidamente al reconocimiento de su yo llevado a cabo por Dios. Sin la existencia de ese otro superior, el yo de Mersault requiere sólo del reconocimiento de los demás para sentirse satisfecho. Por eso, la desdicha que se había iniciado en la playa con la muerte del árabe, se convierte ahora, poco antes de morir él también por medio de la violencia, en la única posibilidad de dicha.

Estos personajes, en los que el yo oculto sería más auténtico que el yo aparente (de la realidad), conectarían con la concepción del personaje defendida por Nietzsche en *El origen de la tragedia*. Este yo estaría en contacto con lo esencial dionisíaco de la naturaleza del hombre, lo mítico frente a lo meramente real de las relaciones sociales [42]. Como muestran Mersault y otros personajes, el desajuste no resuelto entre el yo real y el irreal y la pertinaz y sagaz obstinación de este último por afirmarse se manifiestan con fuerza en la ficción y contribuyen a la revelación de una faz no siempre reconocida de la naturaleza de los seres humanos.

7. DESEO Y RECONCILIACIÓN

El psicoanálisis tradicional concentra su atención en las relaciones entre el sujeto y los diversos objetos, pero deja en un lugar secundario un aspecto fundamental de la naturaleza del deseo: la ausencia de objeto. El deseo se dirige, en realidad, sobre todo hacia una ausencia, hacia aquello que no se posee todavía y se quiere poseer. Deseo es, pues, ausencia e intención de restitución de esa ausencia. La ausencia propia del deseo no queda fuera del sistema del otro. Deseamos lo que no tenemos y sobre todo aquello que los otros tienen y que nos señalan, por el hecho de poseerlo, como apetecible. La ausencia de ese objeto hubiera podido pasar desapercibida para el sujeto si su existencia no hubiera sido revelada por el otro. Al rivalizar con el otro por un mismo objeto intentamos provocar su reconocimiento. El otro reconoce nuestro deseo (aunque sea a través del odio, los celos, la envidia) y por medio de ese reconocimiento de nuestro deseo acaba por reconocer el valor de nuestro yo, que es capaz de aspirar al mismo objeto que él [43].

[42] FRIEDRICH NIETZSCHE, *The Birth of Tragedy and the Genealogy of Morals (El nacimiento de la tragedia y la genealogía de la moral)* (Nueva York: Doubleday, 1956), pp. 106-07.
[43] V. RENÉ GIRARD, *Mensonge romantique et verité romanesque* (París: Grasset, 1961).

En *Pepita Jiménez,* don Luis necesitará del reconocimiento de su padre para asegurar su yo vacilante. Su creciente amor hacia la mujer que su padre pretende está originado en parte por el hecho de que la rivalidad con su padre incrementa su propia importancia. Don Luis se debate entre los sentimientos contradictorios del respeto filial y el amor erótico, pero al final perdura lo que él mismo llama «estos temores fraguados, sin duda, por la vanidad». Poseer lo que el padre desea es apetecible no sólo por el objeto en sí, sino porque eso implica una competencia con su padre que no le concede el reconocimiento que él busca. El amor de Pepita es una manera de sacudir la indiferencia paterna que don Luis considera como un modo de negación de su yo. A pesar de sus tortuosas dudas, el joven seminarista establece las premisas de la relación triangular con toda claridad: «Pues qué, me digo, ¿soy tan adefesio para que mi padre no tema que, a pesar de mi supuesta santidad, o por mi misma supuesta santidad, no pueda yo enamorar, sin querer, a Pepita?» [44]. Ese reconocimiento iniciado tímidamente, «sin querer», concluirá cuando don Pedro reconozca en su hijo un amante superior de la joven viuda por él pretendida.

No queda Pepita al margen de la triple rivalidad; en este caso, Pepita tiene como antagonista a la vocación religiosa de Don Luis, que no hace sino aumentar su pasión hacia él. Cuando el padre Vicario le aconseja que acepte la prudencia de la razón y que respete la llamada de Dios le ha hecho a Luis, ella no se desinteresa en el reto, sino que lo acepta y se promete terminarlo victoriosa: «... cumplir su promesa... acudir a su vocación... ¡y matarme a mí antes! ... Feliz principio quiere dar a sus misiones, predicaciones y triunfos evangélicos! ¡No será! ¡Vive Dios que no será! (145)». El padre Vicario le propone una reconciliación espiritual ulterior: «En el cielo os reuniréis y os amaréis como se aman los ángeles (146).» Ella, aparentemente, la acepta, pero pronto la olvidará para convencer a Don Luis a que entre en el campo de su yo por medio de argumentos de una convicción y eficacia que sólo la competencia con un tercero podía despertar en ella.

Los personajes de ficción, como los seres humanos reales, no escapan ni en su naturaleza ni en sus actos al mecanismo del otro y el deseo. Esto es así no porque los seres ficcionales imiten la conducta de los de la vida real, sino porque la mente humana no puede eludir la relación con el otro y sus influencias; este hecho se evidencia necesariamente en la concepción y el desarrollo de los personajes. Estos son paralelos a los seres reales, pero no igual a ellos. Se diferencian de ellos en que el funcionamiento, las implicaciones y las consecuencias de ese mecanismo que les afecta se desarrollan con una coherencia y perfección que no es posible descubrir en la vida de los hombres de la realidad.

---

[44] JUAN VALERA, *Pepita Jiménez* (Madrid: Espasa Calpe, 1927), p. 109.

CAPÍTULO IV

LAS VOCES DE LA NARRACION

1. LAS FIGURAS DE LA COMUNICACIÓN NARRATIVA

Uno de los aspectos en donde se percibe con mayor claridad la naturaleza no mimética del acto ficcional es en el modo de transmisión de la historia. En el capítulo sobre la referencialidad, consideraba las mediaciones culturales y de otro tipo que existían entre el objeto ficcional y el objeto de referencia. Mostraba entonces que no podíamos acercarnos al fenómeno referencial con ingenuidad epistemológica. Las correspondencias entre los componentes de la referencialidad no eran precisas (con coincidencia de un elemento con otro). El referente (si lo había) podía originar la ficción, pero era sometido a sucesivas conversiones que lo modificaban sustantivamente transformándolo en un objeto nuevo, de esencia autónoma.

La comunicación de la historia narrada no puede verse, a la luz de una visión epistemológica aparencial, como la transmisión de un mensaje entre dos sujetos (el autor y el lector) bien definidos y al margen de mediaciones. Hay, sin duda, un sujeto que escribe la historia y un lector que la recibe, pero ambos no son más que los puntos extremos (no necesariamente los más importantes) de un proceso de comunicación que incluye otros componentes. El realismo crítico no parece comprender este hecho; responde a un concepto de la literatura en el que el autor y el lector son concebidos como figuras irreducibles entre las que se produce una comunicación neutra, sin mediadores que la determinen y cualifiquen.

La primera comunicación del texto no se produce entre un sujeto-autor y un sujeto-lector, sino entre otras figuras ficcionales que el mismo texto genera. En realidad no son el sujeto-autor y el sujeto-lector el emisor y el receptor fundamentales del mensaje de la narración, sino esas mismas figuras ficcionales. Voy a tratar de especificar la naturaleza de los sujetos que efectivamente producen la comunicación narrativa.

Junto al sujeto-autor del texto, a una distancia variable de él, se halla el autor implícito. La proximidad entre ambos es más ficticia que real. Como es sabido, quien cuenta la historia no es el autor. Quien asume el sistema cultural y ético de la historia no es el sujeto-autor, sino la figura de ficción que se responsabiliza de ese sistema o por lo menos lo presenta narrativamente. El sujeto-autor delega en ella la defensa del código del cual él queda exento. Por eso hay un solo sujeto-autor y pueden existir diferentes autores implícitos que aparecen en las distintas obras de un mismo autor. Hay varios autores implícitos en los cuentos de Borges o en las novelas de Cortázar, por ejemplo, sin que los sujetos-autores coincidan o se identifiquen con ellos.

Denomino a este autor implícito, porque no existe abiertamente como un ser con características individualizantes (nombre propio, rasgos físicos, etcétera), sino que es una reconstrucción hecha a partir de los datos de la narración. El autor implícito no tiene voz individual, pero se manifiesta a través de las voces de la novela, del código cultural de que se compone el texto. El autor implícito que reconstruimos a partir de las novelas iniciales de Juan Goytisolo (*La resaca* o *Fiestas,* por ejemplo) se caracteriza por su compasión y espíritu de solidaridad con la condición del otro injustamente desfavorecido. El autor implícito de *Don Julián* o *Juan sin tierra* es, por el contrario, implacable, carece de la capacidad para el amor que se ha extinguido en él con el odio y el deseo de vindicación. Estas son conclusiones que hacemos al interpretar los datos del texto en la lectura hermenéutica. En realidad, no hay un ser individual en el texto que se declare compasivo o implacable o que asuma la presentación de estos ragos. Sin embargo, los deducimos satisfactoriamente de la historia. De manera precipitada, podemos tender a imputárselos al sujeto-autor cuando él nunca se los ha atribuido a sí mismo: el sujeto-autor puede no ser una persona compasiva o implacable o serlo en un grado y con unas características muy diferentes de como se manifiestan en esas novelas. La asignación justa debe dirigirse hacia el autor implícito con quien el receptor de la narración establece la auténtica comunicación narrativa por ser él el punto de origen y de organización del sistema cultural del texto.

Más alejado del sujeto-autor está el narrador, que es la voz central de la historia. Puede no coincidir con la norma ética y cultural del autor implícito e incluso estar en claro conflicto con ella [1]. A diferencia del autor implícito, no es una figura que aparece siempre de manera evidente en la historia y en algunos casos su presencia tiende a disolverse e incluso llega a desaparecer. Además de la voz predominante del narrador, pueden existir otras voces narrativas que complementan la del narrador y proveen piezas de diversa importancia al código cultural del texto.

En un extremo del proceso de comunicación narrativa, en el campo de la emisión, encontramos al autor implícito mediado por el narrador y otras voces secundarias. Al otro extremo, en el campo de la recepción, se halla el lector implícito que no se confunde con el sujeto-lector. Este último

---

[1] Sobre el tema de la atribución moral de la historia, ver W. Booth, *The Rhetoric of Fiction* (Chicago: Chicago University Press, 1970).

es un lector individual y personalizado. El lector implícito es una presuposición de la narración, un receptor general y abstracto al cual se dirige la historia. El texto comunica con este lector y, a través de su mediación y, sólo de manera indirecta, con el lector real. Para el texto, los lectores individuales son indescifrables e imprevisibles y por eso requiere de la creación de un auditor ideal susceptible de asimilar el mensaje. El lector real podrá asentir en mayor o menor grado con ese auditor o podrá estar en desacuerdo con él. Pero su recepción estará mediada por la lectura hipotética del lector implícito. En algunos casos, el texto incluye un narratario que asume una función paralela a la del narrador: fijar en una figura concreta la recepción del intercambio comunicativo de la narración. Un personaje, explícito en la historia, *escucha* la narración y con frecuencia sirve para vehicular con menos ambigüedad e imprecisión el código de la narración. En *El escándalo*, de Pedro A. de Alarcón, por ejemplo, el Padre Manrique es el narratario que escucha la narración de Fabián Conde, encauzando el mensaje del narrador según una orientación preferida por él.

Paradójicamente, y en contra de un concepto vulgar de la ficción, el sujeto-autor y el sujeto-lector (los de la supuesta realidad de la comunicación narrativa) son prescindibles en el diálogo narrativo: son entes en los que recae ese diálogo ya verbalizado, ya ocurrido; se ven influidos y mediados por él sin llegar a ser los interlocutores decisivos.

2. Voz y punto de vista

El tema fundamental que trato en este capítulo es el de la voz de la historia; quién es el que nos transmite la historia, su presencia en ella y su distancia con respecto al texto. Elijo este tema con preferencia a otros porque sigue siendo de importancia central en la crítica de la ficción y porque contribuye a ampliar y enriquecer sustancialmente el concepto de la ficción propuesto en este libro.

Importa no confundir los conceptos de punto de vista y voz[2]. El punto de vista indica la posición desde la cual se percibe la narración. Esta posición puede ser literalmente física: el punto de vista se presenta entonces como el lugar preferente desde el cual se presencian los hechos de la ficción. En *Peñas arriba* son a menudo las cumbres de La Montaña santanderina el centro de observación desde donde se ve la historia. El punto de vista no coincide las más de las veces con un lugar identificable, sino que indica una posición conceptual o axiológica para situar a los personajes y los hechos de la historia. En la misma novela de Pereda, además de las cumbres de las montañas de la región, se incluye sobre todo

---

[2] Seymour Chatman, *Story and Discourse* (Ithaca: Cornell University Press, 1978), p. 153.

el punto de vista de La Montaña rural y tradicional como concepto cultural y modo de vida que supera el de la cultura urbana moderna.

El punto de vista define la perspectiva de la visión y no la expresión concreta de lo que se percibe desde esa perspectiva, lo cual es función de la voz narrativa. El punto de vista es predominantemente una estructura pasiva de la narración, mientras que la voz la dinamiza y la hace progresar. Se puede modificar la posición del punto de vista, cambiarlo de una perspectiva a otra, de manera semejante a como modificamos el emplazamiento de una cámara fotográfica para captar objetos diversos. Pero, una vez fijada la nueva perspectiva, ésta se mantiene inamovible y es el narrador —la mano del fotógrafo que ajusta los instrumentos de enfoque y de luz de la cámara— la que le da movimiento a la narración y hace que avance.

El punto de vista y la voz pueden coincidir en la misma persona, pero no siempre es así. Con frecuencia, el punto de vista y la voz tienen una procedencia distinta. Esto es incluso posible en las narraciones donde el yo biográfico (en primera persona gramatical) aparentemente domina el punto de vista y la voz narrativa. En *Peñas arriba,* la voz narrativa es la del sobrino de Don Celso, que cuenta retrospectivamente el desarrollo de su asimilación a La Montaña. También, en general, este yo es quien ve la narración, al principio, desde el conflicto entre los *loci* opuestos de la ciudad y La Montaña y, más tarde, desde la posición privilegiada de la unidad total con La Montaña. Pero, ya desde el comienzo, la perspectiva de la narración pasa a otros personajes. Las cartas de Don Celso en el primer capítulo son una ilustración de esta transferencia del punto de vista, aunque la narración continúe en manos de su sobrino.

Aunque una de las cartas que se incluyen en el libro sea de extensión considerable, como para que momentáneamente pudiéramos olvidar quién está a cargo de la narración, los comentarios de la voz del sobrino extinguirán las dudas: «Me escribía [mi tío]», dice prontamente Marcelo en un inciso que rompe la homogeneidad maciza de la carta. Luego, terminada ya la carta, su voz afirmará su preponderancia sobre la de otros posibles competidores. Sin embargo, el punto de vista ha sido alterado efectivamente y el hecho se repetirá, con otros procedimientos, en otros pasajes de la novela. En una novela más pluridimensional, este cambio de la perspectiva podría conllevar cambios semánticos, pero en *Peñas arriba* la identificación del narrador, el autor implícito y los focos de perspectiva con un propósito único es tan cerrada que ningún otro elemento es susceptible de modificar la unidad del texto.

No siempre aparece la voz narrativa con la afirmación y la claridad de *Peñas arriba.* Hay una considerable gradación de la presencia y la audibilidad del narrador que determina no sólo el modo narrativo, sino la naturaleza general de la novela. Divido los modos básicos de la narración en tres categorías: narración explícita, narración encubierta y no narración o punto cero de la narración. Estudiaré estas clases distintas de narración tratando de ver sus características más significativas y la manera en que afectan al texto.

3. LA NARRACIÓN EXPLÍCITA

Sin pretender establecer una ley absoluta, podemos decir que la ficción ha seguido una orientación hacia la minimización del narrador, favoreciendo la disminución (en algunos casos total desaparición) de su presencia. Este principio de la diacronía ficcional, que se manifiesta en muchos textos ilustrativos, se ve contrapuesto por otros que divergen de la tendencia paradigmática. La novela se ha desarrollado hacia la eliminación del narrador; y en nuestro siglo, con la novela joyciana y posjoyciana, lo ha alcanzado de la manera más rigurosa. Sin embargo, sobre todo en las dos últimas décadas, se ha producido una reemergencia del narrador y de la narración en formas básicamente clásicas, aunque a veces transformadas por técnicas modernas. Las obras importantes de algunos novelistas latinoamericanos (García Márquez, por ejemplo) son una ilustración de este fenómeno. Eso no empece el que podamos afirmar sin duda que la ficción se ha orientado, después de Joyce y Virginia Woolf, hacia la no-narración y que esto constituye uno de sus rasgos singulares. Este hecho ha afectado de manera definitiva la naturaleza de la ficción, incluso en aquellas obras que, inconsciente o intencionadamente, se escriben al margen de la no-narración. No hay texto posjoyciano que sea inocente al respecto. El texto que narra de modo deliberado lo hace *en contra* de la no-narración y su acción adquiere significación en cuanto que se enfrenta a la ficción no narrada. Los textos que narran sin conciencia o responsabilidad narrativa no quedan exentos de la ignorancia del paradigma ficcional moderno. Se puede (y se debe) no escribir según la norma joyciana, pero no se puede escribir, legítimamente, desconociéndola.

La narración ha sido explícita en la mayor parte de la historia de la ficción. Pero lo ha sido sobre todo con el advenimiento de la novela clásica moderna a partir de los escritores ingleses del siglo XVIII y de los novelistas europeos representativos del XIX. La presencia ostensible del narrador va vinculada con el problema epistemológico de la correspondencia entre la ficción y la realidad que preocupa a la novela clásica moderna a partir del XVIII, como ha mostrado Ian Watt en *La ascensión de la novela*. El narrador es un modo de certificar la veracidad de lo presentado en el texto: sirve como garantía testimonial de los hechos. Lo ocurrido puede ser producto de la mente desequilibrada o delirante del narrador, pero por lo menos hay un sujeto que se responsabiliza de la verdad del texto.

El realismo de la novela del XVIII sigue la orientación cartesiana según la cual la búsqueda de la verdad se concibe como una empresa individual, con independencia de la tradición filosófica. El individuo puede, por sí mismo, descubrir la verdad. El narrador individual de la novela se propone como un ser capaz de conocer la parcela de verdad propia de los personajes y de proponérsela al lector con la objetividad de su razón individual, que él tiene la confianza de que coincide con la del resto de los hombres [3]. A una verdad individual le corresponde una trama individual y original, que no es una versión readaptada de los argumentos canónicos de la tradición grecolatina, como era habitual en la literatura pre-realista. Un narrador que cuenta sucesos que le han acaecido a él mismo o que han sido presenciados por él desde una perspectiva privilegiada hace más posible la individuación de la historia, promocionando la experiencia personal por encima de los universales platónicos y escolásticos.

Estas son algunas de las razones por las que el narrador adquiere una presencia destacada en la novela clásica. Esta presencia se manifiesta no sólo en los momentos más prominentes del texto, sino también en otros muchos menos destacados. El narrador no desea malograr la oportunidad de dejar constancia de su voz, que será audible tanto en la larga presentación de una secuencia-resumen como en el pormenor descriptivo accesorio, que pasa casi desapercibido.

a) *La descripción y la designación de los personajes*

La descripción es la señal mínima de la voz del narrador, pero, no obstante, podemos ya ver en ella de manera más o menos ostensible la manifestación de la presencia de un sujeto que percibe la historia a la distancia y expone el contenido de esa percepción. Hay grados de inmediatez en la presencia del narrador en la descripción. Hay descripciones en las que la voz narrativa aparece sin reservas para concretar de forma precisa y expeditiva el trasfondo físico de la ficción. La comunicación pretende ser así lo más directa y efectiva posible. En la novela clásica moderna, en los pasajes de introducción de la historia, abunda este tipo de descripciones en las que el narrador se explicita abiertamente.

En *Fortunata y Jacinta* cuando se presenta el medio en que se desarrolló Bárbara Arnáiz, el texto se complace en obviar al lector los rasgos de ese ambiente por medio de la intervención del narrador:

> Nació Barbarita Arnáiz en la calle de Postas, esquina al callejón de San Cristóbal, en uno de aquellos oprimidos edificios que parecen estuches o casas de muñecas. Los techos se cogían con la mano; las escaleras había que subirlas con el credo en la boca, y las habitaciones parecían destinadas a la premeditación de algún crimen. Había moradas de éstas a las cuales se entraba por la cocina. Otras tenían los pisos en declive, y en todas ellas oíase hasta el respirar de los vecinos. En algunas se veían mezquinos arcos de fábrica para sostener el entramado de las escaleras, y abundaba tanto el yeso en la construcción como escaseaban el hierro y la madera. Eran comunes las puertas de cuarterones, los

[3] IAN WATT, *The Rise of the Novel* (Berkeley: University of California Press, 1974), p. 13 *et passim*.

baldosines polvorosos, los cerrojos imposibles de manejar y las vidrieras emplomadas. Mucho de esto ha desaparecido en las renovaciones de estos últimos años, pero la estrechez de las vidrieras subsiste [4].

Este es un pasaje típico en el que el narrador aparece marcado inequívocamente: podemos seguir su discurso —paralelo a la historia— en la multiplicidad de comentarios y recursos retóricos que emplea. Es tal la fuerza de esta voz que acaba por dominar la historia y al final nos dejamos conquistar por este canto de sirena todopoderoso que llena el texto. Se suceden las metáforas y las hipérboles y su filiación está indudablemente vinculada no a Bárbara Arnáiz o a otro personaje, sino al narrador que se arroga su propiedad: «edificios que parecen estuches o casas de muñecas»; «techos que se cogían con la mano»; escaleras que hay que subir «con el credo en la boca»; «las habitaciones parecían destinadas a la premeditación de algún crimen», etc. Los componentes materiales del medio de la descripción están calificados por este mismo narrador, que no quiere dejar ningún cabo por atar y que quiere que el lector lo perciba todo a través de sus sentidos privilegiados: los arcos de fábrica son «mezquinos»; escasea el yeso y la madera; los cerrojos son «imposibles de manejar» y las vidrieras son «emplomadas». La frase final (desde «mucho» hasta «subsiste») no hace sino dar cima —ya casi fuera de la descripción— a la intervención del narrador con una observación general sobre el medio de Barbarita.

No siempre es la ficción del siglo XIX tan propicia a aceptar esta voz altisonante del narrador en la descripción. En otras ocasiones, el origen de la visión descriptiva aparece disimulado de manera que, aunque reconozcamos al narrador, su presencia puede confundirse en cierto modo con la de la voz o el pensamiento de un personaje. El texto puede utilizar también la ambigüedad entre voz narrativa y punto de vista, de manera que la voz del narrador, aun sin extinguirse, tiende a oscurecerse y perder prominencia. En *Alicia en el país de las maravillas,* de Lewis Carroll, la descripción del trasfondo de la madriguera, en la que tan osadamente se introduce Alicia, vacila entre la voz benevolente del narrador y el punto de vista de la asombrada niña:

> The rabbit-hole went straight on like a tunnel for some way, and then dipped suddenly down, so suddenly that Alice had not a moment to think about stopping herself before she found herself falling down what seemed to be a very deep well.
>
> Either the well was very deep, or she fell very slowly, for she had plenty of time as she went down to look about her, and to wonder what was going to happen next. First, she tried to look down and make out what she was coming to, but it was too dark to see anything: then she looked at the sides of the

[4] *Fortunata y Jacinta*, p. 10.

well, and noticed that they were filled with cupboards and book-shelves: here and there she saw maps and pictures hung upon pegs[5].

(La madriguera continuó por algún tiempo hacia adelante como un túnel y después descendió repentinamente, tan repentinamente que Alicia no tuvo un momento para pensar en detenerse antes de que se encontrara cayendo hacia lo que parecía ser un pozo muy profundo. O el pozo era muy profundo o ella caía muy lentamente porque mientras descendía tuvo tiempo de mirar a su alrededor y preguntarse sobre lo que iba a ocurrir. Primero, intentó mirar hacia abajo y prever hacia donde iba, pero estaba demasiado oscuro para ver nada: después, miró a los lados del pozo y advirtió que estaban llenos de alacenas y estantes de libros; aquí y allí veía mapas y cuadros colgados de pequeñas estacas.)

La descripción de la madriguera empieza siendo abiertamente narrada: «la madriguera continuó por algún tiempo hacia delante como un túnel»: es el narrador quien tiene la impresión del lugar y quien lo percibe en su analogía con un túnel. Pero, poco después, con la mención de Alicia como sujeto de los verbos de las siguientes frases, el origen de la descripción se hace más ambivalente y no sabemos ya con tanta certeza si el símil del pozo profundo procede del narrador o de Alicia; dudamos si la impresión («seemed») es o no de Alicia, aunque parece que la perspectiva de la niña parece determinar en este caso la del narrador. La incertidumbre se acrecienta con la disyunción entre la longitud del pozo y la velocidad de la caída («O el pozo era muy profundo o ella caía muy lentamente»), que parece más bien provenir de la reposada reflexión del narrador que de la preocupación y anonadamiento de la niña que se encuentra en una situación extraña. Después, la descripción parece inclinarse del lado de Alicia. Es ella la que mira a su alrededor y la que advierte que las paredes del figurado pozo están llenas de alacenas y anaqueles; también es ella la que ve los mapas y los cuadros. Es el narrador —no Alicia— quien seguirá narrando, pero su saber —a diferencia del del párrafo de Galdós— está cercenado y su verdad narrativa se fragmenta, se desdobla y alterna entre la visión propia y la de la niña.

La identificación de personajes y objetos significativos es otro modo de señalar al narrador. En la narración explícita se nombra pronto al personaje y se le califica claramente para que el lector tenga una referencia sólida a que atenerse. El nombre propio acompañado de las cualidades y rasgos determinantes procede casi siempre del narrador, a no ser que sea el propio personaje quien se presente y juzgue a sí mismo, lo cual no suele ser común en la novela clásica, que busca la distancia que proporciona la objetividad[6]. Esto es cierto incluso en textos que por su estructura y lenguaje barrocos

---

[5] LEWIS CARROLL, *Alice's Adventures in Wonderland* (Nueva York: New American Library, 1960), p. 18.

[6] En la narración por modo biográfico en primera persona, coinciden el narrador y un personaje, pero cuando este narrador-yo identifica a otros personajes incurre en una distanciación similar a la de un narrador de tercera persona.

—de una mímesis menos abiertamente realista— podrían apartarse más fácilmente de esta característica general.

En *El egoísta* se introduce a Willoughby y su familia primero con un aparente circunloquio (no necesario) para proceder inmediatamente a la calificación precisa: «There was an ominously anxious watch of eyes visible and invisible over the infancy of Willoughby, fifth in descent from Simon Patterne, of Patterne Hall, premier of this family, a lawyer, a man of solid acquirements and stout ambition, who well understood the foundation-work of a House, and was endowed with the power of saying No to those first agents of destruction, besieging relatives» [7]. (Hubo una mirada ominosamente ansiosa de ojos visibles e invisibles sobre la infancia de Willoughby, quinto en el orden de descendencia de la familia de Simon Patterne, de Patterne Hall, primero de esa familia, abogado, hombre de sólidos conocimientos y fuerte ambición que comprendía bien el trabajo de construcción de los fundamentos de una Casa y estaba dotado con el poder de decir No a esos primeros agentes de destrucción, los parientes acechantes.) No basta con nombrar al protagonista, Willoughby, sino también a su ascendiente, Simon Patterne, en cuanto que ilustra algunos rasgos del propio carácter de Willoughby, en especial su obstinada soberbia y ambición. El nombre propio es deíctico, designa sin dilación la identidad de un sujeto y es por ello útil para la fijación individualizadora de personajes, pero ofrece dos problemas importantes: elimina desde el principio un elemento de sorpresa hermenéutica necesario en la construcción de la fabulación, ya que el lector sabe de inmediato sobre quien personalizar la historia. Y, además, remite claramente a un narrador que está en el secreto de toda la historia y no tiene reserva en utilizar sus facultades, que son tan abarcadoras como exclusivizantes.

Otras novelas posponen la introducción del nombre de los personajes o lo suprimen por completo. El texto mantiene así una parte de la suspensión semántica que incrementa el interés del lector y su participación en la elaboración de la historia [8]. La narración se disimula y el narrador oculta mejor su intervención. En *La Jalousie,* de Robbe Grillet, no se revela el nombre de A... a pesar de su importancia en la historia. En *Un viaje de invierno* no averiguamos el nombre de los personajes sino avanzado ya el texto y de manera circunstancial, de modo que no es necesario el conocimiento de los nombres para entrar en la comprensión de la historia. La vaguedad de la designación nominal es tal en bastantes textos contemporáneos que hace que los nombres y los rasgos atribuidos a los personajes sean casi por completo intercambiables, como ocurre en *62 Modelo para armar,* de J. Cortázar, donde no es tan importante conocer a quién corresponden unos actos o características personales determinadas como entrar en contacto

---

[7] *El egoísta*, p. 38.
[8] Sobre este punto, ver los textos de los formalistas rusos ya mencionados.

con la colectiva actitud intelectual y emotiva del grupo de amigos. En la misma novela, cuando se nombra en el primer capítulo al personaje que inicia la historia, se hace *en passant,* de modo tan oblicuo que pasa casi desapercibido. El sujeto con mayor carga semántica de la frase no es Juan, el personaje que reflexiona en la mesa del restaurante Polidor y al que se desea introducir, sino el comensal gordo: «Según el espejo, el comensal estaba sentado en la segunda mesa, a espaldas de la que ocupaba Juan...»[9]. La tangencialidad del nombramiento del personaje más importante contribuye a la difuminación del saber del narrador, a su elisión del texto.

En algunas novelas, la omisión del nombre del personaje o su trivialización intencional conducen al establecimiento de una complicidad con el lector, como si tanto el narrador como el lector conocieran al personaje desde hace largo tiempo y tuvieran la clave de su intimidad: el texto vendría a sugerir que las presentaciones serían innecesarias, provocando una connivencia entre narrador y lector que no está fundada en hechos reales —el lector, en verdad, no conoce a los personajes—, sino en los requisitos de la narración. En *Rayuela,* de Cortázar, la Maga aparece introducida por su nombre en la primera línea, pero el resto de la presentación contradice esta franca apertura del principio y lo que se dice de ella es accidental, casi insignificante, cuando se pone en relación con la expectativa psicológica iniciada en el lector. El uso de términos frecuentativos implica al lector en un conocimiento de la Maga del que en realidad carece. El narrador elude la responsabilidad de su presencia cediéndola al lector, que se ve incitado a asumirla: «*Tantas veces* me había bastado asomarme, viniendo por la rue de Seine, al arco que da al Quai de Conti, y apenas la luz de ceniza y olivo que flota sobre el río me dejaba distinguir las formas, ya su silueta delgada se inscribía en el Pont des Arts, a veces andando de un lado a otro, a veces detenida en el pretil de hierro, inclinada sobre el agua. Y era *tan natural* cruzar la calle, subir los peldaños del puente, entrar en su delgada cintura y acercarme a la Maga que sonreía sin sorpresa...» (la cursiva es mía). El conocimiento íntimo que el narrador tiene de la Maga se da por supuesto que es compartido por el lector, al que al mismo tiempo se le ha negado una información que le proveería datos significativos: de la Maga se dice tan sólo que es delgada y que se pasea por el Sena: todo ello perfectamente común y no personalizante.

No es gratuito el que la novela clásica sienta predilección por el uso de los nombres propios. El origen de esta actitud se encuentra en el medio filosófico del siglo XVIII, en el que los problemas de la identidad personal cobraron gran importancia. Concentrar la atención en lo individual era un modo de alejarse del mundo de las sustancias universales, propio de la filosofía escolástica. Como indicaba el propio Hobbes, los nombres propios

---

[9] JULIO CORTÁZAR, *62 Modelo para armar* (Buenos Aires: Editorial Sudamericana, 1972), p. 9.
[10] JULIO CORTÁZAR, *Rayuela* (Buenos Aires: Editorial Sudamericana, 1972), p. 15.

aluden a un ser individual; los universales, a muchos [11]. Al utilizar el nombre propio y una caracterización indivisible de los personajes, la novela clásica respondía a este impulso de particularización del hombre y el mundo, propio del pensamiento más representativo del XVIII. El novelista llevaba a la ficción concreta las aspiraciones teóricas de pensadores como Hume, Berkeley, Butler, etc.

La novela posclásica se resiste a esta particularización del personaje entre otras razones porque se produce en una época en la que, sin regresar a la abstracta esterilidad escolástica, una parte importante del interés del pensamiento se dirige a buscar los puntos de contacto entre el yo individual y aspectos generales de la realidad. La identidad del individuo sigue siendo importante, pero también lo es su comprensión a partir de la exploración de la naturaleza humana y del mundo.

b) *Sumarios temporales y espaciales*

La narración se revela en las descripciones e identificación de personajes de manera no particularmente prominente. El narrador se hace más visible en los sumarios temporales y espaciales y su intervención no admite las ambivalencias con el punto de vista de los personajes, como ocurría en los casos estudiados antes.

Es difícil conseguir en la ficción la cotemporalidad escénica, propia del teatro y del cine, en donde lo visualizado se corresponde con su duración temporal. Excepto en la ficción no narrada, el novelista tiene la necesidad de abreviar y recapitular períodos de la narración de menor importancia semántica. El narrador aparece para colmar una transición, descifrando su función para el lector de manera rápida y poder pasar a aspectos más significativos. La narración puede optar también por el silencio sobre esa transición y mencionar tan sólo de paso que hay un vacío temporal que no interesa comentar. Pero normalmente el narrador prefiere manifestarse con alguna extensión en los sumarios, aunque no sea de manera siempre directa.

En uno de los cuentos de *Las mil y una noches,* el narrador, el joven que cuenta la «Historia del joven encantado y de los peces», se ve obligado a recapitular en la introducción de su relato un largo período de años antes de entrar en el tema central: «Mi padre reinó sesenta años, y después se extinguió en la misericordia del Retribuidor. Después de su muerte, fui yo sultán y me casé con la hija de mi tío. Me quería con amor tan poderoso, que si por casualidad tenía que separarme de ella, no comía ni bebía hasta mi regreso. Y así siguió bajo mi protección durante cinco años, hasta que fue un día al hamman, después de haber mandado al cocinero que pre-

[11] WATT, p. 18.

parase los manjares para nuestra cena» [12]. El segmento temporal que aparece resumido es prolongado (65 años); en ese tiempo, la prominencia del narrador no es uniforme, sino que varía según los imperativos que la trama le impone. El período de sesenta años en que se alude a su padre apenas aparece comentado: tan sólo hay una alusión semánticamente vacía: decir del reinado de un rey sólo que duró sesenta años es, en realidad, no decir nada de ese largo tiempo de gobierno. La audibilidad de la voz del narrador es aquí virtualmente nula. Del período del sultanato se comunican más datos y el resumen aparece más completo: ocurrió después de la muerte del padre; hubo un matrimonio de gran importancia para la vida del personaje y para la elaboración de su relato. En especial, se destaca un hecho de los cinco primeros años del aparentemente dichoso matrimonio: el día en que la mujer va a visitar al hamman, que será el momento del fin de la felicidad conyugal, ya que el narrador descubre la infidelidad de su mujer. Se pasa entonces del silencio de la felicidad, en el que no sucede casi nada de relieve, al acontecer puro de la infelicidad del sultán, que llena el relato y señala el inicio de la cotemporalidad de narración e historia. El narrador se ha hecho ostensible con gradación diversa sólo en la medida en que era necesario para llenar los vacíos en los estratos temporales y semánticos del cuento.

El narrador se manifiesta no sólo en la recapitulación de lapsos más o menos prolongados de tiempo, sino también de segmentos del espacio ficcional. En el caso del sumario espacial, la narración alcanza una prominencia más explícita: para resumir el espacio, el narrador no cuenta con los recursos gramaticales propios del sumario temporal (adverbios y expresiones temporales frecuentativas, verbos durativos, etc.) y debe proyectarse más abiertamente en la historia. En el cine, la cámara abarcaría la totalidad del segmento espacial y podría englobar en una sola toma la totalidad de una ciudad o un paisaje. En la ficción literaria, eso no es posible y es sólo el narrador quien puede suplir el vacío entre la historia y el discurso novelístico.

El sumario espacial suele ir acompañado de una referencia temporal que contribuye a subrayar la naturaleza artificiosa de la presentación del espacio: lo que se presenta no es un espacio real, sino una contracción de éste que se acomoda a lo que requiere la narración. El signo temporal (generalmente expresiones reiterativas) precisa que el *locus* no se corresponde a un momento determinado, sino a una continuidad de momentos. Tiempo y espacio aparecen vinculados en una asociación que favorece la eficacia de la recapitulación narrativa. La conciencia más capaz de producir esta visión completa de un espacio dentro de la duración temporal es la del narrador. El lector no cuestiona la aptitud del narrador para abarcar con fidelidad un panorama tan amplio: al fin y al cabo es él quien controla la

---

[12] *Las mil y una noches*, p. 32.

narración. El texto podría presentar el panorama desde la voz de un personaje, pero entonces su presentación estaría más sujeta a limitaciones de autoridad de conocimiento que no afectan al narrador. Veamos en un paisaje de *Fiestas,* de Juan Goytisolo, el modo cómo se realiza esta contracción del espacio en el tiempo. El fragmento corresponde al momento en que Arturo satisface los deseos de su madre para que le describa las actividades del barrio en que viven, usando unos prismáticos desde el balcón de su piso:

> Al igual que otros días, Arturo desempeñaba el papel de vigía, encargado de hacerle un minucioso resumen de los sucesos que jalonaban la vida del barrio. Aunque su posición era notoriamente inferior a la de los inquilinos del piso alto, gozaba, no obstante, como todas las de la calle Mediodía, de una panorámica envidiable: en primer lugar, la calle escalonada de terrazas y la desvencijada taberna de la esquina en donde el gitano tocaba el organillo; luego los solares cubiertos de escombros y chabolas; y el puerto, en fin, con las torres del transbordador gigante cosidas por el hilo del vuelo de los pájaros [13].

El espacio del fragmento es un panorama resumido que aparece encapsulado desde el principio en un período temporal repetitivo: «al igual que otros días»; la elección de los tiempos verbales significa también la reiteración del espacio en la duración temporal indefinida: los imperfectos progresivos «era», «gozaba», señalan que ese espacio no es tan sólo el del presente, sino el de la historia de la pobreza del barrio: el narrador no se propone la descripción concreta de un *locus* tanto como su utilización para una revelación de una situación humana amarga.

Además de en esta referencia temporal, el narrador es manifiesto en toda la espacialización del pasaje. Lo que ve Arturo no es una totalidad (aunque sea minuciosa, como el mismo narrador declara), sino una selección del barrio. Quien selecciona no es Arturo, sino un narrador interesado en destacar la decrepitud del barrio de los suburbios de Barcelona. Arturo incluye en su observación lo que el narrador quiere que incluya: la desvencijada taberna con el gitano del organillo; los solares y chabolas miserables: es decir, aspectos de la desolación humana de una zona abandonada de la gran ciudad. El puerto y sus torres quedan fuera del espacio acotado del barrio; es el espacio del poder de la ciudad que sus habitantes no podrán alcanzar o descifrar. El narrador invade por completo ese espacio con la metáfora de las circunvoluciones de los pájaros: «las torres del transbordador gigante cosidas por el hilo del vuelo de los pájaros». La palabra figurada obviamente no procede de la imaginación de Arturo, sino del narrador. Desde la introducción al espacio panorámico, con la frase adverbial reiterativa, hasta el final, con la utilización del lenguaje retórico, la voz narrativa es claramente perceptible en este sumario espacial, con un grado de audi-

---

[13] JUAN GOYTISOLO, *Fiestas* (Barcelona: Destino, 1969), p. 14.

bilidad superior al de las formas ya consideradas de la narración explícita.

c) *Mediación por comentario del narrador*

El pasaje de Goytisolo se diferencia también de los ejemplos anteriores de la narración explícita por el hecho de que incorpora una valoración ética a la voz del narrador. Se manifiesta de manera indirecta (por medio de la selectividad del espacio descrito) más que por medio de un comentario enjuiciador abierto sobre la historia. Hay otros casos en que la intervención del narrador se proyecta con un juicio sobre la historia (personajes, situaciones) y eso contribuye a destacar la presencia de la voz narrativa. El narrador media en la narración a través de comentarios oblicuos (por medio de la ironía) y directos, por medio de una serie de operaciones (interpretación o glosa, valoración, observaciones generales y mediación en la escritura) que analizaré más adelante.

La función principal de la ironía es la de debilitar el discurso o una parte del discurso aparente de la narración [14]. El agente del comentario irónico suele ser el mismo narrador que cuestiona las palabras o los actos de alguno de los personajes o la significación de una situación. En este caso, la comunicación real se produce entre el narrador irónico y el lector, no entre éste y el discurso narrativo. En otras ocasiones, es el narrador mismo quien es ironizado, con frecuencia por medio del comentario oblicuo de la voz del autor implícito que de este modo desdice al narrador y lo convierte a los ojos del lector en un narrador sospechoso o no fiable. En ambas clases de ironía ficcional, hay una víctima que, sin saberlo, sufre las heridas del comentario irónico. La comunicación entre el agente ironizador y el destinatario de la narración (el narratario o el lector) se produce a contracorriente, de modo casi confidencial, del discurso predominante en el texto.

Veamos algunos ejemplos de comentario irónico, deteniéndonos primero en un caso en el que la víctima es un personaje. La figura de María Remedios, la madre de Jacinto en *Doña Perfecta*, se presenta, en un nivel de la narración, como un modelo de amor maternal y de virtudes cristianas. La actitud y las obras de Remedios, que merecen la alabanza de sus convecinos de Orbajosa, serán disminuidas y puestas en entredicho por el narrador. En el caso del pasaje que he elegido como ilustración, el comentario irónico se da doblemente mediado, ya que el narrador ironiza su propia presentación (que es fiel a la versión aparente que Orbajosa tiene de Remedios); es decir, es el comentario de un comentario. En el primer nivel, el comentario es favorable (aunque no completamente verdadero) a Remedios; en el nivel irónico se corrige el comentario previo y se ubica a Remedios en su dimensión moral correcta.

[14] La función de la ironía en la intertextualidad quedó estudiada en el capítulo II, pp. 79 y ss.

Detengámonos primero en el procedimiento irónico aplicado al amor maternal de Remedios: «El amor de Remedios a Jacinto era una de las más vehementes pasiones que en el corazón maternal pueden caber. Le amaba con delirio; ponía el bienestar de su hijo sobre todas las cosas humanas; creíale el más perfecto tipo de la belleza y del talento, creado por Dios, y diera por verle feliz y grande y poderoso todos los días de su vida y aun parte de la eterna gloria» [15]. El propósito del narrador es salvar lo valioso del amor de Remedios hacia su hijo y al mismo tiempo reducir su valor aparente, mostrando que el amor, a pesar de ser un sentimiento fundamental y positivo, puede convertirse en una fuerza destructiva. El narrador consigue este efecto por medio del comentario doble que dirige al lector. Por una parte, por medio de la frase introductoria que fija ese sentimiento, define positivamente el amor de Remedios, aunque ya la elección de términos hiperbólicos como «vehemente» y «delirio» facilitan la vía irónica. Luego, al relacionarlo con la divinidad y la eternidad, el narrador subraya la naturaleza mórbida de esa pasión y pone en duda su calidad. Tal vez hubiera sido oportuno que el narrador se hubiera detenido en este punto o que hubiera prolongado su mediación por medio de otros comentarios oblicuos. Pero el texto prefiere la mediación directa y obvia que fije con claridad a Remedios en la categoría universal del amor excesivo. El párrafo que sigue en la novela, a continuación del ya citado, será un caso de mediación directa que se estudia más adelante. En él, el narrador abandonará la tangencialidad de la ironía y se entregará a la condenación clara de Remedios: el amor, proclamará el narrador sin reserva, puede conducir a «grandes faltas y catástrofes».

Mayor moderación se muestra para calificar la virtud de Remedios: «En Orbajosa, María Remedios pasaba por un modelo de virtud y de sobrina; quizá lo era en efecto. Servía cariñosamente a cuantos la necesitaban; jamás dio motivo a hablillas y murmuraciones de mal género; jamás se mezcló en intrigas. Era piadosa, no sin dejarse llevar a extremos de mojigatería chocante; practicaba la caridad; gobernaba la casa de su tío con habilidad suprema; era bien recibida, admirada y obsequiada en todas partes, a pesar del sofoco casi intolerable que producía su continuo afán de suspirar y expresarse siempre en tono quejumbroso (230).»

La grandeza de la bondad modélica de Remedios aparece atenuada por el comentario desfavorable del narrador, que la convierte en víctima de sus dudas y de su cuestionamiento que indirectamente socavan su moralidad: «quizá», «no sin dejarse llevar a extremos...»; «a pesar del sofoco casi intolerable que producía...»

La ironía puede estar dirigida contra una situación general y no contra un personaje específico del texto. Cuando, en *Fiestas,* se alude al inmueble

[15] BENITO PÉREZ GALDÓS, *Doña Perfecta* (Madrid: Editorial Hernando, 1951), p. 230.

en el que habita Doña Cecilia, el narrador, sin declararlo abiertamente, comenta el transfondo político de la sociedad española de la posguerra: «Al final de la guerra habían inscrito en ella [la fachada del inmueble] una leyenda: POR EL IMPERIO HACIA DIOS, en gruesos caracteres negros, pero el calor y las lluvias la habían desfigurado. Ahora lucía un cartel flamante: BEBA COCA-COLA, que anunciaba una hermosa mujer de pelo rubio y cara sonrosada (40).» Rehuyendo la precisión expresiva y por medio de alusiones de cuya clave son conocedores el narrador y el lector, el narrador hace una revisión crítica de uno de los aspectos negativos de la sociedad: su subordinación a fuerzas dominantes extrañas. La personalidad de los que utilizan las paredes como instrumento de propaganda queda oculta, no se menciona; pero eso no obstaculiza la eficacia de la comunicación. El lector (familiarizado con la clave de esa sociedad) alcanza a comprender y ve en el calor y en la lluvia desfiguradoras un índice del abandono de un tipo de ideología oficial y su sustitución por otro del que la mujer de cabello rubio y atractivas mejillas es una expresión. El diálogo irónico se produce aquí más allá del texto, en efecto, por encima de él, según el siguiente diagrama que esquematiza este tipo de comunicación irónica:

Narrador $\longrightarrow$ $\longrightarrow$ $\longrightarrow$ lector (implícito o real)

Texto narrado

La ironía puede ser parcial o total. Casos de ironía parcial son los comentarios ya citados del narrador sobre Remedios en donde se ironiza sobre este personaje sin que eso sea óbice para que el texto incluya recursos distintos de la ironía. En el caso de la ironía total todo el texto se haya permeado por el comentario irónico y éste afecta a todos los personajes y situaciones. En los textos caracterizados por este tipo de ironía total, el lector, siguiendo una expectativa de ironía, se habitúa a desconfiar de la superficie textual y aguarda la calificación irónica. *El egoísta* es un buen ejemplo de esta ironía general del texto; un caso ilustrativo dentro de la novela española reciente es *Don Julián*, de Juan Goytisolo, donde las figuras integrantes de la España «carpetovetónica», sus costumbres y la historia de esa misma España son tamizadas de manera permanente y general por el comentario crítico del narrador.

En la narración carente de fiabilidad, quien es cuestionado es el narrador mismo, ya sea de manera completa, a lo largo de todo el discurso de su narración, o transitoriamente, en momentos diferentes de la narración [16]. Benjy, el idiota de *El sonido y la furia*, es un ejemplo de no fiabilidad completa del narrador por su incapacidad mental, que reduce su

[16] Para una explicación más extensa de este y otros aspectos de la ironía, ver WAYNE BOOTH, *A Rhetoric of Irony* (Chicago: The University of Chicago Press, 1974).

credibilidad. En *El escándalo,* en el relato que Fabián Conde hace de su vida al Padre Manrique, la credibilidad del narrador aparece enturbiada por los mismos excesos emotivos e ideológicos que impiden la coherencia y el equilibrio del relato. Como su interlocutor, el P. Manrique, reconoce, Fabián es un narrador excelente precisamente por la organización y el orden de su relato del que sólo es capaz una mente equilibrada que ha comprendido los sucesos de su vida y les ha dado una interpretación adecuada. Pero lo que narra, los hechos que él dice haber vivido y sus sentimientos hacia ellos acaban por desmentirlo e invalidan su narración. No es que dudemos en especial de la precisión general de los sucesos narrados por Fabián a pesar de su naturaleza bastante extraordinaria y melodramática, dudamos sobre todo de la sinceridad de sus sentimientos porque advertimos una contradicción irreconciliable entre la lógica reflexiva del narrador y el gran desorden y exceso de su vida. Fabián acude al P. Manrique para que le clarifique su vida, pero en realidad, según el propio P. Manrique le confiesa, Fabián no necesita de él porque posee ya el diagnóstico para la solución de sus problemas: «—¡Hijo! ¡Mi querido hijo! —exclamó el padre Manrique con entusiasmo—. ¿A qué ha venido usted aquí pidiéndome que lo cure? ¡Usted está curado radicalmente o cuando menos conoce tanto como yo la medicina de todo mal!»[17]. Hay una oposición demasiado flagrante entre esta mente sagaz, que conoce el remedio de «todo mal», y el torpe infeliz que ni siquiera acierta a aprovechar la venturosa oportunidad de un amor por Gabriela que él califica de supuestamente puro:

> ¡Oh gloria! ¡Oh infierno! Un ángel se había acercado a mi alma... Mi disfraz lo había atraído, le había inspirado confianza, le había hecho creer que yo era digno de su nobilísima compañía... ¡Estaba redimido... o podía redimirme! ¡Dios me ponía en el camino de la virtud..., o me daba un guía que me sacase del abismo de mis dolores! Pero, ¡oh desventura!, yo tenía prometido no salir de aquel abismo; yo había jurado esquivar a aquel ángel; yo había dado palabra de rechazar aquella mano que me tendía el cielo; yo no podía (para decirlo terminantemente) permanecer al lado de Gabriela como amante de Matilde (139).

Las inconsecuencias y la demasía sentimental y lógica de Fabián le restan credibilidad y hacen que el lector se prevenga contra la fiabilidad de su relato.

La interpretación y la valoración son dos formas similares de comentario directo. En ambas el narrador interviene abiertamente sin tratar de encubrir o disimular su voz para descifrar un aspecto de la historia que parece requerir explicación. En la interpretación, la explicación ocurre independientemente de la formulación de un juicio, mientras que en la valoración éste es esencial.

[17] PEDRO A. DE ALARCÓN, *El escándalo* (Madrid: Rivadeneyra, 1936), p. 128.

Son varios los modos en que se produce la interpretación, pero en general sirven para determinar la conducta o actitudes de los personajes. Roland Barthes ha atacado vivamente este deseo de naturalización o de fijación unidimensional de los llamados actantes ficcionales por cuanto los desposee de su plurivalencia y apertura psicológica [18]. Al margen de la crítica pertinente y aguda de Barthes, conviene examinar prácticamente con cierta atención algunas de las formas de funcionamiento de la interpretación sin pretender hacer un análisis exhaustivo que superaría el propósito de esta obra.

Como indica el propio Barthes, Balzac es el prototipo de ficción mediada por comentario directo. Pero Balzac no es el único representante de este tipo de novela ni la novela clásica del siglo XIX señala el punto terminal de esta mediación. Tal vez signifique su momento más universal, pero la novela contemporánea —aunque con más inhibiciones— sigue ejerciéndola. Una de las razones de esta intrusión manifiesta del narrador es que facilita el desarrollo del texto. Le resta complejidad —los enigmas y dificultades de la historia se dan resueltos —pero simplifica los problemas del texto que, en lugar de explicarse a sí mismo, puede recurrir a un *deus ex machina,* origen de todo. A pesar de estas desventajas, este procedimiento se ha utilizado profusamente y se sigue utilizando, sobre todo por su efectividad en precisar estados psicológicos y situaciones humanas. No es de extrañar que sea frecuente, en este tipo de comentario, la explicitación de motivos de una conducta o estado y que la explicación se materialice en la forma gramatical de una oración causal introducida por un término de causa. Cuando en *Los pazos de Ulloa,* el médico Don Máximo Juncal va a casa del marqués de Ulloa para asistir en el parto de su mujer, ve en la presencia del capellán, Julián, una ocasión para dar rienda suelta a sus ideas políticas. El narrador parece no poder eludir la necesidad de poner de manifiesto y elucidar los motivos de la conducta desproporcionada de don Máximo cuando éste se ve implicado en discusiones políticas:

> Volvió en breve [don Máximo], e instalándose ante la copa, mostró querer reanudar la conversación política, a la cual profesaba desmedida afición, prefiriendo en su *interior,* que le contradijesen, *pues* entonces se encendía y exaltaba, encontrando inesperados argumentos. Las violentas discusiones en que se llega a vociferar y a injuriarse le esparcían la estancada bilis, y la función digestiva y respiratoria se le activaba, produciéndole gran bienestar. Disputaba *por* higiene: aquella gimnasia de la laringe y del cerebro le desinfartaba el hígado [19] (la cursiva es mía).

El narrador explica este deseo habitual de don Máximo y lo interpreta como «afición» calificada de desmedida. Al receptor de la narración no le

[18] V. ROLAND BARTHES, *Le Degré zéro de l'écriture* (París: Seuil, 1972), pp. 11-45, y *S/Z* (París: Seuil, 1970), p. 102, *et passim.*

[19] EMILIA PARDO BAZÁN, *Los Pazos de Ulloa* (Buenos Aires: Emecé, 1943), p. 166.

queda otra opción que aceptar esta interpretación exclusiva de don Máximo (a no ser que el narrador fuera no fiable, pero éste no es el caso en *Los pazos de Ulloa*). El narrador menciona —tal vez negligentemente, pero no inocentemente— el interior de don Máximo, que él se propone descubrir y, en sendas frases causales, determina el origen y las consecuencias de sus preferencias sobre la clase de discusión política.

Además de interpretar los estados internos de los personajes, el narrador de *Los pazos de Ulloa* se propone también interpretar su aspecto exterior, que remite al estado psíquico, y explicarlo. Cuando, concluido el parto, don Máximo procede a acicalarse, su rostro refleja la tensión producida por el trabajo al asistir a la esposa del marqués. Don Máximo aparece fatigado y sin ánimo, pero el narrador encamina inequívocamente el significado de su condición psicológica en ese momento: «En su cara lucía *el júbilo del triunfo* mezclado con el sudor de la lucha, que corría a gotas, medio congeladas ya por el frío del amanecer» (175; la cursiva es mía). El marqués se encuentra junto a él y su ropa y compostura son utilizadas para expresar figuradamente su descontento por el hecho de haber dado a luz su mujer una niña en lugar de un hijo, que hubiera sido el heredero de su hacienda: «Encogióse despreciativamente de hombros el marqués, como amenguando el mérito del facultativo, y murmuró no sé qué entre dientes, prosiguiendo en su paseo de arriba a abajo y de abajo a arriba, con las manos metidas en los bolsillos, el pantalón *tirante cual lo estaba su dueño*» (175; la cursiva es mía).

La interpretación se justifica más fácilmente cuando el narrador suple el desconocimiento o la insuficiencia introspectiva o analítica de los personajes. Sin esa interpretación, el texto perdería acaso claridad de manera significativa. Es más difícil hallar justificación para el comentario por valoración en el que el narrador no sólo interpreta, sino también enjuicia decisivamente. La narración queda fijada así en su discurso y en su moral. En la misma escena de *Los pazos de Ulloa*, no sólo se interpreta la actitud de decepción del marqués ante el nacimiento de su hija, sino que se la juzga de manera obviamente desfavorable, puntualizando una vez más el menosprecio que muestra el narrador hacia don Pedro en toda la novela: «El marqués se paseaba por la habitación ceñudo, contraído, hosco, con esa expresión torva y estúpida a la vez que da la falta de sueño a las personas vigorosas, muy sometidas a la ley de la materia.» Y, poco después, la descripción del aspecto físico de don Pedro sirve para condenarlo de nuevo: «Otro espumarajo de rabia y grosería brotó de los labios de don Pedro.» El narrador va formulando una crítica del personaje que subrepticiamente es asimilada por el lector hasta convertirse en su propia opinión de don Pedro.

En los ejemplos citados, la valoración se produce por medio de la connotación más que de la denotación con juicio directo. Es como si el narrador supiera que un comentario moral más directo provocaría un sentido contrario al pretendido en la valoración. En otras ocasiones, el juicio ocurre por vía directa, no metonímica. Creo que un caso ilustrativo, precisamente por lo hiperbólico, es la evaluación que hace Fabián de Gabriela en su primer encuentro a solas con ella:

> Gabriela, inocente, dichosa, triunfante, estaba de pie, a mi lado, junto a la florida reja, dejándome estrechar y acariciar aquella mano tibia y suave, confiada y cariñosa, que no temblaba entre las mías, sino que facilitaba ingenuamente la comunicación de los amantes efluvios de nuestras almas, de nuestros corazones, de nuestra sangre juvenil... Alzó al fin ella la pudorosa vista... Hablábanse y besábanse nuestras pupilas, y yo advertía con inefable orgullo que, efectivamente, en las de Gabriela fulguraba toda la pasión de la mujer al través de la santidad del ángel, dejándome ya presentir a la tierna esposa, con su doble aureola de dulce compañera y de futura madre... (154).

Es tanto el deseo de Fabián de realzar encomiásticamente a Gabriela que el lector cuestiona la imparcialidad de ese juicio y con ella su validez. Esta seguridad enjuiciadora penetra todo el texto de *El escándalo,* que es incapaz de ceder derechos interpretativos o valorativos al lector. Incluso cuando se cambia de narrador y Fabián Conde deja de ser la voz de la novela, persiste la necesidad compulsiva de la valoración. Nótese, por ejemplo, en el modo rotundo en que se califica a Fabián cuando termina su confesión con el Padre Manrique: «Diríase que el joven había vivido diez años durante aquellas horas. Su rostro ostentaba la melancólica paz y firmeza de quien ha llegado a la cumbre de la edad y abarca desde allí todo el horizonte de su vida, limítrofe ya de la que hay al otro lado de la muerte (291).»

El estereotipo o la observación general es otra forma de comentario directo que tiende a buscar, de manera más declarada que en las anteriores, la complicidad o connivencia del lector con la narración. En este caso se pretende establecer un acuerdo consensual por medio de la presión de la *vox populi,* del dictamen general. El lector debe aceptarlo porque, de lo contrario, no sería como el resto de los integrantes del grupo dictaminador y su buen juicio sería puesto en duda. Esta actitud puede verse como una especie de soborno del lector a partir del otro. Este otro, además, con frecuencia tiene como fundamento el ser meramente una composición arbitraria del narrador para satisfacer las necesidades de la narración. No es difícil entresacar de las novelas clásicas ejemplos de estas generalizaciones. En *Doña Perfecta* se utilizan con el propósito de involucrar al lector en un juicio favorable o desfavorable de un personaje. El estereotipo es el motivo de la justificación de ciertos rasgos de Pepe Rey que pudieran considerarse como negativos. La observación general servirá para recordar al lector que al estereotipo de la sociedad tradicional hay que oponer otra creencia (otro estereotipo) superior. Por ejemplo, Pepe Rey no es hablador. Esto podría ser considerado como un defecto de su personalidad y el narrador sale inmediatamente al paso: «sólo los entendimientos de ideas inseguras y de movedizo criterio propenden a la verbosidad (31).» Pepe Rey manifiesta una falta notable de moderación en sus opiniones. El estereotipo está a mano para justificar ese exceso: «No admitía falsedades, ni mistificaciones, ni esos retruécanos del pensamiento con que se divierten algunas inteligencias impregnadas de gongorismo (31).»

Las generalizaciones se utilizan con un propósito inverso al enfrentarse el narrador con Jacinto, por quien evidentemente no siente simpatía: «era uno de esos chiquillos precoces a quienes la indulgente Universidad lanza antes de tiempo a las arduas luchas del mundo, haciéndoles creer que son hombres porque son doctores (67).» Y más adelante:

> Respecto a sus dotes intelectuales y a su saber social, tenía todo lo necesario para ser con el tiempo una notabilidad de estas que tanto abundan en España: podía ser lo que a todas horas nos complacemos en llamar hiperbólicamente un *distinguido patricio o un eminente hombre público*, especies que, por su mucha abundancia, apenas son apreciadas en su justo valor (68).

Los demostrativos (uno de esos chiquillos; una notabilidad de éstas) suponen la conformidad del lector con lo dicho. Más que afirmar, el narrador desliza una proposición que sabe que el lector no osará cuestionar porque viene avalada por el peso del consenso de todos.

Otro modo de mediación directa ocurre en el comentario del narrador a la escritura. Este rasgo se ha hecho particularmente definitorio de la ficción posclásica, pero no es exclusivo de ella. En el *Quijote*, como es sabido, se encuentran abundantes comentarios a la narración que el narrador no pretende ocultar en modo alguno. Lo que diferencia en este aspecto a la novela clásica de la posclásica es la intensidad y amplitud del comentario que, en la novela posclásica, puede llegar a convertirse en motivo principal de la narración.

Hay un comentario a la escritura que queda involucrado en la narración misma sin separarse prominentemente de ella; es como una extensión suya que contribuye a su comprensión. El *Quijote* proporciona una ilustración de esto. En los títulos de los capítulos, en las frases de conclusión de ellos («Pero esta respuesta capítulo por sí merece», II parte, capítulo XXXI), el narrador establece nexos en la anécdota, justifica episodios, destaca situaciones para el lector. Y, cuando esto no es suficiente, se interpone en la narración para exponer principios y métodos narrativos. Así ocurre, por ejemplo, cuando destaca el realismo exhaustivo de Cide Hamete, que se justifica porque sacia la curiosidad del lector:

> Real y verdaderamente, todos los que gustan de semejantes historias como ésta deben de mostrarse agradecidos a Cide Hamete, su autor primero, por la curiosidad que tuvo en contarnos las semínimas della, sin dejar cosa, por menuda que fuese, que no la sacase a luz distintamente. Pinta los pensamientos, descubre las imaginaciones, responde a las tácitas, aclara las dudas, resuelve los argumentos; finalmente, los átomos del más curioso deseo manifiesto (19).

En otras ocasiones, los comentarios no son tan generales y aluden a aspectos más concretos del texto. Como cuando se establecen diferencias de estructuración entre la primera y la segunda parte, explicando las razones por las que no se incluyen en la segunda parte novelas breves como *El curioso impertinente* o el *Capitán cautivo*:

> Y así, en esta segunda parte no quiso ingerir novelas sueltas ni pegadizas, sino algunos episodios que lo pareciesen, nacidos de los mesmos sucesos que la verdad ofrece, y aun éstos, limitadamente y con solas las palabras que bastan a declararlos; y pues se contiene y cierra en los estrechos límites de la narración, teniendo habilidad, suficiencia y entendimiento para tratar del universo todo, pide no se desprecie su trabajo, y se le den alabanzas, no por lo que escribe, sino por lo que ha dejado de escribir (849).

El narrador sale al paso de las posibles objeciones del lector, explica y expone su procedimiento y hábilmente solicita la aprobación por lo que ha hecho como por lo que demostró de que era capaz en la primera parte [20]. El narrador se presenta como la memoria de una narración extensa, susceptible de provocar el olvido, y promociona la complejidad y profundidad del texto que pudieran pasar desapercibidas.

En otros textos, el comentario al discurso va más allá de un excurso aclarativo e interrumpe o contradice la línea principal de la narración, separándonos de ella y haciendo de la interrupción misma el foco de la lectura. Cuando el narrador de *Tristram Shandy* cuenta su nacimiento, evade los aspectos habitualmente más pertinentes de ese acontecimiento en la ficción. Sabemos la fecha del nacimiento y el que su madre fue asistida por una comadrona de poco saber. Poco más; y esto a pesar de la insistencia del narrador en su deseo de referirse a las circunstancias de ese hecho. Su intervención en este caso, más que apoyar la narración, es un intento de perturbarla rompiendo la expectativa de lectura y las convenciones de la novela biográfica y afirmando las prerrogativas de su propio discurso. Sus palabras suenan repetidamente a una suerte de mofa del lector y de la tiranía de las leyes narrativas:

> Therefore, my dear friend and companion, if you should think me somewhat sparing of my narrative on my first setting out—bear with me—, and let me go on, and tell my story my own way: —or if I should seem now and then to trifle upon the road—, or should sometimes put on a fool's cap with a bell to it, for a moment or two as we pass along—don't fly off—, but rather courteously give me credit for a little more wisdom than appears upon my outside; —and as we jog on, either laugh with me, or at me, or in short, do anything, —only keep your temper [21].

---

[20] Para una exposición del procedimiento en literatura, ver V. SHKLOVSKI, «Sterne's *Tristram Shandy*: stylistic commentary», en *Russian Formalist Criticism,* ed. Lee Lemon y Marion Reis (Lincoln: University of Nebraska Press, 1965), pp. 30 y ss.
[21] LAURENCE STERNE, *Tristram Shandy* (Nueva York: New American Library, 1960), p. 15.

(Por tanto, mi querido amigo y compañero, si me consideras algo parco en la narración de mi primera salida—ten paciencia conmigo—y permíteme continuar y que te cuente mi historia a mi manera: —si te parece de vez en cuando que bromeo a lo largo de la narración, —o si a veces me pongo un ridículo gorro con una campanilla sólo por unos momentos mientras continuamos el camino—no te alejes de mí sino que cortésmente concédeme el crédito de tener algo más de sabiduría de lo que aparento; —y mientras seguimos animadamente, ríete conmigo o de mí o, en pocas palabras, haz lo que quieras—con tal que no pierdas la calma.)

Al reclamar la facultad de escribir la historia a su manera, el narrador de *Tristram Shandy* está defendiendo el derecho a la arbitrariedad de su discurso; encamina así a la ficción hacia la autoconciencia, hacia la ficción como fin *per se,* exponiendo la artificiosidad técnica de la narración. Estos rasgos, desarrollados y perfeccionados, caracterizan una tendencia representativa de la novela posclásica. Las novelas más recientes de Juan Goytisolo, por ejemplo, son una ilustración de ello, como se revela en su discurso crítico contra el concepto psicológico de los personajes y contra la linealidad temporal y espacial de la historia. Hay otros numerosos ejemplos: Miguel Delibes *(Parábola de un náufrago),* Borges, Beckett, etc.

4. LA NARRACIÓN ENCUBIERTA

Entre la narración explícita y la no narración hay un modo de narración intermedia que, aunque no sea de uso tan extenso como esas dos formas, es también un modo específico de manifestación de la voz narrativa. Antes de pasar al estudio de las formas de la narración no narrada convendrá hacer una referencia, siquiera breve, a esta clase de narración que llamo narración encubierta. La narración encubierta implica una voz narrativa —perceptible de algún modo en el discurso, pero no manifestada de manera clara en él— que queda inserta en los pensamientos o las palabras de un personaje. En apariencia, la voz del narrador es la de un mero transmisor neutro de otra persona, pero en realidad su voz afecta lo dicho y pensado por el personaje.

La forma más típica de narración encubierta es el discurso indirecto. Este modo de transmisión de las palabras de un personaje se contrapone a otro muy utilizado en la narración: el discurso directo. En el discurso directo lo dicho por el personaje es incluido por medio de una cita literal en la que no se modifica ninguna parte del contenido o del lenguaje proferido por el personaje. Un ejemplo son los diálogos entre personajes en donde el narrador se limita a lo más a interponer incisos (dijo, pensó, murmuró, etc.) que no alteran la literalidad material de lo dicho. El discurso directo es una transcripción puntual en la que el narrador queda omitido.

En el discurso indirecto se citan también las palabras de los personajes, pero no de manera exacta, sino en forma aproximada (con grados
diferentes de aproximación), por medio de perífrasis o resúmenes. Se
sigue transmitiendo con intención de fidelidad lo dicho por un personaje,
pero la forma de transmisión varía y la forma misma afecta el contenido
material de lo dicho. Estamos ante una forma de transmisión mediada
por el narrador, pero no explícitamente, ya que su voz no aparece con
claridad. La voz narrativa es asumida por el lector en los intersticios semánticos de las palabras de los personajes. Consideremos un ejemplo.

La construcción gramatical más común en la que aparece la narración
encubierta de discurso indirecto es una oración subordinada introducida
por la conjunción *que*. En el siguiente fragmento de *Madame Bovary* hallamos esta construcción en la que se incluyen por medio del discurso
indirecto las palabras del farmacéutico, Homais, y del sacerdote, M. Bournisien, que se reúnen con los Bovary en una de sus múltiples conversaciones de provincias: «Il était brave homme, en effet, et même, un jour, ne
fut point scandalisé du pharmacien, qui conseillait à Charles, pour distraire Madame, de la mener au théâtre de Rouen voir l'illustre ténor
Lagardy. Homais, s'étonnant de ce silence, voulut savoir son opinion, et
le prêtre déclara qu'il regardait la musique comme moins dangereuse pour
les moeurs que la littérature»[22]. ([El sacerdote] era un hombre fuerte,
en efecto, e incluso un día no se escandalizó en absoluto ante el farmacéutico que le aconsejaba a Charles que, para distraer a la señora, la llevara
al teatro de Rouen a ver al ilustre tenor Lagardy. Homais, asombrándose
de este silencio, quería saber su opinión, y el sacerdote dijo que él consideraba la música menos peligrosa para las costumbres que la literatura)[23].
Tanto las palabras de Homais como de Bournisien se presentan en la forma del discurso indirecto: ni lo que aconseja Homais ni lo que dice Bournisien es una transcripción precisa de lo dicho por ellos. En ambos casos,
la transmisión se da abreviada; incluye con fidelidad suficiente el contenido material del discurso pero de manera reducida. Esta reducción, la
falta de literalidad marca al narrador, señala su presencia, que se manifiesta en su acto de abreviación de las palabras del farmacéutico y el
sacerdote.

La procedencia de las frases declarativas precedidas por que («que
la llevara al teatro de Rouen a ver al ilustre tenor Lagardy» y «que él
consideraba la música como menos peligrosa...») es ambigua. Están atribuidas a los personajes, pero su origen no está necesariamente en ellos.
Podrían proceder también del narrador y no reproducir ninguna porción
de la literalidad de lo dicho por los personajes. El narrador toma cuidado

---

[22] *Madame Bovary,* p. 257.
[23] Nótese que en el texto francés la primera frase sustantiva con el *que* después
del verbo aconsejar aparece, en forma diferente al español, con una construcción de
infinitivo: conseillait... de la mener...

de incorporar una muestra de la literalidad para, siguiendo la preocupación de la novela realista con la verosimilitud, dar una garantía de la verdad de lo presentado. Los términos «ilustre» y «peligrosa» parecen ser una cita directa y no resultado de una reconstrucción del narrador. La calificación grandilocuente de ilustre que Homais hace del tenor Lagardy se corresponde con su personalidad en exceso segura y arrogante; el término peligrosa, aplicado a la música y la literatura, refleja apropiadamente la preocupación por la moral, predominante en el sacerdote en su consideración del valor del arte. El texto juega con la duplicidad del origen de la palabra, pero al mismo tiempo busca la complicidad clara del personaje cuya voz debe revelarse definidamente para conferir seguridad al texto.

En otros textos, la narración indirecta se utiliza a veces para transmitir la opinión de un grupo de personas. Se expone fielmente lo que los integrantes de ese grupo dicen o piensan, pero el narrador se inmiscuye de manera disimulada en la narración haciendo oír su voz. Así se presentan, por ejemplo, en *Doña Perfecta* los rumores que corren en Orbajosa sobre la conducta de Pepe Rey con su tía: «En medio de la diversidad de especies que corrían, había conformidad en algunos puntos culminantes, uno de los cuales era el siguiente: Que el ingeniero, enfurecido porque doña Perfecta se negaba a casar a Rosario con un ateo, había *alzado la mano* a su tía (177).» Se transcribe lo que dicen los habitantes del pueblo empleando vocablos o procedimientos que apoyan la literalidad de lo dicho: el término «ateo» procede de la voz popular y no del narrador, que ha precisado en otro momento que Pepe Rey no lo es; la expresión «alzar la mano a la tía» se presenta en cursiva para destacar que ésas son las palabras textuales del locutor y no del narrador. Sin embargo, el narrador emerge en la perfección organizativa de la amalgama inconexa de los rumores de los habitantes de Orbajosa que él sintetiza y expone en una forma comprensiva y funcional [24].

En la narración encubierta, el narrador deliberadamente promueve la ambigüedad de su presencia. A veces predomina su voz; otras, la del personaje, pero no se deja que el personaje asuma la narración por completo; la facultad directiva del narrador ha de estar presente para determinar y concretar desde fuera la semántica del texto. Es la exterioridad propia de la narración explícita o encubierta, que se impone al texto, la que la ficción no narrada tratará de superar con la utilización de procedimientos que divergen de manera fundamental de otras convenciones técnicas de la tradición ficcional.

---

[24] Para un estudio interesante del discurso directo e indirecto, V. ANN BANFIELD, «Narrative Style and the Grammar of Direct and Indirect Speech», *Foundations of Language,* 10 (1973), pp. 1-39.

5. LA NO NARRACIÓN

La novela de nuestro siglo es el punto más avanzado —tal vez extremo— en la progresión hacia la no narración que llega a la eliminación del narrador en bastantes de sus obras más paradigmáticas. La novela posclásica, en su corriente más definitoria, ha operado bajo la tesis de que un propósito determinante de la ficción debía ser la consecución de la no narración absoluta, el desarrollo del discurso a partir del discurso mismo sin la intervención del narrador. Esta novela ha juzgado la presencia del narrador como una injerencia no necesaria, como un modo de naturalización del texto que lo hacía inteligible por medios que falsificaban su naturaleza. Las anomalías y ambigüedades del texto podían ser fácilmente adjudicadas a la idiosincrasia de un narrador al que se hacía responsable de ellas y al que podía remitirse su significado. La visión del texto era la visión del narrador y lo que debía ser un universo sémico de gran complejidad era simplificado a partir de una perspectiva unidimensional. A diferencia de la novela a la que critica, la novela posclásica, se orienta hacia la imposibilidad de localizar la voz del narrador, ajustándose a la afirmación de Barthes, para quien se empieza a hacer escritura verdadera cuando no se puede dar una respuesta a la pregunta ¿quién habla en la historia? [25].

La novela posclásica ha sido capaz de hacer del tratamiento de la narración una extensión de la exploración de la no clausura del texto. Su investigación ha sido de carácter fenomenológico; su propósito y su método se corresponden con los conceptos de Merleau Ponty, para quien el descubrimiento de un aspecto de la realidad es una tarea incoativa que no sigue un solo camino ni pretende llegar a un solo fin [26]. Según Merleau Ponty, el procedimiento de investigación tiene implicaciones que superan lo estrictamente metodológico; el método presupone un concepto específico de la realidad, que es considerada como misteriosa y abierta a un mismo tiempo. El método y el objeto al que el método se aplica tienen una compatibilidad esencial que beneficia la investigación. La novela posclásica ha procedido según una orientación paralela: ha hecho de la no narración un método y un modo de confirmación de una visión del mundo.

a) *La novela epistolar y el diario*

La elisión del narrador no es dominio exclusivo de la novela posclásica; la encontramos también en algunas formas de la ficción anterior, como la novela epistolar y los diarios personales. Vamos a ver que estas

[25] CULLER, *Structuralist Poetics,* p. 200.
[26] MAURICE MERLEAU-PONTY, «What is Phenomenology?», en *European Literary Theory and Practice,* ed. Vernon Grass (Nueva York: Delta, 1973), pp. 82-83.

formas no son una no narración absoluta, sino que permiten que se introduzca, de manera más o menos apreciable en el discurso, la voz de un narrador.

En la narración epistolar el narrador está ausente y quien cuenta la historia es uno o varios de los personajes a través de su correspondencia. Sin embargo, normalmente el narrador tiene la necesidad de hacerse presente —en general en la introducción a la obra— para fijar aspectos esenciales en la comprensión de la historia. En *Pepita Jiménez* oímos, sin dificultades al principio, la voz del narrador que justifica la existencia del manuscrito del señor deán, que él transcribe exactamente: «El señor deán de la catedral de..., muerto pocos años ha, dejó entre sus papeles un legajo, que rodando de unas manos en otras, ha venido a dar en las mías, sin que, por extraña fortuna, se haya perdido uno solo de los documentos de que constaba» [27]. Primero, se propone la fortuna como motivo de la preservación del manuscrito, luego se da una razón más precisa: el legajo —debido a su epígrafe latino— fue ignorado como documento sin interés. El narrador interviene porque ni Luis de Vargas ni su tío podrían legítimamente mencionar esta circunstancia en sus cartas. Más adelante, este narrador da algunas explicaciones generales sobre don Luis de Vargas y la razón por la què ha utilizado este nombre en lugar del que aparece en el legajo.

El narrador cede luego la voz al seminarista que ocupará el texto hasta los «Paralipómenos». A pesar de que en este caso la voz del narrador tiende a desaparecer al confundirse con la del autor epistolar, no podemos decir que la narración sea inexistente en las cartas de don Luis porque éste no se limita a una presentación del *hic et nunc* de su situación, sino que describe a otros personajes y situaciones y cuenta por alusión el contenido de las cartas de su tío que aparecen transcritas en el texto. Cuando Luis refiere en sus cartas lo que le escribe su tío, está contando para el beneficio de una narratorio —no su tío, sino el lector— que no ha tenido acceso a los datos de las cartas. En esos casos podemos decir que su voz es una voz doblada, en la que se percibe el yo de Luis y el yo del narrador que más adelante, en la segunda parte, retoma explícitamente la narración. Así lo advertimos en este fragmento de una de las cartas: «Usted me ha dicho mil veces que me quiere en la vida activa, predicando la ley divina, difundiéndola por el mundo, y no entregado a la vida contemplativa, en la soledad y el aislamiento. Ahora bien; si esto es así, como lo es, ¿de qué suerte me había yo de gobernar para no reparar en Pepita Jiménez? (69).» Luis confiesa con convicción a su tío algunos elementos del conflicto que le inquieta; en este caso, la voz del texto es solamente la voz del seminarista, que comunica un aspecto fundamental de su identidad a su tío probablemente con el propósito de tratar de librarse de su

---

[27] *Pepita Jiménez*, p. 9.

ansiedad. Por otra parte, la voz del texto se hace narrativa y presenta al lector aspectos del yo de don Luis que le son necesarios para la adecuada comprensión de la historia. El tío de Luis no requiere en realidad la información que Luis le provee, repitiéndole sus recomendaciones en torno a cómo vivir una vida activa: él las conoce ya muy bien. Quien necesita la información es sobre todo el lector, que de este modo adquiere unos datos importantes sobre el proceso de la vida interior del seminarista.

La separación temporal entre el presente de la correspondencia epistolar y los hechos de la historia es una característica que hace que la novela epistolar no coincida con las formas de no narración en las que se transcribe la conciencia de los personajes en un presente continuo. El escritor de las cartas cuenta por lo general hechos o sentimientos ocurridos en un pasado más o menos próximo que rara vez coincide con el momento de escribir la carta. El hecho de contar a alguien algo que ya ha acontecido indica que no se verbaliza meramente lo que se está desarrollando ahora, al margen de un oyente, sino que se cuenta lo que ocurrió tiempo atrás para la información de los otros. De modo diferente, las diversas formas del monólogo interior —ejemplo típico de la no narración— no están motivadas por la comunicación; son la mera exposición en el presente de la conciencia de un personaje sin presuponer una audiencia aparente.

En el diario, el narrador no se dirige a un otro perceptible, sino que se narra los hechos a sí mismo con propósitos diversos: para su rememoración, análisis, valoración, etc., sin esperar que un narrativo sea el auditor de su voz. Sin embargo, hay de alguna manera narración; alguien está contando una historia de la que le separa un lapso de tiempo: hay reconsideración, articulación, ordenación de hechos; no la inmediatez presentacional del monólogo interior. Es una narración dirigida hacia sí misma, pero en la que puede apreciarse también la intención de contar algo a otro. Es posible que la presencia de esa intención no deje de existir por completo en cualquier forma de la ficción, incluso en los casos más absolutos del flujo de la conciencia. Pero es posible determinar grados en esa presencia que son determinantes para la caracterización de la narración.

En el caso del diario estamos aún a una distancia considerable de la no narración. Consideremos el ejemplo del diario escrito por el solitario Roquentin en *La Nausée*. En el siguiente fragmento Roquentin reproduce sus sensaciones ante el advenimiento de un domingo en una ciudad de provincias:

> J'avais oublié, ce matin, que c'était dimanche. Je suis sorti et je suis allé par les rues comme d'habitude. J'avais emporté *Eugénie Grandet*. Et puis, tout à coup, comme je poussais la grille du jardin public, j'ai eu l'impression que quelque chose me faisait signe. Le jardin était désert et nu. Mais... comment dire? Il n'avait pas son aspect ordinaire, il me souriait. Je suis resté un moment appuyé contre la grille et puis, brusquement, j'ai compris que c'était dimanche. C'était là sur les arbres, sur les pelouses comme un léger sourire.

Ça ne pouvait pas se décrire, il aurait fallu prononcer très vite: 'C'est un jardin public, l'hiver, un matin de dimanche.' J'ai lâché la grille, je me suis retourné vers les maisons et les rues bourgeoises et j'ai dit à mi-voix: 'C'est dimanche' [28].

(Había olvidado, esta mañana, que era domingo. Salí y me paseé por las calles como de costumbre. Me había llevado *Eugénie Grandet*. Y poco después, de repente, cuando empujaba la verja del jardín público, tuve la impresión de que alguna cosa me hacía una señal. El jardín estaba desierto y desnudo. Pero... ¿cómo decirlo? No tenía su aspecto normal, me sonreía. Permanecí un momento apoyado contra la verja y después, bruscamente, comprendí que era domingo. Estaba allí, en los árboles, en los céspedes como una sonrisa suave. No podía describirse, habría hecho falta pronunciar muy de prisa: 'Es un jardín público, el invierno, una mañana de domingo.' Me alejé de la verja, volví hacia las casas y las calles burguesas y me dije a media voz: 'Es domingo.')

En este fragmento el autor del diario se está recontando a sí mismo una experiencia que él ha tenido hace muy poco. La distancia cronológica entre el tiempo de la historia y el del diario es mínima, lo que favorece la naturaleza presentacional del pasaje. La personalidad solipsista, introvertida, de Roquentin parece facilitar también el hecho de que el personaje sólo se cuente la historia a sí mismo y no tenga ninguna pretensión de que los demás le escuchen. Sin embargo, hay indicios de que no es así. El uso de la expresión dubitativa «¿cómo decirlo?» revela una vacilación conceptual que va dirigida tanto a un posible lector como al propio Roquentin; el escritor del diario quiere recoger la cambiante e imprecisa percepción del medio urbano en un momento particular y la dificultad de captarla adecuadamente por escrito. El es consciente de esa dificultad y, por consiguiente, el «¿cómo decirlo?» sería bastante superfluo si fuera sólo dirigido a él; pero el lector no la conoce y Roquentin quiere manifestársela, siquiera sea de manera indirecta, con su interrogación.

Algo más adelante, en la misma descripción de ese domingo, Roquentin cuenta ya claramente hacia fuera, extrovertiéndose hacia un auditor que requiere datos para la comprensión de la historia, y eso revierte sobre el resto de la exposición definiéndola más precisamente como narración. Cuando Roquentin se refiere a la evolución histórica de la rue Tournebride se está dirigiendo más a una audiencia para quien ese conocimiento es útil que a sí mismo. Sus explicaciones de la historia de la calle en el siglo XIX, así como los detalles del compacto tráfico humano de la mañana de domingo son principalmente para el narratario. Sus comentarios sobre Coffier, por ejemplo, así lo confirman: «ce petit vieillard pâle et fragile comme une porcelaine, je crois bien que c'est Coffier, le président de la Chambre de commerce. Il paraît qu'il est si intimidant parce qu'il ne dit jamais rien. Il habite, au sommet du Coteau Vert, une grande maison de briques, dont les fenêtres sont toujours grandes ouvertes (68).» (Este

---

[28] *La Nausée*, p. 64.

viejecillo pálido y frágil como la porcelana, creo que es Coffier, el presidente de la Cámara de comercio. Parece tan intimidante porque no dice nunca nada. Vive en la cumbre del Coteau Vert, en una casa grande de ladrillos cuyas ventanas están siempre abiertas de par en par.) La aclaración parentética de que Coffier sea el presidente de la Cámara de comercio no sería necesaria en el monólogo de Roquentin recogido en su diario, a no ser que estuviera presuponiendo un auditor que precisara esa aclaración. La descripción de la casa en el Coteau Vert va también dirigida más al narratario que a sí mismo. El exceso informativo revela el propósito narrativo y hace de Roquentin en parte un narrador cuya voz es identificable en el discurso.

b) *El soliloquio y el monólogo interior*

Después de haber considerado los casos intermedios de la no narración, en los que la voz del personaje vacila entre un modo aproximado de narración y la no narración, estudiaré ahora las formas más genuinas de la no narración.

El soliloquio, un término aplicable originalmente a una forma técnica teatral, ha sido empleado también para definir una clase de no narración. En el soliloquio teatral, el actor habla cuando se encuentra solo en escena o cuando, estando junto a otros personajes, éstos no le oyen. El personaje, por lo general, se sitúa frente al público o por lo menos parece estar consciente de su presencia, aunque no se dirija necesariamente a él. Se requiere que el personaje articule su discurso en voz alta y que haya una audiencia que escuche sus palabras. En la novela no es frecuente el soliloquio, porque los personajes casi siempre dialogan con otros personajes o son los agentes de un discurso mental que no se dirige al exterior. Sin embargo, en la novela de este siglo, hay algunos casos conocidos de soliloquio en los que los personajes hablan o piensan sin la mediación de un narrador, pero ante la presencia supuesta de una audiencia a la que dirigen sus palabras. Esta presencia determina el que el discurso del soliloquio persiga un cierto grado de coherencia provocado por la necesidad de que su contenido sea comprendido por los integrantes de la audiencia. La accesibilidad del discurso del soliloquio hace que sea particularmente adecuado para la presentación, a través de la mente individual del personaje, de datos pertenecientes más a la trama y la acción de la novela que a la conciencia individual del personaje. Estos dos aspectos le diferencian de otras técnicas de la no narración, como el monólogo interior, que profundizan en la conciencia del personaje *per se,* al margen de las necesidades de la trama y de la lógica del lector.

As I Lay Dyinq (Mientras agonizo), de William Faulkner, y *The Waves (Las olas),* de Virginia Woolf, están entre los casos más conocidos de soliloquio ficcional [29]. En *Las olas,* los soliloquios son precedidos por breves introducciones descriptivas que simbolizan la progresión temporal en las vidas de los personajes. En *Mientras agonizo,* los soliloquios son introducidos por medio de títulos con el nombre del personaje protagonista del soliloquio. En ambos casos, nos hallamos ante procedimientos en los que el narrador no interfiere en el discurso del personaje, pero este discurso, como se ha indicado, está condicionado desde fuera del personaje por la presencia de una audiencia latente.

El monólogo interior capta un proceso mental interno autosuficiente, que no está concebido y construido para la información de un tercero. Se aleja o carece de la unidad lógica y sintáctica propias de un discurso orientado hacia la comunicación con el lector. Se produce de manera espontánea, contemporánea con el proceso mental del personaje, sin organización posterior que ordene y estructure ese proceso. Presenta fundamentalmente los contenidos cognitivos de la conciencia más que los perceptivos, es decir, los pensamientos (verbalizados ya en la mente del personaje) y no las sensaciones que son *sentidas* por el personaje sin llegar a ser verbalizadas.

El monólogo interior no debe confundirse con el flujo de la conciencia aunque esté próximo a él: ambos tienen en común el que buscan la exposición de la realidad más profunda de la conciencia en lugar de la presentación de la acción externa de la trama, que ha sido el contenido tradicional de la ficción hasta el advenimiento de la novela posclásica. El flujo de la conciencia intensifica y amplía el método del monólogo interior: incluye contenidos sensoriales y procede a partir de la asociación libre de ideas, destacando lo arbitrario del pensamiento más que sus aspectos más organizados y estructurados.

Ni el monólogo interior ni el flujo de la conciencia suelen ocurrir en un estado totalmente exento de algunas de las formas de la narración. En la mayoría de los casos, el texto muestra una tendencia predominante hacia uno de los modos de la no narración, pero al mismo tiempo incluye vestigios más o menos extensos de la voz narrativa.

Según el grado de perceptibilidad de la inserción de la voz narrativa, hay dos clases de monólogo interior: el monólogo interior mixto y el monólogo interior inmediato. Estudio primero con cierta detención los rasgos del monólogo interior mixto a partir de un pasaje de *Ulysses.* Corresponde al episodio de Nausica. En él, Gerty, una muchacha inválida, se encuentra en la playa con sus compañeras. Debido a su defecto físico, está sentada meditando mientras sus amigas juegan despreocupadamente. El fragmento recoge una parte del discurso mental de Gerty:

> And still the voices sang in supplication to the Virgin most powerful, Virgin most merciful. And Gerty, wrapt in thought, scarce saw or heard her companions

---

[29] V. ROBERT HUMPHREY, *Stream of Consciousness in the Modern Novel* (Berkeley: University of California Press, 1972), pp. 35 y ss.

or the twins at their boyish gambols or the gentleman off Sandymount green that Cissy Caffrey called the man that was so like himself passing along the strand taking a short walk. You never saw him anyway screwed but still and for all that she would not like him for a father because he was too old or something or on account of his face (it was a palpable case of doctor Fell) or his carbuncly nose with the pimples on it and his sandy moustache a bit white under his nose. Poor father! With all his faults she loved him still when he sang *Tell me, Mary, how to woo thee* or *My love and cottage near Rochelle* and they had stewed cockles and lettuce with Lazenby's salad dressing for supper and when he sang *The moon hath raised* with Mr Dignam that died suddenly and was buried, God have mercy on him, from a stroke. Her mother's birthday that was and Charley was home on his holidays and Tom and Mr Dignam and Mrs and Patsy and Freddy Dignam and they were to have had a group taken. No-one would have thought the end was so near. Now he was laid to rest [30].

(Y las voces seguían cantando súplicas a la Virgen todopoderosa, a la Virgen todo misericordiosa. Y Gerty, ensimismada en su pensamiento, apenas veía u oía a sus compañeros, a los gemelos en sus cabriolas de muchachos o al caballero en Sandymount Green que Cissy Caffrey llamaba el hombre que era tan único mientras pasaba en su breve paseo por la playa. Nunca se le veía agitado, sino tranquilo, pero a pesar de eso a ella no le gustaría que fuera su padre porque era demasiado viejo o por otra razón no muy clara o por su cara (era un caso palmario de doctor Fell) o por su nariz curbuncular con granos y su bigote arenoso, algo blanco bajo la nariz. ¡Mi pobre padre! Con todos sus defectos ella le quería todavía cuando cantaba *Tell me, Mary, how to woo thee* o *My love and cottage near Rochelle* y comían coquinas estofadas y lechuga con el aliño de Lazenby para la cena y cuando él cantaba *The moon hath raised* con Mr. Dignam, que murió de repente y lo enterraron, Dios tenga misericordia de él, de un ataque. El cumpleaños de su madre, eso fue la ocasión y Charley estaba en casa por sus vacaciones y Tom y Mr. Dignam y su señora y Patsy y Freddy Dignam y ellos iban a estar todos en una foto en grupo. Nadie hubiera podido pensar que el final estaba tan cerca. Ahora descansaba para siempre.)

En este pasaje se presenta una porción del proceso mental de Gerty a partir de ella misma, y por eso es un caso de discurso de pensamiento no directamente mediado. Al mismo tiempo advertimos al principio la intervención de un narrador explícito que narra con escasas reservas sobre su presencia: «Y Gerty, ensimismada en su pensamiento, apenas veía u oía a sus compañeros...» El dato de que Gerty está abstraída en sus reflexiones sirve como justificación para que la voz narrativa supla un entorno pertinente al discurso de Gerty que no podría transmitirlo por sí misma porque está demasiado inmersa en su mente para percibirlo. Hay también algunos datos que permiten descubrir la aparición más tímida de una forma de narración encubierta. El narrador emplea, por ejemplo, la perspectiva de Cissy para calificar al caballero que está en la lejanía de la playa de Sandymount.

La persistencia de la voz narrativa no es muy prolongada; pronto es

---

[30] JAMES JOYCE, *Ulysses* (Nueva York: Vintage Books, 1961), p. 354.

interrumpida de manera súbita, sin transiciones, por el torrente interior de la muchacha que, aunque se presenta desde la tercera persona, procede directamente de su mente. No estamos ante un caso de discurso indirecto, pues falta la construcción gramatical de la oración sustantiva precedida de *que* que introduce, como veíamos antes, esa clase de discurso. Es la muchacha la que piensa sin que el narrador se vea en la necesidad de reconstruir sus pensamientos que fluyen sin deformaciones. La presencia del caballero lleva a la asociación rápida e imprevista con su padre y, a través de ella, a la referencia a datos menores, reveladores de su personalidad: algunas canciones que él canta poco antes de su muerte en una fiesta para el cumpleaños de su madre. El curso mental de Gerty procede de manera inversa a la lógica habitual: desde la parte (las canciones del padre) al todo general, donde la parte queda incluida y adquiere su justificación: la fiesta de cumpleaños. De allí, a la muerte del padre. Un narrador, preocupado por la comprensión inmediata del fragmento por parte del lector, hubiera procedido probablemente en el sentido contrario, siguiendo un orden en el que primero se hubiera dado el entorno y luego sus diversos elementos integrantes.

Las menciones minuciosas de elementos no esenciales de la fiesta, como la clase de aliño de la ensalada, revelan el modo de formación del pensamiento libre de Gerty, en el que irrumpen imágenes dispares más allá de una organización preconcebida. Las exclamaciones « ¡Mi pobre padre! » y «Que Dios tenga compasión de él» se originan directamente en Gerty y no en el narrador que, de haber querido hacerlas proceder de sí mismo a través de su mediación, hubiera debido incluir incisos aclarativos con algún verbo indicativo de dicción o pensamiento.

Se nota también en el discurso de Gerty la falta de la conciencia de una audiencia a la que se hicieran concesiones explicativas para clarificar el discurso. Hay una aclaración parentética donde se precisa el aspecto del rostro del caballero que se pasea por la playa, pero corresponde sin duda al narrador.

A pesar de la existencia y audibilidad relativa de la voz narrativa en el monólogo interior mixto, la presencia más ostensible es la del pensamiento del personaje que determina el contenido de lo presentado y su orientación de significado. En el fragmento comentado, la orientación semántica principal no viene del narrador (lo realmente determinante no es si Gerty ve u oye a sus compañeros en la playa), sino del estado emotivo de Gerty, de su efervescencia mental que le lleva a hacer reminiscencias y asociaciones inconexas que dan complejidad a la textura del discurso y contribuyen a precisar su naturaleza semiológica fundamental.

El monólogo interior inmediato elude de manera más absoluta la referencia al narrador para completar los vacíos que se manifiestan en el discurso de la conciencia del personaje. En el monólogo interior mixto, el narrador suple subrepticiamente el material que el lector no podría haber conocido ni siquiera a partir de inferencias extraídas de lo pensado por el personaje. El monólogo interior inmediato se presenta en primera persona y, por tanto, el narrador no puede asumir ya esta importante —aunque oblicua— función. En esta forma del monólogo desaparece el narrador pero no la función orientadora que él asumía: ahora, es el personaje mismo quien hace manifiesto en su discurso mental la finalidad de lo que piensa y su ubicación en el *continuum* significativo del texto. Sus pensamientos no son completamente espontáneos, como si surgieran incausados al margen de la totalidad del texto sino que de manera patente contribuyen a explicitar datos de la historia y la hacen progresar hacia su última totalidad semántica. Habrá que llegar hasta la técnica del flujo de la conciencia para encontrar la arbitrariedad y la inconexión del discurso mental en un estado más puro.

Estudiemos las características del monólogo interior inmediato a partir de dos pasajes de *Los verdes de mayo hasta el mar*. Ambos corresponden a la parte final de la novela, en la que Raúl rememora una estancia suya en el pueblo de Rosas, durante la cual su trabajo de escritor fue particularmente creativo. Raúl empieza reflexionando sobre el significado de su profesión de novelista:

> Un trabajo, a veces, con algo en común con el del forzado, no más libre el preso que nosotros de abandonarlo, por más que nos preguntemos qué coño nos lo impide, qué coño hacemos sentados ahí, poniendo una palabra detrás de otra como una hormiga que acumula grano, afectados quizá por la llamada de la calle, esa calle como más amplia y clara sin el follaje de los plátanos, ahora desnudos y podados, como más despejada, cuando, pese al sol flojo y desvaído y a los cuellos de piel y a las bufandas ondeantes de los transeúntes, hay algo en la ciudad que nos hace caer en la cuenta que ya falta poco para la primavera. La escasa predisposición al trabajo, los pretextos que uno se busca, divagaciones, pensamientos a la deriva, recuerdos, el paseo con Matilde por el parque de Sceaux una tarde de verano, por ejemplo, entonces uno sale a comprar el Herald Tribune o Le Monde —si han llegado— y alguna revista —si no ha sido secuestrada— y a recoger de paso la correspondencia y, como si el cartero se hubiera propuesto brindarnos nuevos temas de evasión, transmisión del pensamiento, premoniciones, etc., nos encontramos con una carta de Matilde, sugerente incluso antes de abrirla, ahora que en París, por poco bueno que haya sido el invierno, deben estar despuntando ya los crocus y destacando en el verde amarillo de las forsythias, ambientación que se diluye mientras uno va leyendo, querido Raúl, ¿cuánto crees que puede durar un amor definitivo? Porque esta vez, y va en serio, creo que es definitivo. Pero me gustaría saber tu opinión, que os conocierais. ¿Tienes previsto algún viaje a París lo antes posible? Si no es así, quizá lo mejor sea que vayamos a España lo antes posible. ¿Está ya el mar como para bañarse? ¿Encontraremos hotel abierto en algún pueblo de playa? Más tuya que nunca, Matilde [31].

El pasaje es parte del largo discurso de Raúl, vertido en primera persona (*nosotros, uno,* que equivalen a un yo); en él no hay una presencia

---

[31] LUIS GOYTISOLO, *Los verdes de mayo hasta el mar*, p. 259.

de la voz narrativa que ha quedado efectivamente excluida. El discurso es escuetamente de Raúl; y, a pesar de ello, veremos que está mediado por la intencionalidad hermenéutica del texto.

Nos encontramos frente al pensamiento y el lenguaje de Raúl; la exactitud terminológica y las calidades sugerentes de ese lenguaje junto con los coloquialismos en parte obscenos («qué coño nos lo impide», «qué coño hacemos sentados ahí») son específicamente apropiados al carácter y condición de Raúl, escritor disconforme con su medio cultural. Su pensamiento se representa de manera en parte discontinua, con abruptos saltos en el tiempo y el espacio, que rompen la línea del discurso: son los «pensamientos a la deriva» a que alude el propio Raúl: el traslado de Rosas al parque de Sceaux y de la reflexión sobre la escritura a la carta de Matilde. La carta de Matilde no aparece como texto separado, con entidad independiente —una presencia narrativa al margen de la conciencia de Raúl—, sino que está incorporada dentro del discurso mental de Raúl sin solución de continuidad, sin jalones de separación, como lo indica la ausencia de una puntuación especial señalizadora como los dos puntos, el entrecomillado o la cursiva. Es patente un propósito de presentación del mundo desde la conciencia de Raúl, pero este intento es parcial y la hermenéutica del texto —la necesidad de trazar una línea de exégesis que explique el material textual— obligará a que Raúl se explique a sí mismo ante el lector, proporcionándole datos y explicaciones que están concebidos más por la voluntad de informarle a él que por las necesidades internas del discurso de la conciencia: Raúl pensará no sólo para sí mismo, sino para el texto y el lector que ha de leer ese texto.

No quisiera que se pensara que estoy estableciendo una valoración en el análisis del monólogo interior de *Los verdes de mayo hasta el mar* y que lo considero inferior a técnicas más absolutamente no narrativas. Esto no es así. El monólogo de Raúl se ajusta a la naturaleza y funcionamiento de un texto en el que lo cognoscitivo, lo vivido intelectualizado predomina sobre lo perceptivo vivido; Raúl inicia o genera un desciframiento de esos contenidos abstractos y contribuye a configurar la unidad hermenéutica que el texto persigue.

Examinemos el modo en que se manifiesta la intencionalidad hermenéutica en diferentes instancias.

La arbitrariedad y la discontinuidad del discurso de Raúl —que deberían preservarse en un texto interesado en captar sólo lo perceptivo vivido— se halla moderada por la elucidación que él mismo hace de ese discurso, en forma de anticipaciones o de explicaciones de lo que él está pensando. El traslado del invierno en la ciudad al parque de Sceaux es, sin duda, un salto bastante imprevisto que se produce al parecer arbitrariamente, ni siquiera por el procedimiento de asociación libre, que es común en el flujo de la conciencia. Sin embargo, la brusca imprevisión se ve debilitada por las observaciones aclaratorias de Raúl al principio («recuerdos») y al final («por ejemplo») que hacen que la referencia al parque de Sceaux sea una ruptura parcial de la continuidad, una isla arbitraria en medio de la lógica interpretativa del texto. Poco después, el salto a la ciudad de París con el brote de la primavera y luego el retorno a la carta de Matilde se presentan en una gradación transitiva que suaviza el cambio de un espacio a otro. Raúl emplea el verbo *diluir* para explicar la difuminación progresiva de su memoria: el vocablo describe apropiadamente el proceso y revela la capacidad de Raúl para definir procesos internos, pero al mismo tiempo le resta independencia a su discurso. El interés en la progresión discursiva más que en la fragmentación indican una conciencia que está pensando para explicar su pensamiento a otros, que no piensa, sino que se piensa, siendo consciente de que su pensamiento no ocurre por sí mismo, sino que está en función de la conciencia del lector, espejo cóncavo que refleja la imagen del yo, pero que también la modifica.

La intencionalidad hermenéutica determina el discurso de Raúl en las descripciones y los comentarios interpretativos de objetos y hechos. La inexistencia del follaje y las ramas de los plátanos es explicada (no para él, que sabe la razón), sino para el lector que no la conoce: el efecto del invierno no sería difícil de deducir por el lector; descubrir la acción de la poda sería bastante más improbable. Las observaciones irónicas sobre los periódicos y las revistas extranjeras están también dirigidas al lector más que a su conciencia: Raúl no está monologando aquí, sino conversando con un lector conocedor de la realidad política española.

Hay otro aspecto del fragmento que está influido por la hermenéutica. ¿Es contemporáneo el discurso con la conciencia de Raúl? ¿Lo que piensa está pensado en el momento mismo en que se transcribe? Algunos deícticos (sentados *ahí; ahora* desnudos y podados) parecen indicar que sí. Pero luego se incluyen categorías generalizadoras (*uno* se busca) o hechos paradigmáticos (la llegada de la carta de Matilde como caso ejemplar de distracción) que sitúan el texto en un momento absoluto, en la categoría universal de la condición del oficio de escribir. Esto remite de nuevo a la naturaleza cognoscitiva del texto. Se pretende hacer en él una afirmación sobre la escritura más que revelar una conciencia que se desarrollara en su vivir por sí misma en un acto vital. Tal vez la conciencia de Raúl esté demasiado evolucionada y sea demasiado rica para permitir la espontaneidad del discurso y ésta quede reservada para personajes de personalidad menos sutil, como Benjy en *El sonido y la furia* o Molly en *Ulysses*.

La intención cognoscitiva del texto se revela en otros momentos de la novela, incluso en la referencia de Raúl a los sueños, un material de naturaleza menos precisa y fija que el incluido en el pasaje previo. Citaré un ejemplo. El agente del monólogo sigue siendo Raúl, que reflexiona sobre algunos de sus sueños. Este es uno de ellos:

Así, nada tiene de particular, por ejemplo, que de niño uno haya soñado que copula con una mujer de grandes pechos y un rosado pene en erección que arranca justo encima del pequeño agujero; que copula o al menos lo intenta, claro, ah, y eso sí, en una cama parecida a la de tía Magda, todo muy de niño, perfectamente explicable bien por el bisexualismo propio de la edad, bien por el desconocimiento que a esa edad suele tenerse del concreto relieve del centro diferencial femenino (262).

Raúl preserva en parte la naturaleza incoherente de los sueños, pero al mismo tiempo reincide en la exégesis que deshace el misterio onírico para el lector. Encontramos de nuevo la reducción de lo presentado a un caso de una categoría absoluta («por ejemplo»); su yo —sujeto único de sus sueños— es ampliado a un «uno» generalizador y, finalmente, el enigma del sueño se descifra, insistiendo en que los datos sorprendentes del sueño son de carácter «perfectamente explicable». El pensamiento de Raúl —no mediado por el narrador— no puede escapar al impulso hermenéutico y cognoscitivo, propios de la narración que supera los límites del yo pensante.

La intencionalidad hermenéutica y cognoscitiva del texto no condiciona siempre el monólogo interior inmediato; esto es cierto incluso en algunos textos cuyo propósito epistemológico es predominante. El largo discurso monologante de *Don Julián* puede servir de ilustración. Se mantiene en el texto un elevado propósito intelectual al tiempo que se preserva, la autorreferencialidad del discurso, que no está mediado ni por el narrador ni por la orientación hermenéutica hacia el lector. Reproduzco un fragmento del principio de ese monólogo:

tierra ingrata, entre todas espuria y mezquina, jamás volveré a ti: con los ojos todavía cerrados, en la ubicuidad neblinosa del sueño, invisible, por tanto, y, no obstante, sutilmente insinuada: en escorzo, lejana, pero identificable en los menores detalles, dibujados ante ti, lo admites, con escrupulosidad casi maníaca... con los ojos todavía cerrados, a tres metros escasos de la luz: el diario esfuerzo de incorporarse, calzar las babuchas, caminar hacia las luminosas estrías paralelas, tirar de la correa de la persiana como quien sube agua de un pozo: ... la angustia te invade: sudor frío, aleteos del corazón, palpitaciones: ... abres un ojo: ... érase una vez un precioso niño, el más exquisito que la mente humana pueda imaginar: ... Caperucito Rojo y el lobo feroz, nueva versión psicoanalítica con mutilaciones, fetichismo, sangre... años atrás, en los limbos de tu vasto desierto, habías considerado el alejamiento como el peor de los castigos: compensación mental, neurosis caracterizada: arduo y difícil proceso de sublimación: luego, el extrañamiento, el desamor, la indiferencia: la separación no te bastaba si no podías medirla: y el despertar ambiguo en ciudad anónima, sin saber dónde estás: dentro, fuera?: buscando ansiosamente una certidumbre... [32].

La peculiaridad del monólogo de *Don Julián* es haber conseguido un discurso de difícil y múltiple significación sin dejarse llevar por el im-

[32] *Don Julián*, pp. 11 y ss.

pulso de naturalizar el texto para el lector, de hacer que el yo monologante falsifique su función y quede sacrificado a la cadena hermenéutica del texto. Un modo fundamental de conseguir esto es la creación de un doble del yo que, sin dejar de ser parte del yo real del sujeto monologante, está lo suficientemente objetificado como para que pueda mantener un diálogo con el yo real. El yo de *Don Julián* se analiza y se explica a sí mismo, pero lo hace en ese diálogo con el doble, de manera que la exégesis queda dentro de los límites del yo, manteniéndose de ese modo la fidelidad al discurso de la conciencia del personaje.

Esto ocurre así incluso en aquellos momentos en que parece que el personaje está haciendo una descripción. La descripción implica por naturaleza describir para alguien, hacerle visible lo que a él se le oculta o que ve con una visión no necesariamente compatible con las necesidades del texto. La descripción es fundamentalmente para el otro y describir dentro de la mente del personaje ha sido uno de los puntos técnicos más arduos para los escritores que han practicado el monólogo interior desde Dujardin, que lo utilizó con recursos aún rudimentarios, hasta Joyce y J. Goytisolo entre otros, que han perfeccionado la técnica [33]. El yo de *Don Julián* describe para localizarse a sí mismo en su medio: presenta una España entrevista en la distancia y el medio más inmediato de la modesta habitación donde se aloja. El lector recibe la información descriptiva, pero lo hace indirectamente; la descripción no va dirigida a él; ha sido interiorizada y queda dentro de las complicadas circunvalaciones mentales del yo pensante.

El monólogo de *Don Julián* es contemporáneo con el presente del yo monologante, que presenta lo que está pensando al mismo tiempo que se desarrolla el texto. No hay, pues, una dicotomía entre el tiempo del texto y el del yo monologante, lo que incrementa (como no ocurría en *Los verdes de mayo hasta el mar*) la introversión del discurso. La angustia del personaje, las molestas sensaciones físicas («sudor frío, aleteos del corazón, palpitaciones») son con toda probabilidad habituales en él, pero en el texto se corresponden con las del día en que el yo piensa su monólogo.

Es tanto más paradójica la interiorización del discurso y la negativa a dar una interpretación al lector cuanto que el yo monologante de *Don Julián* es un ser de notable capacidad de análisis y coherencia expositiva. No le sería difícil explicarse ante el lector de la misma manera que se explica a sí mismo su drama humano. El texto ha elegido un camino hermenéutico más reducido; la autolimitación no implica una pérdida; le permite obtener una mayor concentración significativa que aumenta la intensidad de la tensión del texto. La pasión introspectiva del personaje

---

[33] Me refiero a los personajes de Dujardin que se describen a sí mismos en el presente realizando actos: «yo salgo del restaurante; estoy fumando...», que tal vez sean necesarios para la comprensión, pero falsifican el monólogo.

le conducirá a hipótesis, interpretaciones y metáforas que tienen más validez para la conciencia secreta de su yo que para el sorprendido lector, que no entiende el significado de Caperucito Rojo o de las alusiones psicoanalíticas. El yo no querrá justificarse o explicarse a los demás, sino persistir en la exploración de una situación existencial esencialmente indescifrable. El enigma («sin saber dónde estás: dentro, fuera?») de su vida, el conflicto con respecto a su identidad cultural y nacional no tienen solución para él, y si el lector alcanza a captar el sentido de este duro desgarro del personaje será a partir de sus inferencias y no de la exégesis del monólogo.

c) *El flujo de la conciencia*

El flujo de la conciencia guarda numerosas similitudes con el monólogo interior. Una de las más destacadas es que ambos procedimientos investigan la vida interna, el discurso mental más profundo del personaje. Sin embargo, sus divergencias son considerables. Tanto el monólogo interior como el flujo de la conciencia suelen estar señalizados o marcados en el texto morfológicamente: la actividad mental queda adscrita a un pronombre de primera persona o a un pronombre que, aunque no sea morfológicamente de primer persona, equivale a uno: el *she* de Gerty, el *tú* de J. Goytisolo. Este yo piensa en un presente precisamente co-temporáneo con lo pensado. El presente cronológico puede corresponderse con un presente verbal o puede combinarse con otros tiempos verbales del pasado o del futuro, aunque quede sobreentendido un tiempo presente general que abarca y fija todo el marco temporal del monólogo. En el pasaje de *Ulysses* citado anteriormente como ejemplo de monólogo interior mixto, el pensamiento de Gerty se transmite en tiempos del pasado, pero el pasaje concluye: «*ahora* descansaba para siempre», en el que el adverbio determina el tiempo real del discurso mental que no concuerda con el tiempo verbal de imperfecto.

Consideremos algunas de las diferencias entre el monólogo interior y el flujo de la conciencia.

En el monólogo interior, hay un propósito más perceptible de estructuración unificante de los contenidos de la conciencia. El monólogo interior habla, sin duda, desde la mente del personaje, pero tras haber sufrido una criba más o menos extensa que ordena el discurso lingüística y semánticamente.

El flujo de la conciencia presenta un material más amplio que el monólogo y lo hace por medio de una presentación del discurso mental en forma no organizada unificadamente. En el discurso se usa como método predominante la asociación libre, que preserva el movimiento incoherente e ilógico propio de una parte importante de la actividad mental. El pensamiento del personaje del flujo de la conciencia no está dirigido hacia un fin concreto al modo del pensamiento analítico, sino que deja que su discurso progrese al azar, sin una orientación predeterminada. El flujo de la conciencia se concentra en lo que podría considerarse desde una perspectiva racionalista como una forma inferior del pensamiento: la incoherencia y la arbitrariedad no podrían conducir a resultados rigurosos como los del pensamiento que se ajusta a un método racional. Ello es cierto. Los personajes que actualizan el flujo de la conciencia en el texto ficcional no aspiran a la consistencia del discurso mental que responde a un proyecto prefijado. Y, sin embargo, estos personajes ponen al descubierto una parcela de la conciencia humana que escapa a otras aproximaciones. El flujo descubre la intimidad más profunda de la conciencia, en su actividad tal vez más significativa, porque se produce con mayor independencia de la influencia de las formas de la censura del super-yo. La arbitrariedad, la desorganización son un signo de honestidad, de ausencia de mecanismos autodefensivos. De la misma manera que el método psicoanalítico aspira a descubrir el trauma del analizando precisamente en su material psíquico menos evidente y comprensible. los personajes del flujo de la conciencia nos ponen en contacto con un mundo en el que las represiones y las racionalizaciones han sido eliminadas o reducidas, y en donde es posible alcanzar una verdad humana, tal vez más elemental, pero también más esencial.

Con frecuencia, el monólogo interior y el flujo de la conciencia ocurren simultáneamente en el texto, en una combinatoria paralela o alternada. Se persigue de este modo la complementaridad de ambos métodos para obtener una mayor complejidad y amplitud en la presentación de la interioridad. Las razones de mayor incoherencia donde el monólogo interior no alcanza o alcanza con mayores dificultades son cubiertas por el flujo de la conciencia; el monólogo puede suplir las insuficiencias del flujo y, por medio de una aproximación más ordenada y analítica, completa la visión de la psique. En *El sonido y la furia*, por ejemplo, hay varios casos de combinación de estos dos procedimientos.

El flujo de la conciencia incluye las percepciones e impresiones de los sentidos y los impulsos o reacciones psicológicas de naturaleza automática, previos al análisis. A diferencia del pensamiento, este material psíquico no ocurre verbalizado, no se concreta en la mente del personaje en palabras. ¿Cómo transmitirlo a la ficción cuyo vehículo son las palabras? En el cine podría presentarse con relativa adecuación porque la cámara lo captaría situando su centro focal, por ejemplo, en las expresiones del rostro del personaje. La novela no puede utilizar estos recursos. El flujo de la conciencia cita literalmente el discurso mental, pero lo que cita son las palabras conceptualizadas —ya que no proferidas— en la mente de los personajes. ¿Cómo citar un discurso que no ha sido proferido nunca? La ficción novelística debe usar necesariamente de las palabras para reflejar este contenido de la conciencia no verbalizado: aunque imperfecto, es el único instrumento de que puede servirse [34]. Los experimentos con el uso de la imagen o con los recursos gráficos interpolados en el texto han sido escasos y su alcance limitado, sin conseguir nunca sustituir y, a veces, ni siquiera complementar el discurso verbal: suelen ser una adición que abre el texto hacia un mundo para él vedado, pero al que no agrega mucho semánticamente.

Esto se revela con claridad en el uso de los signos convencionales para materializar el código de lo no verbal. El monólogo estaba señalizado morfológicamente; el flujo lo está sobre todo por medio del truncamiento de la sintaxis. La frase canónica de Sujeto-Verbo-Complementos y sus variantes es abandonada y queda sustituida por la frase individualizada, de valor único, no universal, a menudo agramatical, marcada por los puntos suspensivos, la ausencia de verbo, la sustitución de verbos flexionados por formas no conjugadas carentes de persona-sujeto, etc. La sintaxis sintomatiza la inconexión, instantaneidad e imprevisión de la vida más elemental de la conciencia. Es interesante ver cómo estos recursos sintácticos, que sorprendieron cuando fueron usados por primera vez por los escritores iniciadores de la novela posclásica, se han convertido hoy en bastante comunes, hasta el punto de haberse convencionalizado y haberse establecido como el lenguaje por excelencia de lo inefable psicológico. La ruptura sintáctica, que era sólo un índice tentativo de lo inefable, ha llegado a ser lo inefable mismo. Lo inefable se ha hecho sintaxis y el signo ha sustituido al *signatum*.

Veamos cómo estos conceptos se concretizan en un pasaje de *Tres tristes tigres*:

aire puro me gusta el aire puro por eso estoy aquí a mí me gusta el perfume que se habrá figurao me hace mueca mueca y mueca me vuelvo loca de tanta mueca me gusta el perfume concentrado qué se habrá figurao que voy a oler su culo apestoso qué mejor que el aire puro el aire puro de la naturaleza me gusta el sol y los perfumes concentrados me hace mueca mueca y mueca y me mete los fondillos en la cara habiendo tanta agua le meten la peste del culo en la cara caballeros qué gente más inmoral y más sucia estoy con los alemanes el mono te castiga el mono carne humana pa qué me quiere quitar la mano seguro que se le va a comer seguro que le va cocinar y se la va comer este mono me persigue me persigue enséñeme su principio moral soy protestante protesto de tanto salvajismo un polvo de majá de cocrilo de sapo y se vuelve localocaloca enséñame su moral su principio moral su religión por que no lo enseña ni soy cartomántica ni soy bruja no soy santera toda mi familia ha sido protestante ahora usted me confunde por qué me va a imponer su ley su asquerosa ley confunde la raza confunden la religión todo lo confunde el principio moral de los católicos no de los ñañigos ni de los espiritista el aire no es

<hr>

[34] Ver L. E. BOWLING, «What is the Stream of Consciousness Technique?», *PMLA*, 65 (1950).

suyo   esto no es casa la bemba se mete en todas partes   esa peste me pudre
las sérulas del cerebro   ya no puede más   registra y registra y registra   que
viene el mono con un cuchillo y me registra   me saca las tripas   el mondongo   para ver qué color tiene   ya no se puede más [35].

El desquiciado discurso mental-emocional, las reacciones impulsivas
del personaje quedan convencionalizados por la grafía y la sintaxis. No
hay en el pasaje puntos suspensivos que subrayan las elipsis lógicas, pero
hay separaciones arbitrarias y no sistemáticas entre palabras que cumplen
parecida función. La mente que genera el discurso es demasiado confusa
e instintiva como para articular su discurso verbal y sus sensaciones pre-
verbales en períodos lógicamente encadenados. Las repeticiones (mueca
mueca mueca y mueca) destacan la obstinación obsesiva del mundo mental
del personaje. Algunas de ellas están gráficamente señalizadas (localocaloca)
para acentuar esta impresión. Algunas alusiones aparecen abruptamente,
con rapidez e improvisación parecidas a las que se manifiestan en algunas
especies de animales marinos que reaccionan a una presencia hostil exten-
diendo automáticamente sus miembros (estoy con los alemanes   el mono
te castiga el mono carne humana). De manera parecida a como ocurría
con Gerty en *Ulysses,* no hay una ordenación gradual de conceptos o sensaciones; aparecen ideas importantes extemporáneamente en la mitad del
pasaje, respondiendo al movimiento interior del personaje más que a la
expectativa lógica del lector, que se ajustaría a una ordenación por categorías inclusivas para descender desde una idea general introducida al
principio a otras derivadas: la frase «ni soy cartomántica ni soy bruja ni
soy santera», colocada al comienzo del pasaje hubiera fijado la naturaleza
del discurso; donde ocurre espacialmente en el texto, pierde prominencia
y puede pasar semánticamente desapercibida. La extraña alusión al *mono*
queda parcialmente tratada de nuevo al final, aunque más que una explicación es una insistencia en un dato que destaca la conciencia incoherente
de la supuesta hechicera. El flujo de la conciencia concuerda con notable
adecuación con la personalidad del personaje y con los rasgos y el modo
de desarrollo de su vida mental y emotiva.

El interés de la novela posclásica por la interioridad más profunda del
hombre no es accidental; no es un fenómeno aislado, separado de la cultura moderna. La filosofía y la psicología posteriores al pensamiento positivista revaloran la vida mental y emotiva por encima de los datos empíricamente observables y mensurables. El psicoanálisis, la filosofía del *élan-
vital* de Bergson, la psicología de la *Gestalt,* etc., reorientan al hombre hacia
sí mismo y lo hacen con penetración insólita antes. Frente a la pobreza
limitadora —ni siquiera cierta— de la ciencia positivista, este pensamiento de la interioridad encuentra y explora dimensiones del espíritu humano
apenas presentadas en el pasado.

[35] *Tres tristes tigres,* p. 451.

La ficción incorpora las nuevas formas de aproximación al hombre, las asimila y —como ocurría con otros conceptos— las modela desde su dimensión peculiar. La novela posjoyciana más reciente ha incorporado a su visión antropológica formas culturales posteriores a la filosofía de la interioridad (la nueva lingüística, el estructuralismo, etc.), que han afectado considerablemente el concepto y las técnicas de la ficción. A pesar de estas innovaciones importantes, considero que la ficción actual sigue beneficiándose de los principios que originan el monólogo y el flujo de la conciencia y continúa utilizando esos procedimientos con diversas variantes.

Una de las mayores dificultades propias del flujo de la conciencia se halla en el intento de presentar lo irracional y discontinuo de la vida interior y hacer que, al mismo tiempo que se mantiene la irracionalidad y la discontinuidad lo presentado signifique para el lector. Se ha de aprehender la textura auténtica de la conciencia (con sus vacíos y absurdos), pero también se ha de iniciar un modo de comprensión de ella. No se trata de descifrar el enigma del yo (eso sería reducirlo a una solución unilateral), sino de proporcionar un principio de interpretación que tenga algún sentido. La incoherencia en bruto, sin elaborar, se produce en la vida; la síntesis de esa incoherencia ocurre en la ficción. La paradoja del flujo de la conciencia consiste en la voluntad de hacer público lo íntimo y secreto de la conciencia sin romper su naturaleza esencial, preservando esa misma intimidad privada que se trata de revelar. ¿Cómo traducir el código personal, accesible sólo al sujeto, cuyas claves sólo el yo posee, y que con frecuencia ni siquiera él mismo conoce? La convención proporciona de nuevo los recursos más útiles para ese acercamiento. Algunos de esos recursos, además de servir de instrumentos de decodificación, connotan un sentido que da la unidad al discurso errante de la conciencia del personaje.

El discurso ininterrumpido de Molly en el último episodio de *Ulysses* ilustra bastantes de estas convenciones:

and that word met something with hoses in it and he came out with some jawbreakers about the incarnation he never can explain a thing simply the way a body can understand then he goes and burns the bottom out of the pan all for his kidney; this one not so much theres the mark of his teeth still where he tried to bite the nipple I had to scream out arent they fearful trying to hurt you I had a great breast of milk with Milly enough for two what was the reason of that he said I could have got a pound a week as a wet nurse all swelled out... he does it and doesnt talk I gave my eyes that look with my hair a bit loose from the tumbling and my tongue between my lips up to him the savage brute Thursday Friday one Saturday two Sunday three O Lord I cant wait till Monday freeeeeeeeefronnnng train somewhere whistling the strength those engines have in them like big giants and the water rolling all over and out of them all sides like the end of Loves old sweet sonnnng the poor men that have to be out all the night from their wives and families in those roasting engines stifling it was today Im glad I burned the half of those old Freeman and Photo bits leaving things like that lying around hes getting

very careless and threw the rest of them up in the W C Ill get him to cut
them tomorrow for me instead of having them there for the next year to get
a few pence for them have him asking wheres Januarys paper and all those
old overcoats I bundled out of the hall making the place hotter than it is the
rain was lovely just after my beauty sleep I thought it was going to get like
Gibraltar my goodness the heat there before the levanter came on black as
night and the glare of the rock standing up in it like a big giant compared with
their 3 Rock mountain... (753).

(y esa palabra met algo más con cosas al final y salió con unas palabrejas sobre
la encarnación nunca es capaz de explicar nada simplemente de manera que
uno puede entender entonces va y quema el culo de la sartén todo por su riñón;
éste no tanto está la marca de los dientes todavía donde intentó morder el
pezón tuve que gritar no son horribles tratando de hacerte daño tenía un
pecho grande con leche cuando Milly bastante para dos cuál era la razón de
esto él decía que podría haber ganado una libra a la semana como nodriza
completamente hinchado... lo hace y no habla le dirigí esa mirada especial mía
con el pelo un poco suelto de las vueltas y la lengua entre los labios hacia él
bruto salvaje jueves viernes uno sábado dos domingo tres Díos mío se me hace
imposible esperar hasta el lunes freeeeeeeeefronnnng tren en alguna parte sil-
bando la fuerza que tienen esas máquinas como gigantes enormes y el agua
que rueda por encima y fuera de ella por todos los lados como el final de Loves
olf sweet sonnnng pobrecillos tienen que estar fuera toda la noche lejos de sus
mujeres y familias en esas máquinas en las que uno se muere de calor hoy fue
agobiante por suerte quemé la mayor parte de esos trozos de Freeman and
Photo deja las cosas por ahí se está volviendo muy descuidado y eché el resto
en el water haré que las corte mañana en lugar de tenerlas allí para el año que
viene para conseguir unos peniques por ellas que me esté preguntando dónde
está el periódico de enero y todos esos abrigos viejos hice un paquete y los
saqué del pasillo hacían que la casa pareciera más caliente de lo que está la
lluvia estuvo muy bien precisamente después de mi siesta pensé que se iba a
poner como en Gibraltar por Dios el calor allí antes que el viento del levante
viniera negro como la noche y el brillo de la roca que se levantaba como un
gigante enorme comparada con la montaña de las tres Rocas...)

A pesar de que transcribo sólo una porción mínima del largo discurso
de Molly, insomne por la súbita llegada de su marido a la madrugada, eso
será suficiente para encontrar el material que revele algunas técnicas del
flujo de la conciencia en su búsqueda de una exploración fiable de la
intimidad.

El modo de encadenamiento del discurso se produce por asociación
libre de ideas: una idea remite a otra, conectada más o menos directamente
con ella, y cada una de ellas es como la pequeña pieza de un mosaico,
que por sí misma no tiene significación, pero que, incluida en el conjunto,
forma parte de un todo plenamente significativo. La cadena de asociaciones
está vinculada a las facultades de la memoria, la imaginación y los sentidos. En su discurso, Molly rememora, imagina y percibe ideas y sensaciones dispersas que ocupan su mente, saltando intermitente y azarosa-
mente de una a otra, en un movimiento que reproduce la espontaneidad
e imprevisión de la actividad mental que carece de un objetivo específico.

Algunas de estas ideas se producirán por modo de incoherencia suspendida; la idea, aislada del conjunto del texto, parece carecer de todo sentido; en realidad, debe transferirse a otro punto anterior o posterior del texto donde encuentra su elucidación. Esta forma de incoherencia aplazada es común en el flujo de la conciencia y en *Ulysses* en especial, ya que reproduce los lapsos propios de todo discurso mental no articulado para la comunicación. En el monólogo de Molly, que ocupa el último episodio de la novela, las referencias van dirigidas a momentos precedentes. En otros episodios del texto, son posteriores y la lectura debe incurrir en una pausa prolongada de sentido que se resuelve más adelante.

La primera idea del pasaje va asociada a un vocablo que reocurre con frecuencia en el texto: metempsícosis. Molly no entiende el sentido del término y, como es obvio en la transcripción del monólogo, no es capaz de pronunciarlo correctamente, a pesar de previos intentos de Bloom para familiarizarla con la palabra. Metempsícosis va asociada con su marido, Bloom, y con el desprecio que Molly siente hacia él. Ese desprecio conduce, por mediación de la memoria, a la alusión a los riñones, que es otro caso de incoherencia diferida: remite al desayuno de Bloom el día anterior, durante el cual quemó por descuido la sartén que utilizaba para freírlos.

De ese momento, bruscamente y sin conexión aparente, se pasa a la relación adúltera que tiene Molly con Boyles. Esa asociación se produce mediada por los sentidos y el erotismo incontenido de Molly, que llega a superar incluso su sentimiento maternal hacia Milly.

La siguiente asociación viene desde el exterior de la mente de Molly y llega a través del sentido del oído: el silbido del tren a lo lejos reproducido en el texto sensorial, gráficamente y no conceptualmente: freeeeeeeeefronnnng. Esta idea y la que le sigue relacionada con ella (los comentarios en torno a las locomotoras y los maquinistas) muestran un grado grande de desconexión con los temas centrales del discurso de Molly: Bloom y la pasión carnal de Molly. Sin embargo, a pesar de la separación semántica entre esas ideas, tienen un punto en común que hace que aparezcan conectadas en la mente de la mujer de Bloom: la fuerza de esas locomotoras va vinculada subconscientemente en Molly al poder físico de los hombres que la apasionan. No es de extrañar la asociación parentética entre el ritmo del sonido de la locomotora y la canción *Love's Old Sweet Song*: Molly tiene que cantar esta canción como parte del repertorio de sus próximos compromisos como cantante de ópera y el agente de Molly, como se sabe, es su amante Boyles, al que ha aludido poco antes. En la meticulosa escritura joyciana nada queda incluido sin motivación. La referencia a los maquinistas es mediada en este caso por la imaginación que provoca la inesperada asociación. Las asociaciones producidas por la imaginación, como se comprueba en el ejemplo citado, son, por lo general, más arbitrarias y sorprendentes que las de la memoria o los sentidos, ya que, a diferencia de éstas, tienen una causa más alejada de la realidad vital del personaje.

La siguiente asociación es introducida por la memoria del pasado reciente: lo que ha hecho Molly con algunos papeles y prendas de su marido abandonados en la casa y que le sirven a la temperamental mujer para censurar de nuevo al pobre Bloom. También por medio de la memoria aparece el tema de las condiciones climatológicas del día: ahora la cita es más extensa que la breve mención anterior («hoy fue agobiante») que había quedado abruptamente interrumpida entre las alusiones a las locomotoras y los papeles de Bloom. El calor lleva a la asociación con Gibraltar, tema que aparece varias veces en el flujo de la conciencia de Molly. La memoria se convierte ahora en nostalgia hacia un tiempo idealizado como superior al presente.

He afirmado antes que el flujo implica discontinuidad y suspensión de la significación lógica. Este hecho se comprueba no sólo en la naturaleza de las ideas que aparecen en la asociación libre, sino también en la preponderancia en el discurso de las figuras retóricas que indican indeterminación o falta de sentido: la elipsis, el anacoluto, la anáfora, etc. En el citado fragmento de *Ulysses* (que, como se sabe, dedica todo un episodio a la ilustración de las figuras retóricas) figuran estos ejemplos de elipsis: «this one not so much» y «all swelled out», donde se omite el nombre del referente: seno, «breast»; «train somewhere whistling», donde lo que está elidido es el verbo; en ambos casos, la elipsis sirve precisamente para señalar el carácter fragmentario e inconcluso del discurso de Molly.

El flujo de la conciencia no renuncia a una unidad final de significación. Esta se consigue no por afirmación directa, sino por medio de procedimientos que aparecen intermitentemente, pero con la suficiente persistencia para producir una significación general que abarque no una frase o un pasaje del texto, sino su conjunto. El largo episodio de Molly, a pesar de la trayectoria azarosa del discurso, no da impresión de inacabamiento y ausencia de motivación unitaria. Por el contrario, define con profundidad el carácter de Molly y manifiesta poderosamente sus contradicciones y flaquezas y ocasionalmente también la pureza genuina de sus sentimientos. La unidad se revela en particular a través de las figuras de simbolización, de los símiles y las imágenes. Gibraltar simboliza, como ya he sugerido antes de manera incipiente, la utopía del amor perpetuamente perfecto que Molly presiente (aunque no se resigna a ello) como inalcanzable. El *leitmotiv* de Penélope está asimismo presente; la mujer que, con su astucia y agudeza, es capaz de superar la superior fortaleza de los hombres que la asedian. Hay en Molly un abierto desprecio hacia el hombre, pero también una atracción indominable hacia él. El desprecio es un recurso efectivo: le proporciona la suficiente distancia emotiva para asegurar su dominio sobre los seres a quienes dice despreciar. El tema recurrente de la metempsícosis no es arbitrario: completa metafóricamente la figura de Bloom: hombre que, en su mediocridad cotidiana, es capaz de mantener una tensión intelectual y un deseo de espiritualidad que le proporcionan un saber inmaterial que supera la mera acumulación de información, propia del simple conocer.

No es justo mantener que el flujo de la conciencia sea equivalente sólo a la confusión, como incluso algunos lectores eminentes han defendido [36]. Hay, subyacente en él, una orientación general y unos principios organizativos que nos ponen en contacto con una realidad, que no es inmediata u obvia, pero que contiene sedimentos de lo humano de una validez universal, ya que presenta aspectos íntimos y definitorios del hombre. El monólogo interior y el flujo de la conciencia abarcan lo humano de manera particularmente comprensiva, desde lo más intrínsecamente individual —la conciencia de un sujeto— a lo más absoluto: la naturaleza del hombre. Su alcance literario es también amplio: incorpora desde la exploración de las formas de indeterminación del discurso al análisis de la naturaleza esencial de la palabra, instrumento de miseria (por su inadecuación a lo referido) y de grandeza, porque está abierta a la multiplicidad de la significación.

El eje diacrónico de la narración pone de manifiesto la naturaleza antiesencial de la ficción. La ficción se ha desarrollado hacia la no narración, que en sus diversas variantes, viene a confirmar la indeterminación del ser. La progresiva disminución o supresión del narrador señala también la eliminación de una voz única, fijadora de un significado unidimensional. El *Quijote* duda ya de la autoridad de la voz narrativa, pero aspira todavía a la Historia. La ficción posterior ha ido evolucionando lejos de la perspectiva supuestamente cierta del texto histórico; ha procurado cada vez más que el texto se elabore a sí mismo y alcance su justificación —si alguna fuere precisa— a partir de sí mismo, desde las voces de los seres de ficción que lo habitan.

[36] AUERBACH, *Mimesis.*

CAPÍTULO V

LA MORAL FICCIONAL

1. CONOCIMIENTO Y ÉTICA

En *Les mots et les choses* M. Foucault divide los modos de pensamiento posteriores al Renacimiento en pensamiento clásico (o *episteme*, en su terminología), que corresponde a los siglos XVII y XVIII, y pensamiento moderno, que abarca los siglos XIX y XX. Concentrándose en el estudio de la economía, las ciencias naturales y la lingüística, Foucault caracteriza el pensamiento clásico por su ambición de someter la realidad a un orden universal de acuerdo con la creencia de que el mundo puede ser organizado en torno a la idea de la representación: «la lengua es tan sólo la representación de palabras; la naturaleza es tan sólo la representación de necesidades» [1]. El orden y la confianza en la adecuación de lo representativo a lo representado rigen la configuración epistemológica y metafísica del pensamiento, propio del inicio de la razón científica en Europa. El pensamiento moderno, que comienza con Kant, Ricardo, Cuvier y Bopp, entre otros, es una ruptura de este pensamiento y, con ella, de la unidad del mundo clásico en el que todavía era posible conocer con límites pero con seguridad el mundo. Los fundamentos epistemológicos y metafísicos de ese pensamiento se fragmentan, el saber se compartamentiza y el orden de la realidad se convierte a lo más en una nostalgia irrealizable. Foucault propugna que hay una continuidad ininterrumpida entre las premisas fundamentales del conocimiento de los siglos XIX y XX y no parece establecer entre ellas diferencias de importancia. Los siglos XIX y XX representarían por igual el dominio de lo moderno y los grandes modos de pensamiento del XIX comunicarían sin dificultades con los del siglo posterior.

Foucault hace una extensa comparación de las diferentes fases del pensamiento posrenacentista y establece entre ellas unas fronteras bien definidas, casi infranqueables. La economía, las ciencias naturales, la lingüística se transforman radicalmente en los diferentes períodos de la historia. Los puntos de comunicación entre esos períodos son mínimos y las

---

[1] MICHEL FOUCAULT, *Les Mots et les choses,* trad. inglesa, *The Order of Things* (Nueva York: Vintage Books, 1973), p. 209.

ciencias y el hombre de las distintas épocas son entidades completamente distintas entre sí. Como afirma el propio Foucault, la biología o la economía modernas tienen poco en común con las de la época clásica y el concepto del hombre moderno diverge considerablemente del precedente. Es probable que esta separación estricta entre la naturaleza esencial de la ciencia moderna y la anterior posea un grado considerable de corrección, pero no creo que, como se indica en *Les mots et les choses,* el modo epistemológico moderno sea exclusivo de los dos últimos siglos de la historia occidental. Hay por lo menos un reducto de la actividad creativa humana que, en sus premisas teóricas y en su praxis concreta, actualiza, con anterioridad a Ricardo, Cuvier y Bopp, los fundamentos de la *episteme* moderna: ese reducto es la ficción que, como ya se ha visto, se constituye a partir de una pluralidad epistemológica y antropológica y rechaza una metafísica unitaria del ser. Tal vez, si Foucault no nota en *Les Mots et les choses* la presencia de la ficción en los esquemas del saber es porque la ficción no se propone como un modo de conocimiento sistemático, tal como lo son las ciencias analizadas en su libro. Sin embargo, la ficción significa a varios niveles, entre ellos, el ontológico, epistemológico y ético y sus asertos forman parte de la conciencia y el medio cultural del hombre tanto como los de otros campos de la actividad humana.

La ficción es una fisura en la homogeneidad del conocimiento anterior a la *episteme* moderna de Foucault; es una incitación a su cuestionamiento, una proposición de orientación hacia lo no ordenado y no unitario. Una incitación pero no una construcción teórica definida y completa. La novela se halla dentro del pensamiento de una forma especial. Lo penetra con profundidad, pues se dirige a numerosas parcelas de la realidad, desde los aspectos más intrincados de la psicología al sentido del universo. Propone un modo de orientación con relación a estos temas, pero al mismo tiempo no pretende responder a ellos. No sólo es importante la investigación del aspecto de la realidad hacia el que se dirige la intencionalidad del conocimiento ficcional, sino también la actitud de alcance universal y de multiplicidad metodológica que le acompaña. El modo de acercamiento a lo visto y la penetración y singularidad de la visión cuentan más que la certeza y la seguridad de lo visto.

Foucault valora el modo de la episteme moderna por encima del de la clásica. No precisa bien las razones de esta evaluación, pero cabe entender que la epistema moderna es una manera de hacer una necesaria deshumanización del mundo; de hacer que el hombre —su mente, su saber— conviva con la complejidad e inexplicabilidad del mundo más que tratar de someterlas a unos supuestos arbitrariamente preestablecidos. La ficción ha favorecido este modo epistemológico desde el *Satiricón* a los cuentos de Cortázar. Este modo de conocimiento ha originado, a su vez, una actitud ética, peculiar de la ficción, que conviene estudiar.

El estudio de Foucault no se introduce en el campo de la ética sino de una manera oblicua, con afirmaciones ocasionales que suelen coincidir con las menciones que, interpoladas en su estudio de la epistemología científica, Foucault hace de la literatura. Así, por ejemplo, el modo de conocimiento moderno se ve anunciado, según Foucault, en la obra de Sade, que es una apelación al dominio turbulento del deseo y la violencia sobre el orden y la aproximación racional a la realidad. El desorden y la fuerza impulsiva se imponen sobre una organización unitaria y restrictiva del mundo. En nuestra época, algunos autores, como Artaud y Roussel, significan el paso de la violencia de Sade a la reducción del hombre a la negatividad, a su desaparición como entidad ontológica y a la extinción de la esperanza de alcanzar una forma de unidad. En *Les Mots et les choses* es la literatura la que presenta la dimensión moral y humana, que no es aparente en las ciencias estudiadas por Foucault. Pero la referencia a la literatura no es utilizada en todas sus posibilidades. Es una mención limitada que no llega a ser elaborada, como si la literatura no fuera capaz de revelar de manera satisfactoria la dimensión moral. Foucault no parece reconocer el valor epistemológico de la literatura de la ficción en particular y desatiende el alcance de sus asertos éticos. Veremos que esto no debe ser necesariamente así.

La pluralidad ontológica y gnoseológica de la ficción afecta su investigación ética. Las preguntas fundamentales que surgen con relación a este tema son numerosas: ¿Cómo es posible hacer asertos morales válidos si se ha sostenido la inseguridad del conocimiento ficcional? ¿Cómo hacer compatible la incertidumbre con la certeza requerida por las normas morales? ¿Cuál es la naturaleza de las normas morales de la ficción? ¿Cuál es el modelo antropológico del hombre de la ficción?, etc. El campo ético de la ficción es arriesgado y por eso con gran frecuencia es eludido por los críticos de la novela. Y, sin embargo, la novela significa éticamente. La mayoría de los lectores habituales de la ficción leen novelas y en ellas hallan modelos —positivos y negativos— con los que relacionar su vida. Diferentes autores y textos han sufrido y sufren persecución porque proponen o sugieren principios incompatibles con las reglas constituidas en el código político, religioso o sexual. Ello es un índice de que la ficción trata problemas centrales de la ética que implican al hombre en general Pero la significación ética de la ficción es peculiar, paradójica. No es un conjunto sistemático de principios, una ordenación de la conducta coherente y completa, sino una actitud o modo moral no definido precisamente.

¿Cómo es el modo de significación ético específico de la ficción? Para responder a esta pregunta consideraré tres aspectos: el concepto de la verdad, de la norma y de la noción del hombre de la ficción.

2. LA VERDAD

El concepto de verdad es uno de los más difíciles de la historia del pensamiento. Ha preocupado a los filósofos de todas las épocas para los que ha sido con frecuencia un tema primordial. La ficción se interesa en la verdad no como un tema que deba investigar *per se* y para el que deba encontrar una respuesta total. La ficción no se dirige tanto a las preguntas: ¿Qué es la verdad? ¿Cuál es su naturaleza?, como a las manifestaciones parciales en que la verdad puede revelarse en las relaciones humanas y en los contactos del hombre con el mundo. No debemos buscar en la ficción un análisis directo de la esencia de la verdad, sino más bien una exploración del modo en que la verdad se ve ocultada o impedida por los prejuicios subjetivos del hombre que le llevan a no tomar una actitud apropiada ante la realidad. El tema de la verdad en la ficción se concibe en parte como el examen de la actitud, la predisposición a que debe llegarse para establecer un contacto satisfactorio del yo con el entorno. De acuerdo con la naturaleza de la ficción, con frecuencia este examen procede por vía negativa, mostrando los rasgos de la actitud no conducente a la verdad, con la esperanza de que el lector será capaz de componer, a partir de la experiencia heurística de la negación presentada en el texto, un modo más genuino de aproximación a la verdad.

En una forma artística en la que lo convencional, lo no-real, lo «falso» es un elemento fundamental, puede parecer ilusorio pretender hallar una vía fiable por la que dirigirse hacia la verdad. La búsqueda desasosegada e inconclusa de Mersault, Bloom o Don Quijote no parece ser la más apropiada para el hallazgo de alternativas convincentes. Sin embargo, a pesar de estas dificultades, la ficción constituye un método válido de investigación de la verdad; como ya se ha visto que ocurría en otros campos, su orientación y conclusiones se anticipan a las de la filosofía moderna, que se aproximará al tema con parecido propósito, aunque de manera más sistemática.

Hay un concepto común de verdad que ha prevalecido por largo tiempo hasta el presente. Este concepto asume una sumisión a lo aparente de las relaciones entre la conciencia y lo real y está vinculado a la falacia referencial, que quedó estudiada en un capítulo anterior. A partir de él, la verdad es la *adaequatio intellectus et rei;* la mente humana es capaz de acceder sin distorsiones a la esencia de los objetos y hallar una concordancia con ellos.

Este concepto tradicional de la verdad no es útil para la ficción. La verdad ficcional se corresponde más adecuadamente con la idea heideggeriana de la verdad. Heidegger presenta la noción de verdad como *alethea,* con el desvelamiento del ser de los objetos de la realidad. La verdad adquiere un carácter dinámico. No es la mera corrección de una afirmación en la que se realiza una correspondencia entre el objeto y el sujeto. La verdad es una revelación de la naturaleza de los objetos, una apertura del ser oculto en la que el hombre participa no para apropiarse de ella, por medio de una definición taxativa, sino para integrarse en una dimensión de la realidad que le era desconocida [2]. Heidegger propugna que la verdad va asociada a la idea de libertad. Pero es un concepto no habitual de libertad. Es una libertad de los objetos más que del hombre que se acerca a ellos. Para descubrir la verdad hay que dejar que las cosas sean ellas mismas, que sean ellas quienes nos descubran su propia esencia. La libertad es dejar que las cosas sean. Esto no equivale a defender la indiferencia ante la realidad. Dejar que las cosas sean no es decir que no nos interesan, sino permitirles ser y abrir nuestra mente y nuestro yo a ellas para conocerlas en su identidad íntegra. Conocer, según esta concepción, no es poseer algo, lo que implica una relación de utilización de lo otro para modelarlo según nuestro deseo. Conocer es comunicar con la esencia de lo otro, respetándola y entendiéndola sin llegar a adquirirla. Este concepto de verdad diverge fundamentalmente del propio del sentido común y también de una idea vulgar de la ciencia a partir de la cual se busca la fijación definitiva de la realidad según principios permanentes y universales. Sin embargo, concuerda con la naturaleza de la ficción porque la ficción se acerca al mundo dejando que las cosas sean, no para definirlas, sino para que se manifiesten en el texto en su realidad auténtica.

Este concepto de la verdad incluye la no-verdad en su esencia. La verdad y la no-verdad no son idénticas; es posible separarlas, pero, al mismo tiempo, ambas se necesitan mutuamente y la una no es del todo sin la otra: la verdad comprende una porción de no-verdad y ésta una porción de verdad. La verdad no se agota en sí misma, sino que necesita de la no-verdad que la complementa. Creo que cabe entender así la noción heideggeriana del *misterio* de la verdad. No como un todo impenetrable, sino como una revelación que no concluye nunca, como si fuera una figura poliédrica cuya forma no es posible nunca acabar de precisar, ya que manifiesta incesantemente caras nuevas. Heidegger solicita del hombre moderno, por lo general todavía instalado complacientemente en la inercia de la verdad positiva, que revigorice su capacidad para no evadir el misterio y que se dirija a él sin suspicacia.

La ficción actualiza este concepto de la verdad, sobre todo en el estudio de las relaciones humanas. Podemos observar ya este concepto de la verdad en algunos textos de la novela picaresca en donde el pícaro desvela la solidez de una moral drástica, convencida sin dudas de su concepto unilateral del bien, y reintegra en ella importantes elementos del mal. La crueldad de la picaresca es el suplemento de la verdad de un absolutismo

---

[2] MARTÍN HEIDEGGER, «Vom Wesen der Wahrheit», en *Wegmarken* (Frankfurt: Vittorio Klostermann, 1976), p. 190.

moral de ascendencia supuestamente divina, empeñado en subsumir la realidad a su medida. En la ficción más reciente, es en Proust donde hallamos una ilustración de la verdad inaprehensible en la multiplicidad de las relaciones entre los seres humanos y en especial las trabadas en torno al amor. Proust conoce con penetración característica la intimidad del hombre precisamente porque admite no conocerlo, porque sabe que la verdad acerca del otro es a lo más una hipótesis provisional que queda siempre expuesta a una modificación ulterior. Marcel confiesa con frecuencia su inseguridad, su cuestionamiento de su método de conocimiento humano. El lector acepta el ofrecimiento de su proceder que incorpora la duda y, en lugar de invalidar su testimonio, lo valoriza más y le concede una capacidad de verdad de la que carecería si el narrador hiciera ostensible su certeza. La necesidad de suplementar las afirmaciones con una porción de la no-verdad le enfrentan con frecuencia con aspectos no favorables de la psique humana que el narrador no evita, sino que, por el contrario, explora minuciosamente para completar su visión; en otros casos, su concepto plural le mueve a la generosidad en el juicio de los demás precisamente a partir de lo que nos queda por saber de ellos: «... no hay que despreciar jamás a los hombres, nunca juzgarlos según un recuerdo de un acto de maldad, porque no sabemos todo lo que en otros momentos su alma ha podido querer sinceramente y hacer de bueno» [3].

El encabalgamiento de la verdad con la no-verdad en Proust le permite desarticular con sutilidad los mecanismos de la conciencia de Marcel, aun aquellos que le son contrarios y sacan a luz la ausencia de bondad en sus propósitos. Cuando Marcel, forzosamente recluido en su habitación, no quiere conceder mayor libertad a Albertine, no reconoce ante ella el motivo verdadero de su deseo, pero, en su interioridad, acaba reconociendo la verdadera razón: los celos. Marcel revela su propia duplicidad, su contradicción afectiva, y ve en ella una ruptura de la apariencia de verdad de las relaciones amorosas en las que el yo del amante actúa movido por el deseo de la posesión del otro y no sólo por el amor hacia él: «... dans l'amour... on tâche que l'apparence qu'on prend, plutôt que de réfleter exactement notre pensée, soit ce que cette pensée juge le plus propre à nous faire obtenir ce que nous désirons... (367).» (... En el amor... se intenta que la apariencia que se toma, más que reflejar exactamente nuestro pensamiento, sea lo que ese pensamiento juzga lo más apropiado para hacernos obtener lo que deseamos...) Esto desarrollará una dialéctica infinita de sentimientos, una parte de la cual se revelará en el texto. Marcel no cierra la verdad de la psicología amorosa, se acerca a ella, la revela gradualmente sin negar la porción inextinguible de misterio que le espera siempre en el futuro o en un pasado que debe recuperar.

A diferencia de la ciencia, la ficción no ha perdido el contacto con el

---

[3] PROUST, À la recherche..., VI, p. 348.

no-conocimiento, con lo que no se puede definir, medir o cuantificar que la ciencia abandona. La novela, que recela del ser absoluto, se abre hacia lo que no es; pero, paradójicamente, sugiere así la posibilidad de una forma diferente de totalidad que recoja no sólo lo que es, sino lo que no es. Bastantes textos importantes de la ficción son, en su fin más general, una investigación del modo de contacto del hombre con una realidad intangible y universal. Joyce es un buen ejemplo de ello. Pero también lo son Proust, Beckett o Unamuno. Novelistas en los que hay una necesidad de penetrar una realidad que sobrepasa los datos meramente perceptibles. La ficción excede la ciencia sin llegar a identificarse con lo religioso; aspira a la exploración del mundo sin la necesidad de una fuente externa a sí misma, sin el recurso a lo revelado. La escritura ficcional no deja de fundarse en la materialidad, que constituye inequívocamente un elemento primordial suyo. Una materialidad desde la que se proyecta hacia un territorio no concreto y difícil de definir, que no ha cesado nunca de atraer al hombre. Esto ocurre incluso en textos en los que se niega la viabilidad de la trascendencia. El protagonista de *San Manuel Bueno, mártir,* de Unamuno, no cree posible la existencia real de lo absoluto (en su caso identificado con Dios y la inmortalidad) y, no obstante, se ve determinado por ello y le dedica el impulso central de sus aspiraciones.

La verdad ficcional incluye la contradicción. De modo diferente al seguido por el razonamiento científico, que desea eliminar las contradicciones, la ficción las busca y las instala dentro de sí como parte esencial de su procedimiento. Una contradicción que obviamente no es cómoda, ya que no contribuye a la seguridad de la demostración de la ciencia. La introducción de las contradicciones en el proceso de búsqueda de la verdad y en la verdad misma lleva a la negación de una verdad única, pero no necesariamente a la desesperanza. Los personajes de las novelas de Beckett, por ejemplo, ven en la contradicción un motivo de ansiedad, pero también de estímulo. En esas novelas, en las que es tan completa la reversibilidad de los contenidos de la verdad, en las que los contrarios no se excluyen, sino que conviven en el texto, es posible hallar también, en medio del escepticismo o la negación, una capacidad para la voluntad de continuidad en la vida y para localizar un cierto espacio para la esperanza.

En *Molloy,* Jacques Moran juega con la casi perfecta intercambialidad de la esperanza y la desesperación de su vida. Ambas vienen a significar lo mismo para él. Ambas se le aparecen como igualmente arbitrarias y fútiles. Pero esto no conduce a la paralización total de la vida de Moran. Queda siempre la vía del conocimiento de la naturaleza real de la verdad, al margen de las posibles ilusiones del deseo. Los personajes de Beckett pueden asumir por lo menos la alternativa de manifestar la realidad de la existencia. Moran no pierde la capacidad de analizar su conciencia con penetración y este análisis, si no otra cosa, le confiere significado a su vida: «Sí, dejo que broten en mí [las esperanzas] y que crezcan en su fortaleza, que brillen y me encanten de mil maneras, y entonces las barro lejos de mi vida, con una gran y asqueada barrida de todo mi ser, me barro limpio de ellas e inspecciono con satisfacción el vacío que habían polucionado» [4]. Moran afirman cuando menos la satisfacción de haber sabido defender la entereza ante el autoengaño. Moran niega, pero su negación no es terminal; no cierra el camino hacia la verdad, sino que sugiere una actitud susceptible de alcanzar una forma más abarcadora de ella. Para la ficción, el tema de la verdad no tiene sentido como la definición de una esencia; la verdad se considera como un método y una actitud de aproximación a la realidad total; la ficción aspira no tanto a fijar conclusivamente esa realidad como a situarse ante ella con una perspectiva más legítima.

3. LA NORMA

La relatividad de la verdad ficcional puede parecer un obstáculo insuperable para el establecimiento de normas éticas a partir de la ficción. Voy a examinar esta cuestión, pero antes juzgo conveniente proponer una definición del concepto de norma.

Defino la norma como un principio o principios de conducta que se presentan con carácter general con el fin de dirigir correctamente los actos del hombre como individuo y como miembro de una colectividad. Aunque puede no ser siempre así, la norma tiene un carácter regulativo y se presenta de un modo imperativo para que sea seguida por aquellos que se rigen por ella. La sanción o castigo sirve como una manera de disuasión para quienes se niegan a su cumplimiento. La norma propone, pero también impone, coacciona; constriñe la libertad. A cambio, supuestamente, facilita una morada ética, un lugar moral habitable para el hombre. *Ethos* significa espacio donde habitar; la norma es la llave que conduce hacia ese espacio y abre el acceso a él [5]. El cumplimiento de la norma va asociado con el sosiego del hogar, la seguridad del lugar propio donde protegerse de lo extraño e incierto del exterior. La norma o normas son la estructura que sostiene el edificio de la ética. Ambas, norma y ética, se necesitan mutuamente: la ética requiere de las normas para hacerse concreta y las normas no adquieren un sentido real si no van incluidas dentro de un orden general comprensivo.

La norma y la ética pueden parecer una actividad consustancial con el hombre tan antigua como la palabra o la técnica. En ese caso, serían ineludibles para el hombre. Esta visión, que parece haberse convertido en incuestionable, no ha sido mantenida siempre. Tiene un principio histórico que la cercena de un período precedente en el que no tenía vigencia. Como

---

[4] SAMUEL BECKETT, «Molloy», en *Three Novels* (Nueva York: Grove Press, 1965), p. 162.
[5] MARTÍN HEIDEGGER, «Brief über den 'Humanismus'», en *Wegmarken*, p. 354.

indica Heidegger, en *Carta sobre el humanismo,* no hubo siempre ética en Grecia. La ética aparece en la escuela de Platón cuando el pensamiento se hace ciencia, se convierte en saber académico y formalizado. Se supone en ese momento que esta institucionalización del saber habría de producir una forma de saber superior conforme a la lógica y la moral. Pero, como señala el propio Heidegger, los pensadores anteriores a este período, que no conocían ni la lógica ni la moral, no pensaban de una manera ilógica e inmoral. En realidad, la lógica y la ética no eran imprescindibles para pensar adecuadamente. La lógica y la ética son una creación convencional, un producto cultural modificable y no necesario. Heidegger no cuestiona la funcionalidad de esas dos disciplinas; quiere destacar que, en el proceso de formalización del pensamiento y la conducta, el hombre ha podido perder con toda probabilidad una parte importante de sus facultades de creatividad y espontaneidad que han quedado fijadas según unos criterios condicionantes. Frente a esta fijación cabría proponer una revaloración de lo antinormativo. La reflexión sobre la norma ficcional queda incluida en esta orientación en la que el estudio de la norma se convierte en la presentación de su naturaleza problemática e incluso en su posible negación. La ficción puede llegar a proponer no sólo la necesidad de la inserción de la antinorma en la norma, sino también la supresión o superación de esta última.

El pensamiento moderno es amoral. Desde Nietzsche, el amoralismo ha prevalecido en la filosofía occidental. Con su expresividad verbal característica, Nietzsche afirmaba que la moral era propia de «degenerados»: sólo aquellos hombres que no eran capaces de hallar una orientación personal en sus vidas necesitaban que se les determinara los principios según los cuales debían actuar. A la debilidad del que se dejaba dictar su vida, Nietzsche oponía la arrogancia del que se proclamaba a sí mismo como el hombre que los demás debían contemplar como ejemplo [6]. Nietzsche aboga por la falta de compasión hacia los que se rigen según las normas de la moral y enaltece como héroe al hombre que vive sin normas. Pensar modernamente ha sido en gran parte negar, y la negación es uno de los modos característicos del pensamiento posterior a Nietzsche. La ficción comparte esta actitud de la filosofía moderna. Debido a su grado de influencia, esta actitud se hace patente sobre todo en la ficción posclásica. Pero la naturaleza antiesencial de la ficción y su concepto particular de la verdad hacen que hallemos vestigios del análisis de la antinorma en momentos anteriores de la ficción.

La filosofía y la ficción conciben la negación no tanto como procedente del hombre, sino como preexistente en la realidad misma. Como indica Heidegger, es el ser el que establece la nihilación. El *Da-sein* (el hombre)

---

[6] FRIEDRICH NIETZSCHE, «Twilight of the Idols», en *The portable Nietzsche* (Harmondsworth: Penguin, 1979), p. 491.

no hace más que revelarla. La función del pensamiento filosófico y ficcional es remover las capas de sedimentación moral que encubren el ser para llegar a su esencia original. El ser niega y el hombre no debe ocultarse a esa negación.

La negación de la novela premoderna es sobre todo de naturaleza social y niega las normas de una sociedad o de un grupo o individuos representativos de esa sociedad. La novela picaresca es una ilustración de esto: en ella no sólo se niega la conducta del pícaro, sino de los otros personajes con quienes el pícaro se relaciona; por extensión se niega también la sociedad que los fomenta. Las palabras amargas del hidalgo del *Buscón* son una acusación no sólo contra la indignidad de su vida, sino de toda la corte de Madrid a donde él se dirige con Don Pablos: «... por eso se iba a la patria común, a donde caben todos, y donde hay mesas francas para estómagos aventureros. "Y nunca, cuando entro en ella, me faltan cien reales en la bolsa, cama, de comer y refocilo de lo vedado, porque la industria en la corte es piedra filosofal, que vuelve en oro cuanto toca"» [7]. El hidalgo se ataca a sí mismo; niega la validez de su normativa; pero su negación se extiende a la comunidad en donde esos principios medran y son practicados por todos. La negación de la norma en el *Buscón* y en la novela clásica en general se centra en aspectos concretos, localizables en algún segmento de la sociedad.

En la novela moderna esa negación se hace más abstracta y se dirige al núcleo del ser, a las diferentes formas de manifestación de la significación ontológica. Las novelas de Beckett proceden con especial concentración en esta orientación hasta alcanzar una dimensión en donde la vida y el hombre quedan reducidos a su elementalidad primordial. Es precisamente en esta reducción, en la eliminación de lo accesorio (y todo es accesorio en Beckett) donde es posible entrar en contacto con alguna forma de la verdad fundamental. Los personajes de las novelas de Beckett atentan contra los valores básicos del humanismo. Como dice Moran en *Molloy*: «No me gustan los hombres y no me gustan los animales. En cuanto a Dios ha empezado ya a darme asco (105).» Negar al hombre y a Dios es descalificar la posibilidad de la antropología y la religión sobre las que repetidamente se ha fundado la validez de los principios universales. Moran no respeta dos valores que podrían servirle para relacionarse con otros hombres de modo fructuoso. Al negar a Dios y al hombre, Moran se condena a su heroica soledad. No es ésta la única negativa radical de *Molloy*. Se niega también el amor, la amistad, el efecto paternal, etc. Por medio del sarcasmo o del ataque directo se asaltan principios considerados como incuestionables. Sin embargo, la actitud y la conducta de los personajes de *Molloy* no nos repugna. Al contrario, a veces podemos llegar a admirarlas o incluso identificarnos con ellas. Molloy y Moran no hacen sino poner al descubierto

---

[7] *La vida del Buscón*, p. 136.

algunos de los mecanismos de motivación que se ocultan detrás de valores unánimemente respetados. La negación total de principios y normas sirve para cuestionar hábitos adquiridos pasivamente y no poseídos activamente por elaboración personal. Detrás de la apariencia tranquilizadora de esos principios, pueden encontrarse las razones fundamentales de una conducta que, según Molloy, se regiría por el temor a enfrentarse con la existencia en la soledad del yo. Los personajes de Beckett no reconocen alternativas satisfactorias; ni siquiera se plantean la posibilidad de considerar alternativas. Sin embargo, desde alguna perspectiva, pueden proponerse como una incitación a una reconstrucción de unas normas más legítimas. Pero *Molloy* no se dirige a este tema. Su negación es terminal. La afirmación de una nueva ética —sin normas— queda fuera del texto y es el lector quien en todo caso debe entreverla en él.

Otros textos sienten la urgencia de acompañar la negación con una afirmación más o menos explícita. Es como si se advirtiera con temor el vacío dejado por la nihilación y hubiera que llenarlo al final con una afirmación que tratara de compensarlo. Hay que notar que estas afirmaciones ocurren casi siempre al final y cubren, por tanto, un breve espacio de la novela: lo que la ocupa en su mayor extensión es el desarrollo de la negación: la afirmación viene a ser con frecuencia una suerte de aditamento final para referir el texto a la norma habitual. En algunos textos, la concordancia final con la norma se hace con convicción, como una demostración de que moral y verdad pueden coincidir, que es posible llegar a la unidad del ser como conclusión de un proceso de conflicto entre fuerzas propicias o contrarias a la norma. La novela de finalidad social o política o la novela de tesis decimonónica ilustran esta tendencia. Generalmente, en textos ideológicamente más elaborados, la afirmación se modera por medio de elementos que de alguna manera introducen una cuña negativa en lo que de otra manera sería el círculo cerrado del ser. La felicidad conclusiva del Lazarillo debe interpretarse como la inserción favorable de la vida del Lazarillo en el mismo orden de principios que había producido efectos destructivos hasta ese momento. Al declararse complacido («todos mis trabajos y fatigas hasta entonces pasados fueron pagados con alcanzar lo que procuré») el Lazarillo confirma la validez de una regulación moral que le había sido sumamente hostil [8]. Pero su felicidad se ve mermada por la humildad de su oficio y las dudas sobre la honestidad de su mujer. La afirmación prevalece sobre el doloroso pasado de Lázaro, pero quedan aún vestigios de que los motivos que lo produjeron no se han disipado y pueden volver a actuar y provocar su influencia negativa. La afirmación de Don Quijote es más patente: «Yo fui loco, y ya soy cuerdo: fui Don Quijote de la Mancha, y soy agora, como he dicho, Alonso Quijano el Bueno (1066).» Sin embargo, la afirmación precede exactamente a su muerte y,

[8] *Lazarillo de Tormes*, p. 103.

en cierto modo, desaparece con ella. Se presenta abiertamente, pero no es predominante; la impresión perdurable es la de que el proyecto ennoblecedor de Don Quijote se disuelve en la negación.

Una de las formas de la ficción en la que se hace más patente la afirmación de la norma es la novela policíaca. En ella, el contraste entre un mal extremo y definitivo (generalmente uno o varios asesinatos) y el predominio del bien está delimitado claramente. Cuanto más compleja se hace la negación de la norma (con un número mayor de muertes y con un grado mayor de abyección manifiesto en ellas) más destacada es la afirmación del personaje encargado de recomponer la fisura en el corpus moral. En realidad, la progresiva complicación del caso parece servir el propósito de magnificar el triunfo de la norma. Una norma que es incuestionable: el asesinato, cometido por motivos reprobables, no admite justificación y la afirmación del detective, que sabiamente pone al descubierto las maquinaciones del mal, implica el círculo del ser. La hábil realización del mal es utilizada en última instancia para destruir el mal mismo y demostrar su futilidad. Esta delimitación ética definida —con consecuencias simplificadoras para la construcción del texto— ha contribuido a la minusvaloración de la novela policíaca dentro de la ficción. De alguna manera, este hecho la sitúa en contra de un rasgo esencial del género y la margina de la anticlausura del ser. Incluso en textos donde el personaje encargado de hacer la afirmación normativa tiene él mismo una naturaleza moral dudosa, se establece al final la implantación de la norma. Podrá argüirse que esa es una resolución inevitable para reparar un desorden generado de manera inadmisible. Es probable que sea así; pero esa unidimensionalidad crea una especie de determinismo psicológico y moral que en parte contribuye a la mecanización y, en los peores casos, a la estereotipación del género.

Sam Spade, en *El halcón maltés,* de Dashiel Hammett, muestra en su conducta con sus colegas, clientes y compañeros de la policía unas normas en las que se descierne su frecuente desinterés en una conducta honesta. Spade no duda en emplear medios condenables para la consecución de sus fines. No obstante, en la conclusión de la novela, aparece como la actualización inquebrantable del bien. Ni siquiera su enamoramiento con Brigid O'Shaughnessy, la muchacha que le introduce en el caso de la intrincada búsqueda del halcón, sirve para que sienta compasión por ella y trate de protegerla. La entrega a la policía y les confirma que ha cometido un asesinato. La autoridad ética de Spade se magnifica en su intercambio con su secretaria, Effie Perine. La secretaria actúa desde el punto de vista de la ambivalencia: Brigid ha cometido una acción reprobable, pero Spade ha entrado en relaciones afectuosas con ella y ese afecto debería manifestarse en su actitud con respecto a la muchacha. Para la secretaria, el que Spade entregara a la muchacha a la policía equivale a una violación de la norma del amor. En sus palabras queda adherida la incredulidad, como si no fuera posible que Spade fuera capaz de un acto que le desacredita ante sus ojos:

«You did that, Sam, to her?»[9]. La respuesta de Spade, no por cortés, es menos directa: «"She did kill Miles, angel", he said gently, "offhand, like that".» (Mató a Miles, ángel, dijo cortésmente, así, como si nada.) El ademán de enojo de la secretaria es tan sólo momentáneo. Llega a articularse en la palabra («Don't please, don't touch me, she said brokenly»), que señala la repugnancia que siente hacia lo que percibe como un modo de deslealtad. Pero inmediatamente se corregirá para confirmar la entrada —inevitable, aquí— de la norma en la conciencia del texto: «I know — I know you're right. You're right.» (Es verdad, sé que tienes razón. Tienes razón.) El final está sobredeterminado por una lógica que se impone sin equívocos.

En otros textos, la afirmación aparece con claridad, pero queda descalificada en el transcurso del texto y sirve en realidad para negar lo afirmado. En *L'Etranger* no es el asesinato de Mersault el que le da una dimensión moral especial, superior a la de sus jueces que le condenan; su superioridad ética procede de su negativa a buscar justificaciones que tengan como propósito silenciar la conciencia haciéndola entrar en el asentimiento de la ética común. Para los defensores de la norma, más que el asesinato lo que aparece como reprobable en Mersault es su falta de compunción, su apatía ante una acción que no debe admitir la indiferencia. Para el texto, su nobleza está en que se niega a conceder un fácil bienestar a los que tratan de ubicarlo según los criterios de una norma desprovista de valor auténtico. Hay en *L'Etranger* una afirmación de una moral consuetudinaria, pero esa afirmación es revocada en el mismo texto por la negación que esa misma afirmación proyecta a partir del vacío consustancial de sus normas.

El rechazo de la norma lleva en algunos textos a presentar explícitamente una manifestación específica de la antinorma para hacer más obvio el rechazo. La norma es asociada o identificada con algunas de las formas en que se concreta el poder considerado como fuerza represora. A la antinorma, por el contrario, se le atribuyen las cualidades (generalmente no reconocidas) que acompañan a la debilidad y la sumisión forzosa al poder. Con frecuencia, la antinorma no se propone como sustitución de la norma que se rechaza. La ficción evita la alternativa política, que sólo se justifica con el reemplazo del poder, con la reiteración por otro modo de procedimientos viciados de la norma anterior. La ficción deja constancia de la antinorma, expone sus rasgos y los contrasta con los de la norma y de manera implícita establece su evaluación: la antinorma aparece como superior a la norma y, de ser seguida, podría conducir probablemente a una ética más humana. La evaluación ocurre por derivación, no como programa sobre el que fundamentar un modo de acción concertado. Característicamente, la antinorma ficcional no suele estar actualizada en un grupo, sino en un individuo sin una trayectoria biográfica prominente, sin una inserción destacada en la

---

[9] DASHIEL HAMMETT, *The Maltese Falcon* (Nueva York: Vintage Books, 1957), p. 229.

193

sociedad; es la obra de un ser anónimo, que pasaría desapercibido si no fuera por la recuperación que de él hace la ficción.

La antinorma ha tenido fertilidad en la ficción porque se coordina adecuadamente con la naturaleza de la novela que favorece la oposición a la regla prevaleciente. Como ya se ha mencionado, figuras de la antinorma son Don Quijote y algunos personajes de la picaresca. Sherazade, en *Las mil y una noches,* representa también la antinorma: su capacidad de sutileza e indirección, ejemplificadas en su destreza narrativa, superan la injusticia del poder irracional. Alicia, en *Alicia en el país de las maravillas,* representa otra forma de la antinorma: la multiplicidad imaginativa y sensible de la infancia que se opone a la estrechez de la mente adulta. Los sueños de Alicia muestran mayor riqueza de sentimientos, un contacto más completo con el entorno total del mundo que la sólida realidad de etapas más avanzadas de la vida. Lo presentado por Alicia supera la infancia. Si se quedara sólo en ella, no serviría de modelo antinormativo de validez general. Alicia sugiere un rechazo de la madurez del estado adulto que sacrifica la interioridad a las exigencias de una realidad mediocre. Y su propuesta es convincente a pesar de que Alicia es incapaz de articularla. Alicia sueña meramente con conejos, tortugas y naipes habladores que actúan en forma imprevisible. Su hermana, que le escucha narrar la historia de su sueño cuando despierta, será persuadida de la necesidad de *Wonderland,* del gran espacio de lo irreal, y espera tan sólo que Alicia no lo abandonará nunca, que permanecerá en él y lo transmitirá a sus hijos cuando haya dejado la infancia.

La vía antinormativa de Alicia procede por medio de la afectividad. Es una llamada a una recuperación de los sentimientos más sencillos y pone al descubierto la futilidad de una jerarquía inflexible establecida sobre la realidad que conduce a la indiferencia o repudio de lo juzgado como pequeño o no importante. Pero la antinorma del débil no siempre ocurre de manera tan asequible. Alicia es una niña amable y bien atendida, que duerme plácidamente sobre la hierba en un atardecer sin incidentes. Su modo de presentación de la antinorma no es el habitual. La antinorma del débil suele aparecer a partir de la fealdad física y emotiva y lo bello y lo apacible se ven a lo más como una caricatura. El lector debe deducir la nueva norma por un camino más difícil que en el caso de Alicia, hacia la cual es fácil sentir una básica simpatía irresistible. Ahora deberá superar su repulsión ante unos seres que le ofrecen poco o nada tranquilizador. Y, sin embargo, estos seres logran transmitir su propuesta con eficacia. Superamos el primer impulso contrario y vemos en esos rostros y voces desabridas una posibilidad de humanidad diferente y más completa. La antinorma se fundamenta así en una visión más abarcadora del hombre que contradice la habitual de las relaciones de la vida cotidiana. Esas relaciones son superficiales, pero son también las más frecuentes y por ello tienen una función determinante en nuestra percepción del otro. En ellas nos encontramos con un hombre aséptico y relativamente complaciente, pero falso, carente de profundidad.

El personaje de la antinorma del débil no responde a este concepto; lo viola y se opone a él. Moran, en *Molloy,* confiesa odiar a su hijo, a quien desprecia y vitupera repetidas veces. Moran ataca no la paternidad, sino la naturaleza de las relaciones paternofiliales, propias de la familia normativa: su antinorma es una invitación —destemplada e irritante tal vez— a una nueva apertura entre padre e hijo más allá de la rigidez invariable de los papeles tradicionales.

Un ejemplo representativo de la antinorma, a partir de la debilidad, se encuentra en las últimas novelas de J. Goytisolo y, sobre todo, en *Makbara.* En esta novela, el personaje principal no sólo posee una deformidad intelectual y moral, sino también física, que repugna a los demás. La apariencia del protagonista es tan desagradable que nadie se atreve siquiera a acercarse a él: «pies sombríos, descalzos, insensibles a la dureza de la estación: pantalones harapientos, de urdimbre gastada e improvisados tragaluces a la altura de las rodillas: abrigo de espantapájaros con solapas alzadas sobre una larga ausencia...» [10]. Se descubre su miserable indumentaria; no su aspecto físico, pero se deduce indirectamente de los comentarios de revulsión de los transeúntes de las calles de París por donde se pasea el personaje: « ¡Dios mío, no mires: no es posible! : nena, ¿no ves que molestas a este señor?: ¿quieres dejar de papar moscas como una idiota?: ¿qué tiene en la cara?: ¡chist, canda el pico! : ¡es increíble que circulen sueltos! : ¡camina como si estuviese borracho! : ¡parece chiflado! : ¡no hables tan fuerte, a lo mejor te entiende! : ¡cuidado, no te roces con él! : ¡habría que enviarlos a todos a su país! ... (14).»

El texto pone relieve especial en la presentación de un personaje despreciable, considerado desde la norma de una sociedad moderna. En *Makbara,* el medio ya no es España, como ocurría en novelas previas de J. Goytisolo, sino el mundo entero, Francia, Estados Unidos, el mundo árabe. La norma que se ataca no es la de España, sino la de la civilización occidental sometida al impulso absoluto del mercado con abandono de los sentimientos de humanidad. Es un personaje insignificante en ese mundo quien representa la norma opuesta: la posibilidad de apreciar las relaciones humanas movidas por la espontaneidad y no meramente el interés personal; de valorar la belleza y el calor afectivo existente en la sencillez y no en lo estructurado y previsto por los expertos.

El texto se refiere apasionadamente a la falta de atractivo del personaje, que se sabe rechazado por todos: «saber que eres bastardo sin comprender lo que ello significa: transparencia, hacen como si no existiera, es feo, nadie me acaricia, la madre le destetó en seguida, ha medrado salvaje, todos ríen de tus orejas (179)». Es un hombre nacido en el desierto, criado

---

[10] JUAN GOYTISOLO, *Makbara* (Barcelona: Seix Barral, 1980), p. 13.

entre rebaños, sin instrucción formal. No parece un probable portavoz de la antinorma. No obstante, lo es. Es el único ser capaz de provocar un amor profundo y generoso, y tal vez sea el único personaje de toda la obra de J. Goytisolo en donde el amor encarna de manera real. No será todavía un amor plenamente de agente; el personaje será amado, pero no mostrará él mismo sino con reticencias su sentimiento hacia la mujer amada. Pero, a partir de él, se originará un amor auténtico. La mujer lo ama de modo apasionado en una combinatoria de emociones que incluirán desde la sexualidad pura hasta el abandono del yo en el amor al otro: «al fin estás aquí, te aguardaba desde hace largo tiempo, horas, días, semanas, meses, años, sabía que vendrías, volverías a mí, al punto mismo donde nos encontramos, amémonos como posesos, no importa que otros miren, calentaremos los huesos de las tumbas, los haremos morir de pura envidia, todo el makbara es nuestro, lo incendiaremos, arderá con nosotros, perecerá, pereceremos, vivos, convulsos, abrasados (53)». Ninguno de los personajes que representan la norma en *Makbara* puede amar de modo tan completo. Les restringe precisamente su imperturbabilidad, su resistencia ante los demás que les lleva a defenderse y no acercarse a ellos. Para amar auténticamente, según *Makbara,* es menester ser débil, desposeerse de todas las exigencias de la norma: él es un habitante olvidado del desierto; ella, una prostituta.

En *Fin de fiesta* —la obra anterior de Goÿtisolo, donde se ensayaba un análisis antinormativo del amor—, los implicados en las relaciones amorosas fracasaban porque, aun advirtiendo las ligaduras del medio cultural que les impedían amarse, eran incapaces de liberarse de ellas [12]. La norma prevalecía o quedaba de tal manera incrustada en la conciencia que seguía actuando más allá de la voluntad de los personajes. En *Makbara* se ha dado el paso final; los personajes no practican la norma porque nunca han sido parte de ella; como marginados perpetuos, siempre han quedado fuera de ella y pueden ignorarla y obrar de manera distinta. Creo que desde esa perspectiva puede hallarse la significación del erotismo incontinente y la obsesiva fijación fálica que a veces en *Makbara* parecen llegar a oscurecer el sentimiento del amor. El sexo absoluto es compatible con el amor absoluto; ambos forman una unidad que sólo es posible separar con la ley arbitraria de la norma que los limita.

La antinorma se manifiesta en la consecución del amor entre dos seres débiles y menospreciados que habitualmente serían considerados como indignos de representar otra cosa que su propia negatividad. Ya se ha visto que en la ficción la negación conduce a la afirmación; esos dos personajes (de cualidades personales anticonvencionales y, en el caso del personaje masculino, aparentemente casi infrahumanas) afirman la antinorma del amor donde fracasaban antes todos los otros personajes de Goytisolo que deliberadamente intentaban delinear modos nuevos de amar. Los personajes

---

[11] V. mi libro *La novela de Juan Goytisolo,* pp. 139-52.

de *Makbara* no deben hacer ningún esfuerzo para situarse en otra manera de ser; son lo que son; y ese espontáneo acto de revelación de su existencia es ya en sí una presentación activa de la antinorma.

La novela puede presentar la oposición a una norma o normas determinadas de un código cultural o puede oponerse a todo el código; en este último caso, la antinorma se extiende a un todo más general que a una unidad precisable. En *Makbara*, los dos personajes enamorados representan específicamente el amor antinormativo. Pero el propósito de la novela supera estos límites. *Makbara* propone una antinorma que recusa la validez de los principios que gobiernan un modo imperante de sociedad. Esa antinorma se identifica más en la metáfora de un espacio general representativo que en unos personajes individuales. La antinorma se deriva del medio del mercado o zoco árabe en cuanto que es un centro de relaciones humanas, morales y estéticas que se contraponen a las de la sociedad occidental: ésta, tal vez, participaba de ellas hace tiempo, pero las ha desechado en fases posteriores. El mercado árabe provoca una espontaneidad en las relaciones sociales similar a la de la pareja de amantes. En el reducto del mercado es posible volver al contacto personal, a la humanidad perdida en las macroestructuras económicas. El mercado es un espacio de intercambio comercial, pero también, y sobre todo, un lugar de intercambio humano en donde se entretejen nudos de relaciones, no necesariamente profundas, pero significativas de un concepto más rico de sociedad:

> ágora, representación teatral, punto de convergencia: espacio abierto y plural, vasto ejido de ideas, campesinos, pastores, áscaris, comerciantes, chalanes venidos de las centrales de autocares, estaciones de taxis, paradas de coches de alquiler somnolientos: amalgamados en una masa ociosa, absortos en la contemplación del ajetreo cotidiano, acogidos a la licencia y desenfado del ámbito, en continuo, veleidoso movimiento: contacto inmediato entre desconocidos, olvido de las coacciones sociales, identificación en la plegaria y la risa, suspensión temporal de jerarquía, gozosa igualdad de los cuerpos (203).

La ruptura de inhibiciones, el desorden creador del mercado, llevan al hallazgo de algunos de los rasgos positivos básicos de la antinorma caracterizados por la eclosión de la libertad: el contacto asequible entre desconocidos; la supresión de la jerarquía; la liberación de lo corporal. Esto facilita el contraste con los rasgos opuestos de la sociedad predominante, que, según *Makbara*, favorece lo contrario. En ese espacio seductor del mercado, el narrador encuentra la satisfacción de un amor sin fin; amor como sentimiento puro que origina la compenetración absoluta del narrador con el medio.

La antinorma se establece en *Makbara* con convencimiento y sin reservas y, sin embargo, no queda al margen de la crítica. El narrador sabe que el mercado árabe es en cierta manera un simulacro de otros mercados más conocidos —los mercados de valores, la bolsa—; es una manifestación de la diferencia, pero también una expresión de la impotencia ante el poder, un deseo frustrado de ser como los otros, de ser lo que se es tal vez por no ser capaz de ser otra cosa. La antinorma se autoanaliza y descubre las propias lagunas:

> parodia cómica, risueña, invertida de la agitación, frenesí, correcorre de las operaciones bursátiles neoyorquinas durante sus frecuentes vendavales de euforia o ramalazos de pánico, cuando los Dow Jones suben flechados o súbitamente se derrumban en medio de las vociferaciones de los clientes, la mutación vertiginosa de las cifras, el tráfago de los teletipos, la algarabía de los profesionales/ tipismo à rebours: atroz merienda de blancos (210).

La antinorma ficcional se afirma, pero no pierde la conciencia de su frustración y probable esterilidad. Se afirma como una rebeldía; su alcance es limitado, pero, sólo por el hecho de afirmarse, establece una distancia, una tierra de nadie separadora frente a la ley omnipresente. El desenmascaramiento y la resistencia a la asimilación del código prevaleciente es el territorio en el que la ficción actúa con mayor propiedad ética. La proposición formal de una axiología supera su funcionalidad.

4. EL HUMANISMO

El movimiento epistemológico y ético hacia la negación se manifiesta también en la visión del hombre y el humanismo propio de la ficción. El concepto del hombre de la ficción se configura no tanto a partir de lo que es el hombre como de lo que no es. La ficción está más interesada en el estudio de un hombre posible que en el hombre aparentemente real; prefiere la elaboración de una imagen no existente aún del hombre que el análisis de una realidad humana supuestamente fija. El proceso de investigación de esa nueva imagen es negativo: se exponen los atributos «no humanos» que el hombre se ha asignado a sí mismo por extrañamiento o extravío de su verdadera naturaleza. Al hombre ficcional se llega como resultado de un proceso en el que se presenta lo que es ser no-hombre con el propósito de romper la máscara del humanismo que ha servido para ocultar la humanidad esencial. De los conceptos de la antiverdad y la antimoral se derivan los del antihombre y el antihumanismo.

La noción, relativamente reciente, de enajenación o extrañamiento es de significación notable para el pensamiento. Adquiere especial relieve con Marx y se manifiesta de diversas formas en algunas corrientes del pensamiento moderno desde el psicoanálisis hasta la filosofía de Heidegger y el existencialismo, en donde ocupa un espacio de importancia. En la ficción, la actualización del concepto se halla en varios textos, desde el *Quijote* hasta el presente. Como con otros temas examinados antes, la novela no ha hecho una exploración sistemática de la enajenación, pero ha presentado en numerosos textos un análisis de los modos en los que el hombre se aleja de sí mismo; la enajenación se pone de manifiesto con preferencia en las relaciones humanas y sociales en la novela clásica y en el abandono de la propia identidad en la novela posclásica.

La enajenación es una negación de una realidad potencial mejor del sujeto; en la ficción, la enajenación suele presentarse como una negación de una negación: se expone la negación (la personalidad alienada del sujeto), pero ésta aparece negada a su vez a partir de un criterio de humanidad superior. En *Nada*, de Carmen Laforet, los personajes de la familia de Andrea, que viven en la calle de Aribau, viven enajenados de un modo de humanidad caracterizado por el respeto hacia uno mismo y la tolerancia hacia los demás; encarnan la negación de esa humanidad, que se deduce a través de las reflexiones de la persona que los observa, Andrea. Pero esa negación aparece negada por la propia Andrea, que, a pesar de pertenecer también al mundo de la calle de Aribau y estar integrada en él, es capaz de distanciarse de él e incluso de hallar un modelo opuesto en la familia de Ena. El suicidio de Román y la salida final de Andrea del círculo de la enajenación familiar con el viaje a Madrid son dos indicios de que la negación ha sido negada y la antihumanidad puede ser contrarrestada por un proyecto de humanidad que, aunque no se articule en la novela, promete ser más satisfactorio.

Desde Nietzsche creemos que el hombre no es una realidad fija e invariable, sino un concepto modificable que es susceptible de superación. El hombre occidental del siglo XX tiene rasgos en común con los del hombre medieval o el mundo clásico griego, pero también otros que son diferentes. Hay unas características biológicas idénticas entre ambos, pero su humanidad diverge considerablemente. La clásica definición aristotélica del hombre a partir de la racionalidad es insuficiente porque olvida aspectos importantes del hombre que quedan al margen de la racionalidad. A partir de la maleabilidad del concepto del hombre, Foucault ha llegado a afirmar que el hombre es una creación reciente en el pensamiento y que está condenado a desaparecer en un futuro no lejano; incluso es posible que su desaparición se haya iniciado ya. No hay, por tanto, un hombre, sino varios modos de humanidad posibles que se han desarrollado en la historia. La función de una parte de la filosofía y de la ficción es no tanto hallar una unidad nueva para el concepto del hombre como una reorientación más genuina de su estudio. De nuevo la referencia a Heidegger puede ser de utilidad.

Para Heidegger, el humanismo verdadero es un pensar del ser; tiene lugar cuando el pensamiento del hombre se encamina hacia el estudio del ser. Según él, la alienación del humanismo occidental del pasado ha consistido en no situar la humanidad del hombre en su orientación hacia el ser. El hombre no coincide con el ser, ni siquiera es una parte significativa de él. Su naturaleza se sitúa fuera del ser, pero, a pesar de ello, el hombre se encamina hacia él y se caracteriza por el movimiento hacia el ser, por su actividad en torno hacia ese tema fundamental. El humanismo verdadero será aquel que incorpore la búsqueda del ser como la misión fundamental del hombre.

La filosofía debe buscar el ser, que es «lo trascendente puro y simple»; la ficción busca también la trascendencia y orienta a sus personajes hacia ella [12]. Los personajes no la definen o analizan de una manera filosófica, pero revelan en sus actos la actitud o actitudes del hombre la trascendencia, la postura del hombre hacia el ser. La novela es así una llamada hacia la legitimidad, una memoria o recuerdo de la verdadera naturaleza del hombre. Detengámonos en algunas de estas actitudes, viendo el modo en que se revelan en algunos textos.

Lo trascendente se manifiesta en la ficción oblicuamente, no *in toto,* sino en formas parciales que nos remiten al ser por vía analógica. En la *Odisea,* lo trascendente adopta la figura del reencuentro de Ulises y Penélope mediado por el deseo de la divinidad. Ulises es un héroe sobrehumano; ha realizado numerosas empresas extraordinarias que le aseguran la inmortalidad. Puede decirse que Ulises ha tocado una parte sustancial de lo trascendente al superar los límites físicos y mentales propios del ser humano. En Ulises el ser trascendente se realiza a través de la ascensión de lo humano a lo divino. Para Ulises, esta vivencia activa de este aspecto de la trascendencia no es suficiente. Ocurre como algo logrado ya, asequible sin mayores dificultades. El texto orientará lo trascendente hacia una búsqueda de lo no obtenido y de casi imposible obtención: el cese de la larga ausencia del hogar. El reencuentro con el hogar se convierte en su aspiración predominante, aquello que superará todos sus grandes hechos pasados a pesar de la modestia aparente de su propósito. Vivir con su mujer y su hijo parece una empresa excesivamente humilde para un hombre habituado a las acciones excepcionales. Dos hechos elevan la ambición de Ulises a un estado especial, imprimiéndole el signo de lo trascendente: Ulises hace largo tiempo que está separado de su hogar y de su patria y las ramificaciones emotivas e intelectuales de la separación dan profundidad y singularidad a su situación, hacen de la experiencia consuetudinaria y pasiva del hogar una ocasión para entrar en la investigación de la significación fundamental de la identidad afectiva del hombre. Además, la separación y el anhelado reencuentro están mediados por el deseo de la divinidad y eso les confiere una naturaleza peculiar. Ulises desea lo mismo que muchos otros hombres. La diferencia es que en ellos es una realidad cotidiana y en Ulises es una ausencia, una negación de lo habitual. Lo que en los demás se alcanza sin esfuerzo especial y se retiene indefinidamente en Ulises supone superar una onerosa decisión divina y padecer interminables trabajos. La calidad del reencuentro es consustancial con el obstáculo extraordinario del enfrentamiento a la voluntad divina. Ulises busca su morada y la morada se le resiste con obstinación.

[12] HEIDEGGER, «Brief über den 'Humanismus'», p. 330.

La búsqueda de la morada familiar de Ulises funciona analógicamente con respecto a la morada del ser en la que el pensamiento intenta habitar sin obtenerlo nunca de manera absoluta. Ulises vive alejado de esa morada, pero al fin acabará encontrándola. Su intento diverge en eso del intento de la filosofía. Halla aquello que persigue. No sólo toca momentáneamente lo trascendente sin que incluso llega a poseerlo. No recuperará ya el hombre esa facultad de penetrar lo trascendente e identificarse con ello. Por eso la ficción homérica cobra para un observador posterior a ella una calidad de horizonte inasequible; y ésa es también una razón de la nostalgia de un regreso a esa fase privilegiada de la historia que he mencionado antes como propia de algunos pensadores modernos [13]. Regreso no realizable porque carecemos de la asistencia especial de que goza Ulises y que hará posible el reencuentro: su sencillez y pureza epistemológicas posibilitarán la conexión con la divinidad. La búsqueda de lo trascendente será para nosotros un fin noble, pero fragmentado en cien proyectos divergentes. Nuestra humanidad se fragmentará consiguientemente. La humanidad de Ulises será integral, pero a expensas de la dependencia externa. La superación del infortunio y la fortaleza ante sufrimientos que hubieran amedrentado a hombres más débiles hacen posible la grandeza de Ulises, pero esa grandeza, como le recuerda Penélope la noche de su reencuentro, está originada en las desgracias que la voluntad de los dioses han impuesto sobre Ulises y su mujer: «piensa que fueron las deidades las que nos sumieron en la desgracia impidiendo que gozásemos juntos de nuestra juventud y alcanzásemos la senectud sin habernos separado» [14]. El conmovedor momento del reencuentro, que debiera existir por sí mismo por su gran significación e intensidad, estará mediatizado por la presencia de la divinidad que preside ininterrumpidamente sobre las vidas de Ulises y Penélope.

La incesante intervención divina se revela en otros hechos: Ulises actuará contra sus enemigos siguiendo el vaticinio que le diera Tiresias en su visita al Averno; Minerva dominará el transcurso de la noche según la necesidad de los esposos felices con su reencuentro y más tarde otorgará una invisibilidad protectora a Ulises y sus hombres a la salida del palacio. El reencuentro se ha producido y no hay ninguna vacilación en los actos de Ulises, que procede con la seguridad de quien tiene una garantía inviolable. La misma Penélope se lo hace advertir con claridad: «Puesto que los dioses te han prometido una larga vida y una venturosa vejez, seguro es que llevarás a cumplimiento gloriosamente los trabajos que aún te restan (348).» La humanidad integral de Ulises se hace en la dureza del retorno y la perfección del reencuentro. El hombre de La Odisea requiere ambas realidades para lograrse. No tiene necesidad de aprender a vivir,

[13] V. G. LUCÁKS, Die Theorie des Romans.
[14] La Odisea, p. 346.

201

como el hombre del pensamiento europeo, con la antinomia de una búsqueda que no halla nunca del todo, de un deseo que no captura la trascendencia. Hay que notar que *La Odisea* es un preámbulo de la ficción europea; no es todavía la ficción propiamente dicha. El hombre clásico —anterior a la ética y la filosofía— puede fundamentar su humanidad en la búsqueda y consecución de la trascendencia. A nosotros, esa humanidad sólo puede atraernos como memoria de un pasado utópico. Nos hallamos a este lado de la filosofía. Sospechamos además que ese hombre del pasado pudo no haber existido nunca. La paz que Minerva hace jurar a Ulises y sus enemigos ha de ser potencialmente perpetua; sin embargo, a pesar de los buenos auspicios de la diosa, no ocurrió así y Grecia y el hombre clásico integral acabarían desapareciendo.

El hombre de la ficción europea sigue aspirando a la trascendencia, pero en él no se producirá el reencuentro con un origen esencial. No se negará ese origen; antes al contrario, el origen promoverá la acción del personaje. Pero se sabe que el reencuentro ya no es posible o que su posibilidad existe tan sólo ilusoriamente en la mente del personaje que lo persigue. Don Quijote es una ilustración arquetípica de este último modelo de humanidad en el que el hombre tiene algún modo de contacto con lo trascendente, pero como autoengaño y distorsión quimérica de la realidad. El episodio de Clavileño, por ejemplo, muestra un procedimiento por el que se concretiza la relación con lo trascendente y cómo esa relación transforma a su vez la humanidad de Don Quijote. La desconfianza de Sancho ante Clavileño subraya la necesidad de que el autoengaño de Don Quijote sea el factor determinante que caracteriza su contacto con lo trascendente. Don Quijote no halla la trascendencia; está en ella, vive en ella como en una morada eterna que nunca hubiera abandonado. En *La Odisea,* la trascendencia es un reencuentro feliz tras un prolongado y penoso alejamiento. Pero el esfuerzo se compensa con el retorno final. En Don Quijote, la llegada es infinita; Don Quijote ha llegado desde siempre; no hay distancia entre el ser y el hombre y, por consiguiente, la búsqueda es accesoria; los hechos no ocurren para establecer la verificación de un deseo; no producen por su superación la llegada al fin; podría decirse que para Don Quijote están de más, son excluibles y sólo ocurren como una adición no sustancial. En los casos en los que la realidad —la mayoría en la obra— desacredita lo trascendente, Don Quijote recurre siempre con éxito a alguna argumentación que la recupera con creces. Cuando Sancho le advierte que el caballo de madera no parece volar sino que se mantiene inmóvil en el mismo lugar, Don Quijote orienta la pregunta de Sancho hacia un territorio en el que no son posibles los cuestionamientos: «Señor, ¿cómo dicen éstos que vamos tan altos, si alcanzan acá sus voces, y no parecen sino que están aquí hablando, junto a nosotros? / —No repares en eso, Sancho; que como estas cosas y estas volaterías van fuera de los cursos ordinarios, de mil leguas verás y oirás lo que quisieres (632).» Y donde

Sancho percibe, correctamente, aire que procede de unos fuelles movidos por manos humanas, Don Quijote ve el indicio de su llegada a la zona de una atmósfera mítica: «ya debemos de llegar a la segunda región del aire, adonde se engendra el granizo, las nieves; los truenos, los relámpagos y los rayos se engendran en la tercera región, y si es que desta manera vamos subiendo, presto daremos en la región del fuego, y no sé yo cómo templar esta clavija para que no subamos donde nos abrasemos (833).» La humanidad de Don Quijote se realiza como una orientación totalmente absorbente hacia una versión irrealizable de lo trascendente, a pesar de los hechos que desmienten esa trascendencia imposible. La obstinación de su persecución conducirá a Don Quijote a numerosas desventuras y últimamente al fracaso. La humanidad de Don Quijote, fundada en el deseo y la búsqueda de lo trascendente a pesar de que desde el principio su hallazgo sea irrealizable, servirá por analogía y después de múltiples transformaciones, para la elaboración de un concepto posterior de humanidad.

En la novela posclásica lo trascendente tiende a hacerse más abstracto y en algunos textos llega incluso a asimilarse a una búsqueda de naturaleza filosófica. La obra de Kafka, Joyce o Unamuno se orienta hacia una realidad ontológica más pura que la que veíamos en La Odisea o el Quijote, por ejemplo. La novela trata no aspectos parciales de la trascendencia, sino la trascendencia como totalidad. Augusto Pérez, K. o Stephen Dedalus tienen una humanidad determinada por la incitación del ser que absorberá la energía de sus vidas haciendo que le dediquen a él sus mejores cualidades. El humanismo de esta última fase de la novela se centra en una empresa que, como pedía Heidegger, no se satisface sino con el todo. El hombre se agota tal vez en su experimentación metafísica, pero alcanza también una conciencia de una totalidad que le enriquece. No todos los personajes de la ficción querrán o sabrán aceptar la nueva adquisición que juzgan aleatoria y secundaria y, como Jacques Moran o S. Dedalus, concluirán su intento en el escepticismo o la desesperanza.

Mathieu, en L'Âge de raison, aprenderá a tolerar su nuevo saber, que para él consiste en la aceptación de la pérdida de la libertad y el reconocimiento de que esa libertad no ha existido nunca, porque no ha sido capaz de entregar por completo su vida a un acto irremediable. Mathieu se ha encaminado hacia una totalidad ontológica que él cifra en la definición de la libertad. Cuando por fin parece que ha descubierto el sentido de la libertad —el acto irremediable— se resiste a él porque implica la imposibilidad de la alternativa, la indefinición que ha caracterizado su vida. Actuar es ganar la libertad, pero al mismo tiempo es fijarse en un papel que encadena para siempre. Mathieu no marcha a la guerra de España, donde la libertad podría materializarse en el compromiso, porque las innumerables vías abiertas de su vida quedarían reducidas a una: participante en la lucha revolucionaria. Prefiere que su vida se desarrolle sin un motivo determinado. Eso le produce hastío y desinterés: «Moi, tout ce que je fais, je le fais pour rien; on dirait qu'on me vole les suites de mes actes; tout se passe comme si je pouvais reprendre me coups» [15]. (Todo lo que hago lo hago por nada; se diría que me roban las consecuencias de mis actos; todo ocurre como si siempre pudiera volver a empezar como si nada hubiera ocurrido). Pero su displicencia no es casual, sino intencional; es la consecuencia de un compromiso superior con una forma de existir que se rige por unos principios propios creados por él y no establecidos de antemano por los demás. Mathieu rechaza las soluciones parciales con las que los demás se justifican para vivir: «il y avait l'épicurisme désabusé, l'indulgence souriante, la résignation, l'esprit de sérieux, le stoïcisme, tout ce qui permet de déguster minute par minute, en connaisseur, une vie ratée (377).» (Estaba el epicurismo desilusionado, la indulgencia sonriente, la resignación, el espíritu de la seriedad, el estoicismo, todo lo que permite saborear minuto a minuto, como un experto, una vida fallida.) Opta voluntariamente por la totalidad de la libertad, aunque no sea más que una imagen de la nada.

En algunos momentos, Mathieu ve su decisión como un acto de pusilanimidad porque ha renunciado a la acción en común con otros hombres. Los otros actúan mientras él adopta meramente una actitud. Sin embargo, Mathieu adquiere un valor especial cuando vemos que su actitud es difícil e implica una renuncia a una felicidad que él considera deshonesta, como la de algunos amigos suyos que viven al margen de una motivación ética rigurosa. Mathieu se critica a sí mismo y llega a ridiculizar a veces esa actitud suya que desestima como una variante del «ésprit de sérieux» por él menospreciado. Pero, en realidad, su actitud supone la fortaleza de asumir por completo la vida propia y vincular todos los actos al propósito de lo trascendente, en el caso de Mathieu, la libertad. A pesar de que Sartre rechazaría probablemente la asignación de la trascendencia como la vocación de su personaje, el humanismo de *L'Âge de raison* se establece como ontología antes que como ética; la libertad hace al hombre fundamentalmente; pero éste tiene gran dificultad en entenderla y situarse ante ella satisfactoriamente, porque es una categoría abstracta y queda más allá de su mundo concreto al que trasciende. Mathieu sumariza una antinomia existencial que el personaje de la ficción moderna vive con intensidad: no querer vivir sujeto a lo trascendente porque puede estar en conflicto con la individualidad y al mismo tiempo no poder escapar a su incitación que lo atrae inexorablemente y con frecuencia acabará por absorberlo.

Se ha acusado a la ficción y al arte modernos de falta de humanismo, de defender el irracionalismo y la negación de los valores considerados como inequívocamente humanos. Heidegger ha debido defenderse de parecidos ataques dirigidos a su filosofía [16]. Un humanismo que aparente-

---

[15] *L'Âge de raison*, p. 375.
[16] HEIDEGGER, «Brief...», p. 346.

mente niega la moral, las normas y la esperanza de la razón parece tener poco que ofrecer a la construcción de un concepto más fiable del hombre. Y, no obstante, ya no es posible volver con una conciencia honesta al viejo humanismo que se fundamentaba en la magnificación del hombre a partir del desplazamiento o la extinción de la divinidad. Ahora no sólo nos enfrentamos con la muerte de Dios, sino también con la del hombre mismo, con el concepto de un hombre afirmado en una razón limitadora y en una moral cerrada a toda versión de lo trascendente.

Se ha indicado la dimensión mística de parte del pensamiento moderno [17]. Para el viejo humanismo racional esa orientación aparece como inviable. Por el contrario, tanto el pensamiento moderno como la ficción remiten al hombre a un absoluto a pesar de que o lo niegan o lo presentan como indescifrable. El componente místico de la episteme moderna está señalado por la paradoja y la contradicción no resolubles. En eso difiere de la caracterización habitual del misticismo. Tiene en común con él el que afirma la validez no sólo del conocimiento de la razón, sino también de la interioridad y de los impulsos no racionales de la conciencia individual. Estos pueden llevarnos a la frontera de lo absoluto, aunque, en la ficción, no se produzca la visión de la plenitud y la paz que asociamos con la experiencia mística. El místico actúa por supresión de aquello que le extravía de la contemplación de una realidad unitaria. Elimina el mundo —e incluso al hombre— porque le distrae de su propósito superior. En este caso, la trascendencia elude lo accidental. La ficción incorpora lo accidental, aunque disturbe o impida la armonía de la visión. En esa visión queda incluido necesariamente el hombre en sus relaciones inarmónicas con el mundo real y las diversas formas de lo trascendente. La ficción no niega al hombre; lo sitúa en una dimensión más genuina en la que no se procura la huida de ningún aspecto de la realidad humana, incluso de aquellos que se niegan o excluyen mutuamente.

Señala Foucault que, a partir del siglo XIX, las ciencias humanas incorporan lo patológico, lo anormal. La psicología (con Ribot o Janet), la sociología (con Durkheim) introducen en su estudio las formas de lo irracional y lo mórbido hasta el punto que este nuevo material llega a desplazar al anterior que integraba esas ciencias [18]. Los aspectos negativos de la naturaleza humana sustituyen a los más favorables y llegan a ocupar un lugar preeminente. El pensamiento de Freud y Marx emprende la investigación sistemática de los impulsos negativos del sujeto y de la colectividad para profundizar en su naturaleza verdadera. Se produce en el pensamiento una desconfianza creciente de lo patente y se centra el interés en lo que queda oculto (el subconsciente, los mecanismos internos de la economía capitalista, etc.) que debe encerrar la clave de los problemas huma-

[17] V. JACQUES DERRIDA, *L'Ecriture et la différence* (París: Seuil, 1967), p. 399.
[18] FOUCAULT, *ibíd.*, p. 360.

nos. Lo patente de la conducta se considera como una operación de disimulo o tortuosa desviación de la motivación subyacente. Lo anormal es más verdadero y revelador que lo normal; el envés de la conducta individual y social es no sólo la otra superficie del haz del hombre, sino que posee un contenido de realidad superior. Las ciencias humanas se hacen antinormativas y recuperan zonas vastas de la conducta y la mente que antes habían sido desatendidas. La locura, la psicosis, los actos asociales considerados aberrantes se transforman en el núcleo de la interpretación de la naturaleza humana.

La ficción ha conocido esta reversión en la visión de la conducta del hombre antes que la revolución de las ciencias humanas del xix. La ficción ha incluido lo amenazador y lo prohibido, desde *El Satiricón* hasta *Madame Bovary* y *La metamorfosis,* y con frecuencia ha hecho de esa inclusión un fundamento determinante de su concepto del hombre. No es de extrañar que Freud estuviera interesado en el estudio de la literatura como fuente heurística para el psicoanálisis. La ficción provee un modelo humano en el que lo excepcional, lo patológico son asimilados no como una parte marginal del hombre sino como un elemento esencial. No sería posible esta asimilación sin los supuestos ontológicos y epistemológicos de la ficción que hemos estudiado. Son ellos los que conducen a la peculiaridad ética y antropológica ficcional.

Podemos delinear ahora ya con mayor precisión el modelo del hombre que propone la ficción. A diferencia del modelo antropológico, propio de disciplinas de inspiración científica, el modelo de la ficción presenta una imagen completa del hombre. La economía estudia el *homo oeconomicus:* explica al hombre a partir de la motivación económica que, aun siendo fundamental, no es exclusiva; la política ve al hombre en su comportamiento como parte de una comunidad determinada; la psicología se interesa en aspectos cada vez más especializados de la conducta. Las ciencias humanas no se ocupan del hombre en su totalidad porque consideran esa visión total como imposible o a lo sumo como destinada a producir afirmaciones superficiales o no pertinentes. Tan sólo la filosofía no ha perdido la aspiración a la totalidad. Es ésta una de las razones por las que vemos considerables puntos de contacto entre ambas. Ambas cubren áreas del estudio del hombre con una perspectiva universal que es necesaria y que, sin ellas, probablemente no existiría.

El hombre ficcional tiene una humanidad plural e inacabada. Incluye a él y su doble; la identidad del yo personal y su multiplicidad. Su mismo inacabamiento le facilita su carácter de figura completa. El hombre de la ficción se realiza siendo lo que no es, rebasando su ser para alcanzar otras zonas que en principio no le pertenecían. Es Don Quijote tratando de convertirse en un agente excepcional de la heroicidad; Emma Bovary, intentando vivir una vida emotiva extraordinaria para la que no parecía destinada; Leopoldo Bloom, tratando de superar en su conciencia la mediocridad de su medio. Estos seres de la ficción se expresan contradictoriamente y abarcan dentro de sí una pluralidad de rasgos. A diferencia de las ciencias humanas, que tienden a proporcionar una explicación explícita de su tema, la ficción renuncia a explicar a los seres de los que se ocupa. La unidad interpretativa de esos seres no se da hecha, sino que debe ser descifrada de la estructura general del texto con la aportación activa del lector.

El hombre de la ficción se caracteriza por la inseguridad normativa de su conducta; su ausencia de motivación única es una consecuencia de su falta de fijación ontológica. Esto no quiere decir que los personajes de ficción no actúen de acuerdo con una razón, sino que esa razón por lo general —en los personajes más representativos— se fragmenta en una pluralidad de motivación que les confiere mayor complejidad y densidad. En esto se corresponden con la psicología freudiana que privilegia la naturaleza contradictoria de la psique. La diferencia teórica fundamental entre esa psicología y la ficción está en que la psicología cree que en última instancia es posible la reducción final de los datos psicológicos a un origen o principio explicativo, mientras que la ficción renuncia a esa posibilidad. Don Quijote actúa por diferentes razones sin que el texto se decida por una en particular. L. Bloom está condicionado por su situación existencial y social de judío en una sociedad de gentiles, pero eso es tan sólo un dato de *Ulysses* entre otros, no necesariamente la raíz de su yo. La ficción promueve la indecidibilidad del comportamiento humano, que la psicología freudiana, aun reconociéndola, debe superar para llegar a la construcción de un sistema coherente de la motivación de la conducta.

El hombre de la ficción se sitúa frente al ser de manera abierta y al mismo tiempo participa de una actitud de precaución o desconfianza ante él. Busca lo absoluto y se previene en contra del ensimismamiento en él. Propone con su actitud y sus actos una posición teórica en la que el ser y el anti-ser no se excluyen, sino que son compatibles y se necesitan mutuamente. La incertidumbre del hombre ficcional no implica tanto indecisión como deseo de incluir siempre el doble o suplemento en la interpretación del mundo. El hombre ficcional no propone una ética única excluyendo otras alternativas. El mundo de la ficción es amoral, privado del imperativo —si no de la existencia— de la divinidad y de la norma. La verdad y la no-verdad, la afirmación y la negación no se anulan mutuamente en la ficción; producen una dialéctica que organiza creativamente el movimiento intelectual y emotivo más auténtico del hombre.

CONCLUSION

Es difícil construir un modelo completo de la ficción a causa de la complejidad de elementos dispares que la ficción incluye. Por ejemplo, no son siempre fácilmente aparentes las relaciones entre los diversos modos de estructuración del tiempo o de la presentación de la voz narrativa y el modo de referencialidad del texto. La ficción tiene una naturaleza no unitaria; sus tendencias y orientación son contradictorias. Las divergencias entre *El Buscón* y *Candide* y los textos de Philippe Sollers o Juan Benet son notables. Se presentan dificultades, por consiguiente, para reunir estos elementos y tendencias en torno a un modelo que los explique como formando parte de una misma unidad significativa. Sin embargo, creo que es necesario tratar de estudiarlos de manera unitaria, ya que el lector los percibe no como partes inconexas y no relacionables, sino como pertenecientes a la forma general de la ficción. En mi libro he tratado de organizar lo que el lector percibe de modo desarticulado en torno a un modelo general y coherente.

Ese modelo no es el único posible; a partir de unos principios y propósitos diferentes podría llegarse a una versión distinta de la ficción. Mi modelo tiene como uno de sus rasgos diferenciales el que recoge aspectos de la ficción que otros modelos eluden o tratan sin especial atención. Sitúa, además, a la ficción en contacto con temas fundamentales del conocimiento y muestra el tratamiento particular que reciben en ella. Muestra aspectos de la especificidad de la ficción con relación a otras formas literarias; pero, al mismo tiempo, pueden deducirse de él las características que la ficción tiene en común con esas formas. La ficción tiene una especificidad relativa y queda sujeta a algunos rasgos generales de la literatura que la incluyen.

He construido mi modelo a partir de varios conceptos fundamentales:

El primero es que la ficción propone una noción antiesencial de la realidad; al mismo tiempo, está orientada hacia el ser y las manifestaciones diversas de lo trascendente. A pesar de que en muchos textos este conflicto de la intencionalidad ficcional y sus derivaciones son patentes, la ficción no deja de plantearse la cuestión del ser con validez y de elaborarla de manera distintiva.

Otro concepto es el de la naturaleza amimética de la ficción. A pesar de que el texto ficcional incluye elementos paralelos a los de la realidad extratextual, los organiza a partir de la mediación de las convenciones de la ficción y los transforma convirtiéndolos en unidades culturales independientes.

El tercer punto se refiere a la naturaleza ética de la ficción. La verdad y la norma ficcionales no son únicas y permanentes. Incluyen dentro de sí diversas formas opuestas en una pluralidad de manifestaciones de lo contrario. La verdad y la norma van conjugadas con la antiverdad y la antinorma.

La ficción se presenta como un modo de conocimiento paralelo al de otras formas del saber. Difiere de ellos en su metodología y en la dirección o extensión de su finalidad; pero aspira con legitimidad a alcanzar una visión de la realidad que sea pertinente para el hombre en las relaciones múltiples de su yo con lo otro.

BIBLIOGRAFIA

No se incluyen las referencias de los textos de ficción que quedan mencionados en las notas del libro.

Donde me ha sido posible encontrar una traducción al español de los libros de esta lista bibliográfica la incluyo junto a la edición manejada preferentemente por mí.

ALTHUSSER, LOUIS, y ÉTIENNE BALIBAR: *Lire le Capital*. 2 vols. París: Maspero, 1968.

ARISTÓTELES: *Poetics*. Ann Arbor: University of Michigan Press, 1970.

AUERBACH, ERICH: *Mimesis*. Princeton: Princeton University Press, 1971.

BANFIELD, ANN: «Narrative Style and the Grammar of Direct and Indirect Style». *Foundations of Language*, 10 (1978), 1-39

BARTHES, ROLAND, *et al.*: *Communications*. París: Seuil, 1966.

— *Critique et vérité*. París: Seuil, 1966.

— *Le Degré zéro de l'écriture*. París: Seuil, 1953. Trad. española: *El grado cero de la escritura*. Buenos Aires: Siglo XXI.

— *S/Z*. París: Seuil, 1970.

BAXANDALL, LEE, y STEFAN MORAWSKI, eds.: *Marx and Engels on Literature and Art*. Nueva York: International General, 1974.

BAXTIN, M.: *Problèmes de la poétique de Dostoïevski*. París: Seuil, 1970.

BENJAMIN, WALTER: *Illuminations*. Nueva York: Schoken Books, 1978.

BLOOM, HAROLD, *et al.*: *Deconstruccion and Criticism*. Nueva York: The Seabury Press, 1979.

BOBES, MARÍA DEL CARMEN: *Gramática textual de Belarmino y Apolonio*. Barcelona: Planeta, 1977

BONET, LAUREANO: *De Galdós a Robbe-Grillet*. Madrid: Taurus, 1972.

BOOTH, WAYNE: *The Rhetoric of Fiction*. Chicago: The University of Chicago Press, 1970. Trad. española: *La retórica de la ficción*. Barcelona: Antoni Bosch, 1974.

BREMOND, CLAUDE: *Logique du récit*. París: Seuil, 1973.

BURCH, NOËL: *Praxis du cinéma*. París: Gallimard, 1969.

CAPRA, FRITJOF: *The Tao of Physics*. Nueva York: Bantam, 1976.

CASTILLA DEL PINO, CARLOS: *Psicoanálisis y marxismo*. Madrid: Alianza, 1969.

CHATMAN, SEYMOUR: *Story and Discourse*. Ithaca: Cornell University Press, 1978.

CRAIG, DAVID, ed.: *Marxists on Literature*. Harmondsworth: Penguin, 1975.

CULLER, JONATHAN: *Structuralist Poetics*. Ithaca: Cornell University Press, 1975.

DERRIDA, JACQUES: *De la Grammatologie*. París: Minuit, 1967.

— *L'Ecriture et la différence*. París: Seuil, 1967.

— *Marges de la philosophie*. París: Minuit, 1972.

EAGLETON, TERRY: *Marxism and Literary Criticism.* Berkeley: University of California Press, 1976.

ECO, UMBERTO: *A Theory of Semiotics.* Bloomington: Indiana Univ. Press, 1979. Trad. española de una edición anterior: Barcelona: Ed. Manzano, 1977.

ELLIS, JOHN: *The Theory of Literary Criticism: A Logical Analysis.* Berkeley: Univ. of California Press, 1974.

ERLICH, VICTOR: *Russian Formalism.* La Haya: Mouton, 1955. Trad. española: *El formalismo ruso.* Barcelona: Seix Barral, 1974.

FOUCAULT, MICHEL: *Les Mots et les choses.* París: Gallimard, 1966.

— *Power/Knowledge.* Nueva York: Pantheon Books, 1980.

FREUD, SIGMUND: *Civilization and its Discontents.* Nueva York: Norton, 1961.

— *A General Introduction to Psychoanalysis.* Nueva York: Pocket Books, 1972. Trad. española: *Introducción al psicoanálisis.* Madrid: Alianza, 1978.

— *Tótem y tabú.* Madrid: Alianza, 1970.

GARCÍA BERRIO: *Significado actual del formalismo ruso.* Barcelona: Planeta, 1973.

GENETTE, GÉRARD: *Figures, III.* París: Seuil, 1972.

GIMFERRER, PERE: *Radicalidades.* Barcelona: Antoni Bosch, 1978.

GIRARD, RENÉ: *Mensonge romantique et vérité romanesque.* París: Grasset, 1961.

GREIMAS, A. J.: *Semantique structurale.* París: Larousse, 1966. Trad. española: *Semántica estructural.* Madrid: Gredos, 1976.

GUILLÉN, CLAUDIO: *Literature as System.* Princeton: Princeton Univ. Press, 1971.

GULLÓN, AGNES y GERMAN: *Teoría de la novela (Aproximaciones hispánicas).* Madrid: Taurus, 1974.

GULLÓN, RICARDO: *Espacio y novela.* Barcelona: Antoni Bosch, 1980.

— *Galdós, novelista moderno.* Madrid: Gredos, 1973.

— *Técnicas de Galdós.* Madrid: Taurus, 1970.

HALPERIN, JOHN, ed.: *The Theory of the Novel.* Nueva York: Oxford Univ. Press, 1974.

HAMBURGER, KATE: *Die Logik der Dichtung.* Stuttgart: Ernst Klett, 1957.

HARARI, JOSUÉ, ed.: *Textual Strategies.* Ithaca: Cornell Univ. Press, 1979.

HAUSER, ARNOLD: *The Philosophy of Art History.* Nueva York: Vintage Books, 1958. Trad. española: *Historia social de la literatura y el arte.* Madrid: Guadarrama, 1957.

HAWKS, TERENCE: *Structuralism and Semiotics.* Berkeley: Univ. of California Press, 1977.

HEATH, STEPHEN: *The Nouveau Roman: A Study in the Practice of Writing.* Londres: Elek, 1972.

HEGEL, G. W. F.: *Fenomenología del espíritu.* México: Fondo de Cultura Económica, 1966.

HEIDEGGER, MARTÍN: *Carta sobre el humanismo.* Madrid: Taurus, 1966.

— *Holzwege.* Frankfurt: Vittorio Klostermann, 1957. Trad. española: *Sendas perdidas.* Buenos Aires: Losada, 1960.

— *Wegmarken.* Frankfurt: V. Klostermann, 1976.

HENDRICKS, WILLIAM: *Semiología del discurso literario.* Madrid: Cátedra, 1976.

HILLEBRAND, BRUNO: *Theorie des Romans.* 2 vols. Munich: Winkler, 1972.

INGARDEN, ROMAN: *The Cognition of the Literary Work of Art.* Evanston: Northwestern Univ. Press, 1973.

ISER, WOLFANG: *Der implizete Leser.* Munich: Fink, 1972.

JAMESON, FREDRIC: *Marxism and Form.* Princeton: Princeton Univ. Press, 1971.

— «Metacommentary», *PMLA,* 86 (1971), 9-18.

— *The Prison-House of Language.* Princeton: Princeton Univ. Press, 1974.

JUNG, C. G.: *Aion.* Princeton: Princeton Univ. Press, 1979.

KIERKEGAARD, SOREN: *Concluding Unscientific Postcript*. Princeton: Princeton Univ. Press, 1968.

KRACAUER, SIEGFRIED: *Theory of Film*. Nueva York: Oxford Univ. Press, 1960.

KRIEGER, MURRAY, y L. S. DEMBO, eds.: *Directions for Criticism. Structuralism and its alternatives*. Madison: Univ. of Wisconsin Press, 1977.

KRISTEVA, JULIA: *Le Texte du roman*. La Haya: Mouton, 1970. Trad. española: *El texto de la novela*. Barcelona: Lumen, 1975.

KUHN, THOMAS: *The Structure of Scientific Revolutions*. Chicago: Univ. of Chicago Press, 1970. Trad. española: *La estructura de las revoluciones científicas*. México: Fondo de Cultura Económica, 1975.

LACAN, JACQUES: *Écrits, I*. París: Seuil, 1966.

— *Écrits, II*. París: Seuil, 1972.

LAING, R. D.: *The Divided Self*. Harmondsworth: Penguin, 1974. Trad. española: *El Yo dividido*. México: F.C.E., 1978.

— *Self and Others*. Harmondsworth: Penguin, 1969.

LAKATOS, IMRE, y ALAN MUSGRAVE, eds.: *Criticism and the Growth of Knowledge*. Cambridge: Cambridge Univ. Press, 1970.

LEWIS, THOMAS: «Notes towards a Theory of the Referent», *PMLA*, 94 (mayo 1979), 459-73.

LUCÁKS, GEORG: *Studies in European Realism*. Nueva York: Grosset & Dunlap, 1964.

— *Die Theorie des Romans*. Berlín: Luchterhand, 1963. Trad. española: *La teoría de la novela*. Buenos Aires: Siglo XX.

MACKSEY, RICHARD, y EUGENIO DONATO, eds.: *The Languages of Criticism and the Sciences of Man: The Structuralist Controversy*. Baltimore: Johns Hopkins Univ. Press, 1970.

NAGEL, ERNEST: *The Structure of Science*. Nueva York: Harcourt, Brace and World, 1961.

NAVAJAS, GONZALO: *La novela de Juan Goytisolo*. Madrid: SGLE, 1979.

— «El formalismo ruso y la teoría de la ficción», *Revista de Occidente* (mayo-junio 1977), 48-54.

— «Ciencia y teoría de la literatura», *Insula* (julio-agosto 1979), 11, 13.

— «Lenguaje y mímesis: la teoría de la ficción estructuralista», *Cuadernos Hispanoamericanos* (septiembre 1980), 1-28.

NIETZSCHE, FRIEDRICH: *El nacimiento de la tragedia*. Madrid: Alianza, 1978.

— *The Portable Nietzsche*. Harmondsworth: Penguin, 1968.

ORTEGA Y GASSET: *Meditaciones del Quijote*. Madrid: Rev. de Occidente, 1970.

PÉREZ GALLEGO, CÁNDIDO: *Literatura y contexto social*. Madrid: SGEL.

— *Morfonovelística*. Madrid. Fundamentos, 1973.

PIAGET, JEAN: *Le Structuralisme*. París: Presses Universitaires de France, 1968.

POPPER, KARL: *La lógica de la investigación científica*. Madrid: Tecnos, 1967.

PRIETO, ANTONIO: *Morfología de la novela*. Barcelona: Planeta, 1975.

RICHARDSON, ROBERT: *Literature and Film*. Bloomington: Indiana Univ. Press, 1969.

RIFFATERRE, MICHAEL: *Semiotics of Poetry*. Bloomington: Indiana Univ. Press, 1978.

ROMERA CASTILLO, JOSÉ: «Bases para un estatuto científico de la literatura», *Cuadernos de Investigación Filológica* (mayo-diciembre 1980), 129-41.

— *El comentario de textos semiológicos*. Madrid: SGEL, 1977.

SANZ VILLANUEVA, SANTOS, y C. BARBACHANO, eds.: *Teoría de la novela*. Madrid: SGEL, 1976.

SARTRE, JEAN-PAUL: *Questions de méthode*. París: Gallimard, 1960.

SCHAFER, ROY: «Narration in the Psychoanalytic Dialogue», *Critical Inquiry* (otoño 1980), 29-35.

SKLOVSKI, VICTOR: *Sur la théorie de la prose*. Lausana: L'Âge d'Homme, 1973.

TALENS, JENARO, et al.: *Elementos para una semiótica del texto literario*. Madrid: Cátedra, 1978.

TODOROV, TZVETAN: *Poétique de la prose*. París: Seuil, 1971.

TROTSKI, LEÓN: *Literature and Revolution*. Ann Arbor: Univ. of Michigan Press, 1975.

WILLIAMS, RAYMOND: *Marxism and Literature*. Oxford: Oxford Univ. Press, 1977.